COLLECTION DE MÉMOIRES, ÉTUDES ET DOCUMENTS
POUR SERVIR A
L'HISTOIRE DE LA GUERRE MONDIALE

# RÉGINALD KANN

## LE

# PLAN DE CAMPAGNE ALLEMAND DE 1914

## ET SON EXÉCUTION

*AVEC 16 CARTES*

**PAYOT, PARIS**

# LE

# PLAN DE CAMPAGNE

## ALLEMAND DE 1914

### ET SON EXÉCUTION

COLLECTION DE MÉMOIRES, ÉTUDES ET DOCUMENTS
POUR SERVIR A
L'HISTOIRE DE LA GUERRE MONDIALE

# RÉGINALD KANN

## LE
# PLAN DE CAMPAGNE ALLEMAND DE 1914
## ET SON EXÉCUTION

*AVEC 16 CARTES*

## PAYOT, PARIS
### 106, BOULEVARD ST-GERMAIN

1923
*Tous droits réservés*

# AVANT-PROPOS

----

*Les loisirs que le traité de Versailles procure au corps d'officiers allemand ont favorisé l'éclosion d'une abondante littérature relative à la dernière guerre. Des quatre hommes qui ont présidé à la direction d'ensemble des armées, les trois survivants, Falkenhayn, Hindenburg et Ludendorff ont écrit leurs mémoires. Plusieurs anciens commandants et chefs d'état-major d'armée ont suivi leur exemple. Enfin, de nombreuses études critiques, dues à des officiers de grade moins élevé, mais bien placés pour connaître et apprécier les événements, ont vu le jour depuis l'armistice.*

*La controverse est rarement absente de ces ouvrages. La publication de presque chaque volume a suscité celle d'un ou deux autres en réponse aux conclusions qu'il contient. Si, comme le veut le proverbe, la lumière naît de la discussion, les lecteurs disposent aujourd'hui de tout ce qu'il leur faut pour être éclairés.*

*Des diverses périodes de la guerre aucune n'a fourni le thème de polémiques plus acharnées que celle du début. Cela s'explique aisément. En 1914, dans l'armée allemande, on se croyait sûr de remporter une victoire foudroyante sur la France en attaquant à revers, par la Belgique, nos forces rassemblées en Lorraine. La conception de cette manœuvre remontait à une quinzaine d'années et était due au comte Schlieffen, alors chef du grand état-major. On la jugeait infaillible. Préparée minutieusement, exécutée avec vigueur, elle parut d'abord devoir justifier cette confiance. Le* premier choc donna l'avantage aux armées germaniques d'un bout à l'autre de la ligne de bataille. La déconvenue n'en fut que plus cruelle lorsque, quelques jours plus tard, elles durent partout reculer au moment où on était persuadé qu'elles touchaient au but. Qu'on n'oublie pas qu'elles étaient parvenues à quelques kilomètres de Paris, et que, des plateaux de l'Ourcq, les soldats prussiens avaient vu la tour Eiffel !

Longtemps on essaya de cacher l'importance du revers, qui équivalait à la ruine du plan de campagne, de tout le travail du temps de paix, de l'espoir de terminer rapidement la guerre. On s'abstint d'en parler, encore plus d'en écrire. Le renversement du régime impérial et le bouleversement que subit l'organisation de l'armée après l'armistice délièrent les langues quatre ans plus tard.

Nous possédons maintenant des documents de première valeur sur cette phase des hostilités, car on y trouve in extenso les instructions et ordres donnés par le commandement suprême ainsi que par les commandants des armées de l'aile droite, qui constituaient l'élément de manœuvre de la masse allemande. Ces sources nous renseignent avec exactitude sur l'activité du commandement ennemi ; grâce à elles nous pouvons revivre dans une certaine mesure son existence au cours de la préparation et de la conduite des opérations qui aboutirent à la bataille de la Marne.

Le but du présent ouvrage est d'exposer la genèse du plan de campagne allemand, les modifications dont il a été l'objet, enfin l'application qu'on en a fait jusqu'à la retraite de l'aile marchante de nos adversaires, le 9 septembre. Il ne saurait s'agir, bien entendu, d'un historique complet englobant le détail des opérations tactiques. On ne trouvera ici que le compte rendu des situations stratégiques successives et l'examen des solutions choisies par le commandement allemand pour y faire face.

RÉGINALD KANN.

Mai 1923.

## CHAPITRE PREMIER

---

# SCHLIEFFEN ET SA DOCTRINE DE GUERRE

---

### MOLTKE L'ANCIEN

Aux termes de la Constitution de l'Empire allemand, les forces militaires du pays étaient placées sous les ordres du souverain. Dans la pratique, celui-ci déléguait son autorité au chef du grand état-major. Les autres organes du commandement n'avaient qu'un rôle secondaire et limité ; ainsi le cabinet militaire de l'empereur n'exerçait quelque influence que dans les questions relatives au personnel et le ministère de la Guerre n'était guère qu'un rouage administratif. En fait, le chef d'état-major avait la direction absolue de l'armée en temps de paix et devait la conserver à la guerre.

De 1871 à 1914, quatre généraux seulement ont rempli ces fonctions : Moltke l'ancien (1871-1888), Waldersee (1888-1891), Schlieffen (1891-1906), Moltke le jeune (1906-

1914). Leur action fut très dissemblable. Tandis que Moltke l'ancien et Schlieffen, véritables chefs d'école, imprimèrent à l'armée la marque profonde de leur personnalité, Waldersee et le second Moltke n'ont fait que se conformer chacun à l'impulsion donnée par son prédécesseur immédiat.

La doctrine de Moltke l'ancien est bien connue; il est inutile d'en parler longuement. Contentons-nous d'en rappeler les caractères principaux. Seul de ses contemporains, Moltke a reconnu que les changements survenus dans les conditions de la guerre imposaient au commandement des obligations nouvelles. Il comprit qu'avec les armées considérables qu'il allait avoir à manier, avec la profondeur que prendrait le combat en raison des progrès de l'armement, le chef ne pourrait plus, comme auparavant, régler personnellement la marche de chaque corps d'armée, ni conduire seul les mouvements stratégiques et le développement de la bataille. Au lieu d'ordres strictement exécutoires, il fut amené à donner à ses lieutenants des instructions d'un caractère plus général, des *directives*, comme il les appela; il leur laissait, dans ce cadre élargi, une grande initiative. De même que Napoléon a créé les corps d'armée, de même Moltke est le véritable initiateur de la guerre d'armées.

Ne dirigeant pas la bataille aussi étroitement que par le passé, le chef était moins capable qu'autrefois d'y intervenir constamment après qu'elle avait été engagée. Il devait prévoir à l'avance la manœuvre décisive, qui ne pouvait être par conséquent qu'un mouvement enveloppant visant l'un ou les deux flancs de l'adversaire. On marchait à l'ennemi largement déployé, les réserves disponibles suivant derrière une des ailes ou derrière les deux, jamais derrière le centre.

Moltke appliqua ces principes en 1866 et en 1870, avec

d'autant plus de succès qu'il eut toujours affaire à des
adversaires moins nombreux, moins bien armés et fort
mal commandés. La valeur de ces théories fut consacrée
par les retentissantes victoires qu'il remporta. Personne
ne songea plus à les discuter.

Trois ans après la retraite du triomphateur de Sedan,
les fonctions de chef d'état-major furent attribuées au
comte Schlieffen, qui devait renchérir sur la doctrine de
son illustre devancier et acquérir dans l'armée allemande
un renom presqu'égal au sien.

## LA CARRIÈRE DU COMTE SCHLIEFFEN

Alfred von Schlieffen naquit à Berlin en 1833. Issu d'une
vieille famille de soldats, il ne fut cependant pas destiné
par ses parents à la carrière des armes. Il fit ses études,
non dans une école de cadets, mais dans un collège civil,
après quoi il suivit les cours de l'université. C'est pendant
son volontariat d'un an que le jeune homme se décida à
rester dans l'armée. Il fut promu sous-lieutenant de cavalerie en 1853 et entra cinq ans plus tard à l'Académie de
guerre. Envoyé à Paris en 1866 pour se perfectionner dans
l'usage de la langue française, la rupture avec l'Autriche
l'en fit revenir presqu'aussitôt. Il prit part à la campagne
de Bohême dans l'état-major d'un corps de cavalerie.

En 1870, il manqua les grandes batailles du début, car
on l'avait affecté d'abord à une formation de l'intérieur;
il n'arriva à l'armée que vers les derniers jours d'août
pour être employé jusqu'à la fin des hostilités à l'état-
major du grand-duc de Mecklembourg, avec lequel il assista

aux sièges de Metz, de Soissons, de Toul et de Paris, puis à des opérations plus actives sur la Loire. C'étaient là, en somme, des états de service assez ternes, qui ne présageaient en rien sa fortune future.

Après la guerre, le comte Schlieffen fit partie successivement de plusieurs états-majors. Il ne passa lieutenant-colonel qu'en 1876, à quarante-trois ans, et fut nommé la même année au commandement du 1er régiment de uhlans de la Garde, où il resta sept ans. En 1884, il entra enfin au grand état-major, où il devait servir sans interruption pendant les vingt-deux dernières années de sa carrière; il en franchit l'un après l'autre tous les échelons supérieurs et en devint le chef en 1891. En 1905, un accident de cheval l'empêcha de se rendre aux manœuvres impériales. Comme sa santé ne se rétablissait pas, il demanda le 1er janvier suivant à résigner ses fonctions. Il partit quelques jours plus tard, comblé d'honneurs et emportant les regrets unanimes de ses subordonnés.

Dans la retraite, le comte Schlieffen ne se crut pas quitte envers l'armée à laquelle il avait appartenu pendant plus de cinquante ans. Encore en pleine possession de tous ses moyens intellectuels, il consacra ses loisirs à mettre par écrit les préceptes qu'il n'avait cessé d'enseigner, en employant la forme la plus propre à frapper l'esprit des lecteurs. Cette forme était celle d'études historiques. Comme Napoléon, comme Moltke, Schlieffen se montrait un partisan convaincu de la valeur éducatrice de l'histoire militaire. Il en vantait sans cesse l'utilité. On lui demandait un jour, en octobre 1910, quelles opérations offraient un intérêt suffisant pour qu'on s'en occupât : « Toutes sans exception, répondit-il, depuis le duel de Caïn et d'Abel jusqu'à l'assaut des couvents de Lisbonne par les révolutionnaires portugais, dont les journaux de ce matin nous apportent la nouvelle ».

En 1903, le comte Schlieffen avait créé une revue militaire, rédigée sous la direction du grand état-major, où les meilleurs spécialistes traitaient toutes sortes de questions intéressant l'art de la guerre et l'organisation des armées. C'est là qu'il publia, à partir de 1909, une longue série de travaux historiques et critiques, dans lesquels il entreprit de démontrer, en s'appuyant sur des cas concrets, la valeur de son système.

Le comte Schlieffen, partageant l'erreur commune, était persuadé qu'avec des armées qui absorbaient toutes les forces vives des nations, la guerre ne pourrait être que de courte durée. D'où la nécessité d'obtenir sans retard la décision. Le devoir du chef était donc d'éviter ce que Napoléon a appelé les victoires ordinaires et de rechercher au plus tôt la « bataille d'extermination » (*Vernichtungsschlacht*). Cette obligation devenait encore plus impérieuse si l'on avait à combattre deux adversaires au lieu d'un seul; il fallait alors courir au plus menaçant, l'écraser complètement, pour se retourner ensuite vers l'autre et lui faire subir le même sort.

Le principe de la bataille d'extermination ainsi posé, comment l'appliquer? Par quels procédés stratégiques et tactiques détruira-t-on l'armée ennemie? C'est précisément ce que prétend expliquer la série d'études publiées dans la revue du grand état-major et que l'auteur a intitulée « Cannes » (*Cannae*), du nom de la victoire d'Annibal, parce qu'elle représente à ses yeux le plus parfait modèle de bataille d'extermination que fournisse la chronologie des guerres.

## LA MANŒUVRE DE CANNES

La bataille de Cannes mit aux prises, le 2 août 216, sur la rive gauche de l'Aufidus, les armées romaine et punique. Le commandant en chef romain, Varron, avait sous ses ordres 79.000 hommes, dont 6.000 cavaliers. Annibal ne disposait que de 50.000 combattants. Son infanterie comprenait 12.000 réguliers carthaginois, plus 28.000 auxiliaires ibères et gaulois, médiocrement armés et assez mal instruits de la manœuvre à rangs serrés. La cavalerie punique, de 10.000 chevaux, était non seulement plus nombreuse, mais encore de meilleure qualité que celle de l'ennemi.

Les généraux romains redoutaient beaucoup cette cavalerie, qui avait été le principal facteur de leurs précédentes défaites. Varron crut pouvoir mieux lui résister en doublant la densité de son infanterie. Au lieu de l'aligner sur dix-huit rangs de profondeur, comme c'était la coutume, il la fit combattre sur trente-six, formant ainsi un immense rectangle, qui ne pouvait agir que par la masse et dans la seule direction du front. Chaque flanc était couvert par 3.000 cavaliers.

Annibal n'opposa à la ligne adverse que les auxiliaires étrangers; pour obtenir un déploiement d'égale étendue il fut obligé de diminuer la profondeur du dispositif en la réduisant à douze rangs seulement; mais il étaya les ailes par son infanterie carthaginoise, 6.000 hommes de chaque côté, formant échelons en arrière. Quant à sa cavalerie, il la divisa en deux fractions; le gros, 6.000 Carthaginois et Ibères, commandé par Asdrubal, prolongeait son aile gauche; les 4.000 Numides de Maharbal se tenaient sur la droite.

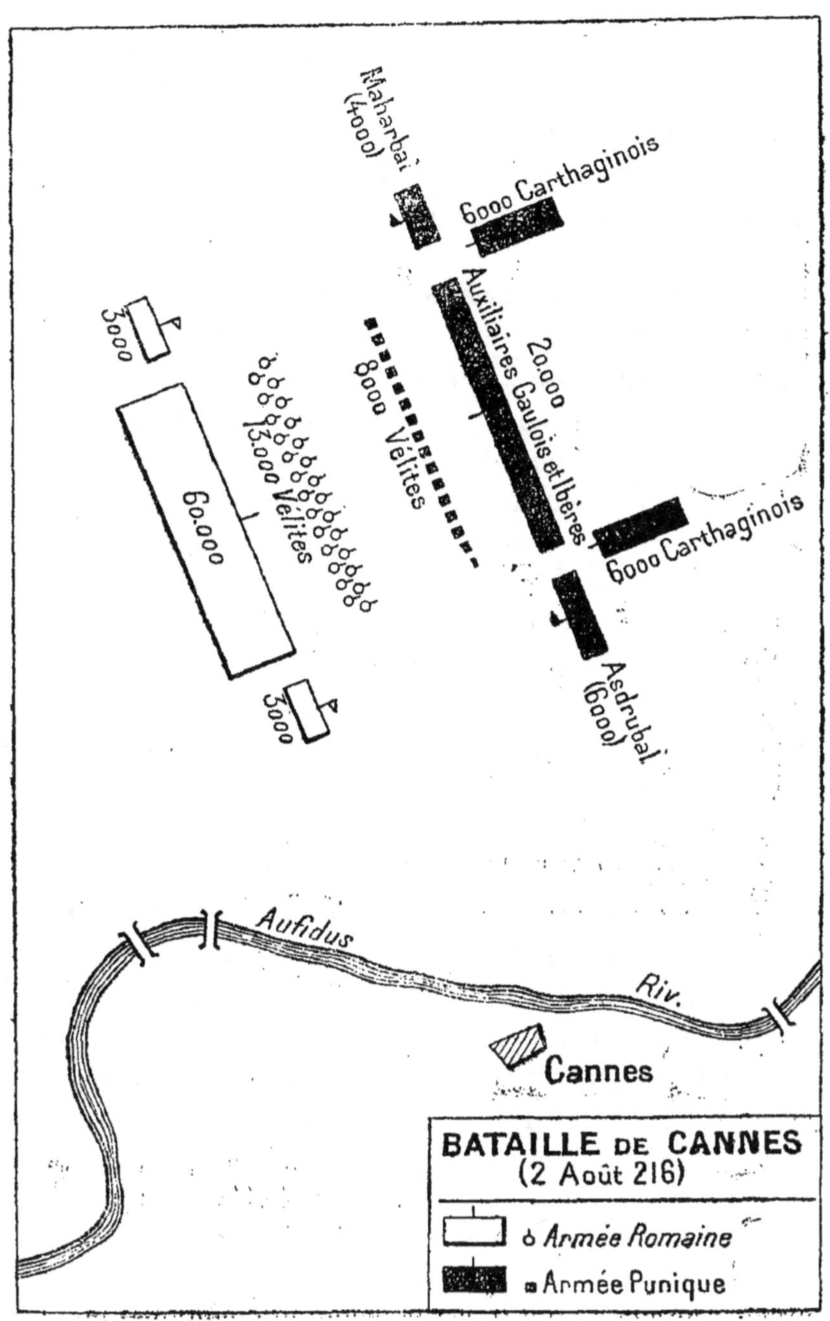
Maharbal
(4000)
6000 Carthaginois
20.000
Auxiliaires Gaulois et Ibères
6000 Carthaginois
Asdrubal
(6000)
3000
8000 Vélites
13.000 Vélites
60.000
3000
Aufidus
Riv.
Cannes
BATAILLE DE CANNES
(2 Août 216)
ᵟ Armée Romaine
▪ Armée Punique

Les troupes montées commencèrent l'action. Asdrubal dispersa sans peine le faible corps de cavalerie qui lui faisait face, puis, passant rapidement derrière le corps de bataille ennemi, il alla prêter main-forte à Maharbal, qui escarmouchait contre l'autre groupe de cavalerie romaine. Celui-ci, chargé en tête et en queue, n'opposa qu'une courte résistance.

Cependant l'infanterie de Varron s'était ébranlée. Les auxiliaires ennemis ne purent soutenir le choc et reculèrent en combattant, démasquant bientôt à droite et à gauche les deux colonnes de réguliers carthaginois. Celles-ci se lancèrent dans les flancs de la phalange romaine, qu'Asdrubal, débarrassé de la cavalerie adverse, attaquait par derrière. Les derniers rangs de l'infanterie romaine durent faire demi-tour et les manipules des ailes déboîter afin de se placer face à leurs agresseurs. La phalange, ne pouvant plus avancer sous peine de se disloquer, s'arrêta. Les fantassins ibères et gaulois, déjà fort maltraités, se ressaisirent et prirent l'offensive à leur tour. L'armée romaine, pressée ainsi de toutes parts, se serra instinctivement sur son centre, se comprima en une cohue confuse qui s'offrit bientôt sans défense aux coups. Le combat dégénéra en carnage. Près de 50.000 cadavres s'entassèrent dans la plaine; les vainqueurs, las de tuer, firent prisonniers quelques milliers de survivants; ils avaient eux-mêmes perdu 6.000 hommes, dont 4.000 auxiliaires.

Ainsi, malgré son infériorité numérique, Annibal avait cerné et détruit l'armée ennemie. Cette manœuvre d'encerclement complet, qui lui donna la victoire, est l'idéal de Schlieffen, mais il admet que seul un concours de circonstances rarement réunies permet de la mener à bonne fin. Si on ne peut y parvenir, il faut essayer de s'en rapprocher au maximum. C'est la leçon qu'il convient de tirer de la bataille de Cannes. « L'armement et les procédés de combat, dit Schlieffen, ont changé complètement depuis 2.000 ans. On ne s'attaque plus l'épée à la main, on se lance des projectiles à des milliers de mètres. Le canon à tir rapide s'est substitué à l'arc, la mitrailleuse à la fronde. Les capitulations remplacent les massacres. Cependant, les conditions générales de la lutte ne sont pas modifiées. On peut aujourd'hui réaliser l'anéantissement de l'adversaire sur le champ de bataille en se servant de la même idée directrice qui guida Annibal en des temps dont nous avons perdu le souvenir. Le front ennemi ne doit pas servir d'objectif à l'attaque principale. Ce n'est pas contre lui qu'il faut masser de gros effectifs, accumuler des réserves. L'essentiel est d'enfoncer les flancs. » Ce principe, qui constitue le fond de sa doctrine, Schlieffen s'efforce de le vérifier dans la suite de son ouvrage en examinant les campagnes modernes.

L'histoire militaire est une science extrêmement malléable à laquelle on peut arriver à faire dire à peu près ce qu'on veut. Il suffit de choisir des cas particuliers et de les interpréter avec art. C'est ainsi que procède l'auteur de *Cannes*. Il décrit d'abord avec complaisance plusieurs manœuvres de Frédéric, en insistant sur celle de Leuthen, où le roi de Prusse se porta avec toutes ses forces contre le flanc gauche des Autrichiens sans laisser le moindre détachement devant leur front, puis sur celle de Zorndorf, où il exécuta une marche en spirale autour de la position occupée par les Russes.

Napoléon a aussi fréquemment eu recours aux mouvements enveloppants et a même beaucoup accentué leur amplitude. Au lieu de les effectuer en vue de l'ennemi, la veille ou le jour de l'action, comme faisait Frédéric, il les a entamés à diverses reprises dès l'entrée en campagne et les a développés pendant plusieurs jours à travers de larges espaces afin de couper ou de menacer les communications de l'adversaire et d'engager la bataille à fronts renversés. Les opérations de Marengo, d'Ulm, d'Iéna ont ce caractère et Schlieffen les approuve. En revanche il condamne sévèrement Napoléon lorsqu'il entreprend de rompre le front ennemi sans le tourner et constate qu'à Eylau, à la Moskowa, à Leipzig, à Ligny, à Waterloo cette tactique ne lui a valu que de médiocres avantages ou des échecs.

Cependant l'Empereur a remporté des victoires complètes en enfonçant le centre de la ligne adverse ou en combattant au milieu de plusieurs armées marchant contre la sienne. Montenotte, Montmirail, Austerlitz en sont des exemples qui paraissent indiscutables. Schlieffen passe sous silence les deux premiers. En ce qui concerne Austerlitz, il explique que les Français n'y percèrent pas le centre de l'armée austro-russe, mais lui tombèrent dans le flanc; tout le monde jusque-là, y compris Napoléon, avait cru le contraire.

En Moltke, le comte Schlieffen trouve enfin un chef selon son cœur. Seul de tous les grands capitaines il a réussi, à Sedan, à renouveler la manœuvre d'Annibal et à atteindre le même but, l'extermination de l'armée ennemie sur le champ de bataille. Il est vrai que les circonstances étaient bien autrement favorables, car le général prussien disposait d'une très forte supériorité numérique. Néanmoins, à en croire Schlieffen, Moltke, dans toutes les rencontres précédentes, en Bohême comme en France, fit toujours preuve de la même maîtrise et eût obtenu chaque fois un résultat aussi complet qu'à Sedan si ses lieutenants s'étaient conformés à ses instructions au lieu de les enfreindre.

Dans toute la dernière partie de son ouvrage, l'auteur de *Cannes* s'applique à soutenir cette thèse, à montrer comment les commandants d'armée et de corps d'armée

prussiens subordonnés à Moltke, incapables de comprendre
la portée de ces vastes conceptions, en compromirent toujours la mise en œuvre. Leur esprit étriqué ne parvenait
pas à se faire à l'idée de maintenir leurs colonnes à grands
intervalles et de se départir de leur fâcheuse habitude
d'échelonner leurs troupes en profondeur, de se rapprocher les uns des autres dès qu'ils se trouvaient ou
croyaient seulement se trouver à proximité de l'ennemi.
Cet instinct grégaire les incitait à former une masse compacte qui se pelotonnait au point de devenir fréquemment
presque inextricable sans gagner en puissance offensive.
De plus, en resserrant ainsi le front malgré les avis de
Moltke, ils rendaient impossible la manœuvre largement
débordante qu'il avait prescrite ou la réduisaient à peu de
chose. « Les généraux prussiens, dit Schlieffen, en dépit
de leurs rares qualités, ne parvenaient pas à s'adapter aux
principes du vieux théoricien, qui n'avait jamais exercé
de commandement au cours de sa carrière, pas même
celui d'une compagnie. Ils s'en tenaient à ceux qu'ils
avaient puisés dans les préceptes, souvent mal compris,
de Napoléon, ainsi qu'à leur expérience du terrain d'exercice et des grandes manœuvres. Ce n'était pas ainsi qu'on
pouvait apprendre à anéantir, à encercler, à poursuivre
l'ennemi, ce qui n'était que fantasmagorie à leurs yeux.
Pour eux, l'un des partis en présence doit nécessairement occuper une position que l'autre attaque s'il a l'appoint d'un ou deux bataillons de plus. Le vaincu se retire.
Le vainqueur le laisse s'en aller en toute quiétude et se
met ensuite à préparer la manœuvre du lendemain. »

Dans la campagne de 1866, en Bohême, la I<sup>re</sup> armée,
qui occupait le centre du dispositif, au lieu de continuer à
marcher déployée après avoir franchi les monts de Lusace,
fit converger ses colonnes sur la « position » de Reichenberg, qu'elle supposait tenue en forces par l'ennemi. En

fait il ne se trouvait dans toute cette région que trois escadrons qui brûlèrent la politesse aux Prussiens. Ceux-ci
réussirent à capturer deux hussards; ce fut tout le bénéfice de l'étroite concentration qu'ils opérèrent à Reichenberg, où leurs 93.000 hommes se massèrent sur un espace
si exigu qu'il fallut plus de quarante-huit heures pour
articuler de nouveau les unités avant de se remettre en
route.

Quelques jours après, l'armée austro-saxonne de Benedek
s'était rassemblée sur un front extrêmement étroit avec
l'Elbe à dos, près de Sadowa, dans la situation la plus pro-
pice à l'accomplissement des projets de Moltke. Celui-ci
comptait l'attaquer en tête avec la $I^{re}$ armée, tandis que
l'armée de l'Elbe à droite, la $II^e$ armée à gauche, tourne-
raient ses deux ailes et pourraient porter leurs éléments
légers sur ses derrières. C'était la manœuvre de Cannes,
l'encerclement et l'extermination. Mais les commandants
d'armée faillirent à leur tâche. La $I^{re}$ armée crut encore, en
dépit de l'expérience acquise à Reichenberg, devoir serrer
les intervalles de ses colonnes et attira à soi l'armée de
l'Elbe, qui vint buter avec elle contre le front très fort de
l'ennemi. La $II^e$ armée appuya aussi vers le centre et Moltke
ne réussit qu'à grand peine à en maintenir une faible
partie dans la bonne direction. Ainsi l'enveloppement ne
put se faire à droite et à gauche il se réduisit à un mouvement débordant restreint; celui-ci suffit cependant à provoquer la retraite de l'armée ennemie, demeurée jusque-
là inébranlable, malgré les attaques renouvelées contre son
front. Les pertes de l'armée autrichienne s'élevèrent à
168 canons et 44.000 hommes, soit le quart de son effectif. Elle avait été fort malmenée, mais non détruite,
comme cela eût été inévitablement le cas, si les sous-
ordres avaient respecté le plan de Moltke.

En 1870, le chef d'état-major de l'armée allemande

monte sa manœuvre initiale d'après les mêmes principes
qu'en 1866 ; il se voit desservi de la même manière et pour
les mêmes raisons. Au commencement des hostilités, ses
forces étaient suffisantes pour lui permettre de les déployer
sur tout le front d'action, de la Moselle au Rhin, sans
courir de risque sur aucun point. Il était certain, dans ces
conditions, en faisant simplement marcher ses colonnes
droit devant elles parallèlement les unes aux autres, de

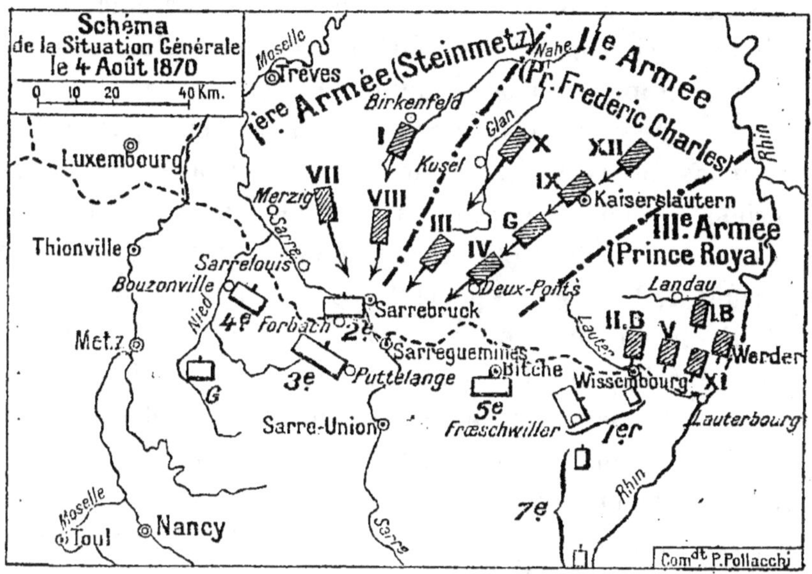


déborder les armées ennemies, trop faibles pour tenir toute
la ligne entre les deux cours d'eau. Les Français formaient
deux groupes, l'un de 4 corps d'armée, derrière la Sarre,
entre Bouzonville et Puttelange, l'autre de 2 1/2 corps
d'armée, entre Bitche et Froeschwiller. En prescrivant à
ses Iʳᵉ et IIᵉ armées de prendre d'abord comme objectif la
ligne de la Sarre, de Merzig à Sarreguemines, Moltke
devait se trouver en mesure de déborder le groupe français
principal sur ses deux ailes. En dépit de cet ordre, les
commandants des deux armées s'échelonnèrent en profondeur au lieu de se déployer ; on vit jusqu'à quatre corps

d'armée marcher l'un derrière l'autre sur la même route. Il en résulta que les armées allemandes se présentèrent devant la Sarre sur le quart du front qu'elles auraient dû occuper. Tout l'avantage du dispositif imaginé par le commandement supérieur était perdu. De même la III<sup>e</sup> armée, plus à l'est, déboucha en Alsace avec cinq corps d'armée entassés sur un front de 30 kilomètres à peine, entre Wissembourg et Lauterbourg.

Malgré leur supériorité numérique considérable, grâce à laquelle rien n'était plus facile que d'encercler les deux groupes français et de terminer la campagne dès la première rencontre, les Allemands abordèrent partout de front les forces ennemies, les refoulèrent avec des pertes sérieuses, mais ne purent les empêcher de se soustraire à la destruction dont elles étaient menacées. Si par la suite l'armée de Bazaine ne parvint pas à gagner Châlons, l'impéritie de son chef, qui s'attarda outre mesure au passage de la Moselle, en est la seule cause ; les dispositions adoptées par Frédéric-Charles et Steinmetz n'y sont pour rien.

A la fin d'août, à Beaumont, on laissa passer une nouvelle occasion d'envelopper un corps d'armée français, parce que, là encore, on se concentra à l'extrême avant le combat. Le surlendemain, à Sedan, le déploiement insuffisant de l'armée de la Meuse face à l'aile gauche française, compromit, une fois de plus, le succès de la manœuvre. Mac-Mahon se chargea de corriger les erreurs des exécutants allemands en bourrant son armée dans un triangle de 4 kilomètres de côté. Moltke trouva là entre la Meuse et la frontière de Belgique, la récompense de ses efforts et la justification éclatante de sa doctrine. Pour la première fois depuis vingt siècles, on avait revu, sur un champ de bataille européen, la destruction totale d'une armée, une seconde journée de Cannes.

## DIFFUSION DES PRÉCEPTES DE SCHLIEFFEN

Le comte Schlieffen arrête en ce point l'exposé des campagnes modernes. Les faits y sont toujours présentés à l'avantage de la thèse chère à l'auteur et redressés, quand il le faut, pour mieux la servir. Un des admirateurs les plus fervents de Schlieffen, le lieutenant-colonel Foerster, constate que dans les chapitres consacrés aux opérations de 1866 et de 1870 « il accable les lieutenants de Moltke avec plus de rigueur que ne le voudrait la vérité historique. La distance qui séparait Moltke des autres généraux prussiens n'était pas en réalité le profond abîme que nous dépeint le comte Schlieffen. Celui-ci a embelli les actes de son idole, peut-être inconsciemment; dans son admiration sans bornes, il croyait que Moltke avait dû nécessairement concevoir les idées géniales que lui, Schlieffen, lui prêtait ».

Quoiqu'il en soit, Schlieffen a su soutenir ses principes avec une conviction ardente, une foi d'apôtre, beaucoup plus aptes à entraîner les disciples que le scepticisme dont sont empreints les écrits de Moltke. Le vieux maréchal n'a-t-il pas dit que « la stratégie n'est qu'un système d'expédients » et que « le maximum de ce que peut produire la stratégie est de réunir sur le champ de bataille des armées séparées jusque-là ».

Un pareil résultat ne suffit pas à Schlieffen. Ce qu'il exige c'est que les armées anéantissent l'ennemi en l'enveloppant à droite, à gauche, à dos, ou au moins en enfonçant un de ses flancs, et pour y parvenir il leur est indispensable de marcher sur le plus grand front possible sans accumuler de réserves, surtout sans resserrer leurs intervalles pour aborder l'ennemi. Cette doctrine simple, rigide, brutale, en quelque sorte sur-moltkienne, faisant miroiter la promesse du triomphe immédiat aux yeux de ses adeptes, était bien dans le goût germanique. Les soi-disant démonstrations, empruntées à l'histoire, auxquelles elle faisait appel, lui bâtissaient cette façade scientifique qu'on apprécie tant chez nos voisins d'outre-Rhin. Enfin elle paraissait s'adapter mieux que toute autre à l'emploi des effectifs énormes que devaient mettre en ligne les puissances qui avaient adopté le service militaire général. Le commandement d'armées comptant des millions d'hommes (*Millionenheere*) posait au XXᵉ siècle un problème nouveau, comme l'avait fait, en 1866 et 1870, celui d'armées de centaines de milliers d'hommes. Moltke avait trouvé la solution du premier; Schlieffen semblait donner celui du second.

Il n'est donc pas surprenant que la doctrine de Schlieffen se soit imposée à l'armée allemande. L'ouvrage qui l'a fait connaître, *Cannes*, était devenu le bréviaire des officiers allemands, surtout de l'élite que constituait le personnel du corps d'état-major. On n'y jurait que par lui, on le citait à tout propos. Dans les *kriegspiels*, aux grandes manœuvres, après chaque ordre donné, on se demandait avec inquiétude si on avait bien agi conformément aux principes de Schlieffen, devenus aussi sacrés pour les militaires germaniques que les surates du Coran pour les sectateurs de l'Islam. Acceptés de tous, ils ont valu à leur auteur une popularité et une réputation d'infaillibilité dont il a joui de son vivant et qui lui ont survécu. Pour apprécier le culte qu'on rendait à Schlieffen à la fin de sa carrière, on n'a qu'à lire l'allocution que lui adressa en 1906 son successeur, le second Moltke, lorsqu'il le remercia de ses services au nom de l'armée. « Votre Excellence, dit-il, nous a appris à ne point rechercher les succès partiels, mais à vouloir frapper de grands coups qui anéantissent l'ennemi. Votre Excellence ne veut pas d'une guerre qui traîne interminablement jusqu'à ce qu'un des antagonistes faiblisse plus que l'autre. Vous voulez des coups décisifs et votre but est l'extermination de l'adversaire. Toutes les forces doivent concourir à atteindre ce but et la volonté qui les dirige est la volonté de vaincre. Cette volonté de vaincre, indomptable, passionnée est le legs que vous transmettez à l'état-major; nous saurons le conserver pieusement, nous qui sommes tous vos élèves respectueux et reconnaissants ». Ainsi s'exprimait l'homme qui allait, à huit ans de là, conduire au combat les armées allemandes.

# CHAPITRE II

# L'ÉVOLUTION DU PLAN DE CAMPAGNE ALLEMAND

———

## IMPORTANCE DU PLAN DE CAMPAGNE

La doctrine de guerre trouve sa première expression dans le plan de campagne, où, dès le temps de paix, sont réglés la formation, le rassemblement des armées et leur marche à l'ennemi. L'importance de ce travail préparatoire a augmenté à mesure que les effectifs s'accroissaient et que se développaient les procédés mécaniques de transport et de ravitaillement. Au dix-huitième siècle, lorsque les places fortes et les « positions » jouaient un rôle prépondérant, que les armées ne comptaient que quelques dizaines de milliers d'hommes, il n'y avait pas lieu d'élaborer à l'avance des projets détaillés. Napoléon, qui débarrassa la stratégie du formalisme où elle stagnait, qui ne visa qu'à atteindre et détruire les forces militaires de l'ennemi, fut le premier à dresser de véritables plans de campagne dans

le sens que nous attachons aujourd'hui à ces mots. De
1800 à 1815, il a toujours entamé ses opérations par une
manœuvre stratégique, arrêtée auparavant, de manière à
aborder l'adversaire dans une situation avantageuse.

Quand les armées passèrent de dizaines à des centaines
de mille combattants, quand elles durent incorporer des
réservistes pour se mobiliser, quand elles firent usage des
chemins de fer pour gagner la frontière, le plan de campagne se compliqua, devint une œuvre de longue haleine
et exerça une influence capitale sur la période initiale des
hostilités. Moltke en perfectionna l'emploi. Ses plans de
campagne de 1866 et de 1870, où s'affirmaient son sens
manœuvrier et la force de sa volonté, offraient un frap-
pant contraste avec les dispositions hésitantes, inquiètes
des commandants en chef des camps opposés ; ils lui donnèrent une supériorité au moins égale à celle que lui
valaient le fusil à aiguille et le canon à chargement par la
culasse.

Le plan de campagne doit naturellement s'adapter à
l'état politique et militaire du moment ; il évolue avec lui.
Un renversement d'alliances, une réforme des lois régis-
sant les effectifs ou l'organisation des troupes, un progrès
de l'armement sont susceptibles d'entraîner son remaniement, quelquefois même sa refonte complète. D'ailleurs,
pour les pays qui peuvent avoir à combattre plusieurs
ennemis, un seul plan de campagne ne suffit point ; il leur
en faut un pour chaque adversaire, pour chaque coalition
probable. L'Allemagne, qui confinait aux trois principales
puissances militaires de l'Europe, devait apporter un soin
particulier à examiner toutes les combinaisons éventuelles.

Les plans de campagne successifs que le grand état-
major de Berlin a adoptés de 1871 à 1914 sont restés
secrets jusqu'à la fin de la dernière guerre. Depuis lors,
un certain nombre d'écrivains militaires, plus ou moins

qualifiés pour en parler, ont publié à ce sujet d'abondants renseignements. On doit retenir particulièrement ceux du général von Kuhl, chef de section au grand état-major avant la guerre, et du lieutenant-colonel Foerster, confident du général von Hahnke, gendre de Schlieffen. Grâce aux informations que contiennent leurs ouvrages[1] nous sommes aujourd'hui en mesure de suivre, dans son ensemble, l'évolution des projets stratégiques du commandement pendant cette période.

## LES PLANS DE CAMPAGNE DE 1875 ET DE 1879

En 1871, l'Allemagne était triomphante, la France abattue. Notre frontière de l'Est, privée de ses forteresses, s'ouvrait à toute incursion ; notre armée, désorganisée par la défaite et les bouleversements politiques, ne faisait plus figure dans le monde. Aucune des grandes puissances ne paraissait désireuse de lier son sort à celui d'un pays vaincu et affaibli. L'Allemagne au contraire s'était rapprochée de l'Autriche et le prestige de ses succès la servait en Russie. Bismarck en profita pour conclure avec ces deux États, en 1872, l'accord connu sous le nom d'Alliance des trois empereurs.

La jeune monarchie germanique n'avait donc rien à craindre. Quoiqu'il en soit, la politique de Bismarck tendait à maintenir la France dans l'isolement où l'avait laissée la guerre, mais bientôt les événements des Balkans

---

1. *Le rôle de l'état-major allemand dans la préparation et la conduite de la guerre*, par H. von Kuhl. *Le comte Schlieffen et la guerre mondiale*, par Wolfgang Foerster.

allaient mettre le chancelier dans un cruel embarras.
Après le traité de San Stefano, le conflit d'intérêts de
l'Autriche et de la Russie dans la péninsule prit un caractère si aigu qu'il ne parvint pas à conserver la balance
égale entre les deux rivales, comme il l'eût désiré. Obligé
d'opter pour l'une d'elles, il embrassa le parti de l'Autriche
et soutint ses prétentions au Congrès de Berlin, réuni
sous sa présidence en vue de régler la question d'Orient
(1878). L'Alliance des trois empereurs avait vécu. Le
chancelier allemand chercha une compensation du côté de
l'Italie, qu'il sut gagner à sa cause, et favorisa l'expansion
coloniale de la France, dans l'espoir de la voir se brouiller
avec l'Angleterre. En dépit des avantages qu'il pouvait
ainsi espérer recueillir, l'abstention de la Russie n'en restait pas moins un sujet d'inquiétude pour l'avenir, d'autant plus que la mort d'Alexandre II, en 1881, faisait disparaître un ami personnel du vieil empereur Guillaume et
que son successeur, Alexandre III, semblait au contraire
assez mal disposé envers l'Allemagne. Après le renvoi de
Bismarck, Guillaume II, par sa mégalomanie tapageuse,
acheva d'indisposer le tsar et le détermina à s'allier à la
France.

Moltke, le plus prévoyant des hommes, n'avait pas
attendu ce moment pour envisager l'hypothèse d'une
guerre qui mettrait l'Allemagne aux prises avec ses deux
voisines de l'est et de l'ouest. Il s'en occupa presque dès
le lendemain de notre défaite, car l'Alliance des trois
empereurs ne lui inspira jamais qu'une médiocre confiance,
surtout après qu'il eut vu le gouvernement de Pétersbourg
intervenir à Berlin, en 1875, afin de calmer les vélléités
belliqueuses de Bismarck, qui projetait alors de nous attaquer de nouveau pour parfaire son œuvre de destruction.
La rapidité de notre résurrection consternait le chancelier.
Elle n'alarmait pas moins Moltke, qui suivait avec atten-

tion les progrès de notre armée. Dès 1872, celle-ci était dotée de lois organiques calquées sur celles de la Prusse ; deux ans après on renouvelait son armement. Elle cessait désormais de se présenter comme quantité négligeable sur l'échiquier européen. Moltke ne fut pas le dernier à s'en apercevoir et prit ses mesures en conséquence.

La situation géographique de l'Allemagne, entre la France et la Russie, la plaçait dans une situation difficile au cas d'une rupture avec ces deux pays. Quand la régénération de l'armée française fut un fait accompli, il ne put plus être question pour les Allemands de prendre l'offensive simultanément à l'est et à l'ouest. Le principe de l'économie des forces, un de ceux sur lesquels se fondait la doctrine de Moltke s'y opposait ; il lui imposait au contraire la manœuvre par lignes intérieures, dont Frédéric et surtout Napoléon avaient fait un si heureux usage dans des cas analogues. Elle consiste à opposer à l'un des adversaires un minumum de troupes, si possible un simple rideau, pour rassembler tout le reste contre l'autre, l'accabler, se porter ensuite vers le premier avec ses forces réunies et l'écraser à son tour. Une pareille opération est fort délicate à régler ; il faut d'abord ne pas se tromper dans le choix de l'ennemi qu'on attaquera le premier ; il importe ensuite d'agir très rapidement contre lui, afin de ne pas laisser trop longtemps toute liberté au second adversaire.

Vers 1875, le grand état-major allemand avait calculé que l'armée française aurait terminé sa concentration à la frontière le douzième jour de la mobilisation. Elle serait donc en mesure dès ce moment de prendre l'offensive, tandis que les Russes ne pourraient arriver sur la Vistule que deux semaines plus tard et seulement avec une partie de leurs armées. D'autre part notre frontière n'avait pas encore été fortifiée. On pouvait donc espérer en finir relativement vite avec les Français. Le plan de campagne établi à cette époque prévoyait en premier lieu une offensive à l'ouest avec la masse principale des effectifs ; on n'entreprendrait rien contre les Russes avant d'avoir mis leurs alliés hors de cause.

En 1879, après le traité de Berlin, la situation politique et militaire avait changé. La désaffection de la Russie n'était plus une simple hypothèse ; par contre, en cas de rupture, on pouvait compter dorénavant sur le concours de l'Autriche-Hongrie. D'autre part, les progrès de l'armée française s'accentuaient, et elle pouvait s'appuyer, pour la défense du territoire, sur le système fortifié qu'avait créé le général Séré de Rivières et qui remplaçait très avantageusement les places perdues en 1870[1]. Celles-ci, indépendantes les unes des autres, à faible rayon d'action, avaient joué un rôle plutôt fâcheux pendant la guerre ; maintenant l'accès de notre territoire se trouvait intercepté par une barrière solide, presque continue, utilisant les obstacles du sol. Au sud s'allongeait d'abord la ligne des défenses de la Moselle, série de forts assis sur les crêtes de la rive gauche, que renforçaient aux deux extrémités les camps retranchés de Belfort et d'Epinal, organisations à vaste périmètre, pourvues d'un armement puissant pour l'époque. Au nord, la ligne des Hauts de Meuse s'alignait entre la rive droite du fleuve et la plaine de Woëvre, reliant les camps retranchés de Toul et de Verdun. Ces deux digues laissaient libres deux trouées, celle de Charmes, au centre, entre Epinal et Toul, celle de Stenay, au nord, entre Verdun et la frontière luxembourgeoise. On avait maintenu ces brèches ouvertes à dessein, afin de donner à l'ennemi la tentation d'y passer sans s'être rendu maître auparavant des lignes fortifiées. S'il tombait dans le piège,

1. Voir le croquis page 39.

on attendrait au débouché ses masses compactes, resserrées pour franchir ces étroits passages; les armées françaises déployées au delà seraient bien placées pour les attaquer de plusieurs côtés et les mettre aussitôt en mauvaise posture. Comme les Allemands ne possédaient pas alors d'artillerie lourde de campagne capable de réduire les camps retranchés et les forts intermédiaires, il leur faudrait attendre leurs parcs de siège, solution qui excluait un dénouement rapide sur le front occidental; les Russes auraient tout le temps d'arriver.

Ces considérations amenèrent alors Moltke à prendre le contre-pied de son plan de 1875, en se décidant pour une action offensive à l'est et une attitude défensive à l'ouest.

Du côté de l'ouest il semblait, en effet, beaucoup plus aisé de prolonger la défense que du côté de l'est. La frontière y était relativement peu étendue et en outre, peu abordable sur la moitié environ de son développement, où les Vosges constituaient une excellente position d'arrêt. Plus au nord, la ligne de la Sarre et surtout celle du Rhin, avec son chapelet de places fortes, permettaient d'entraver pendant une durée de temps appréciable les progrès de l'ennemi.

Rien de pareil sur l'autre théâtre d'opérations. La frontière russo-allemande s'étirait sur une longueur quatre fois supérieure à celle de la frontière franco-allemande. Aucun obstacle continu ne la doublait avant la ligne de l'Oder, à trois marches de Berlin. On estimait que les Russes ne pourraient concentrer en Pologne que 200.000 hommes dans les quinze premiers jours de la mobilisation, tandis que les armées allemandes au complet, seraient prêtes le dixième jour à pénétrer en territoire ennemi. Les Autrichiens mettraient moins de deux semaines à rassembler 500.000 hommes en Galicie.

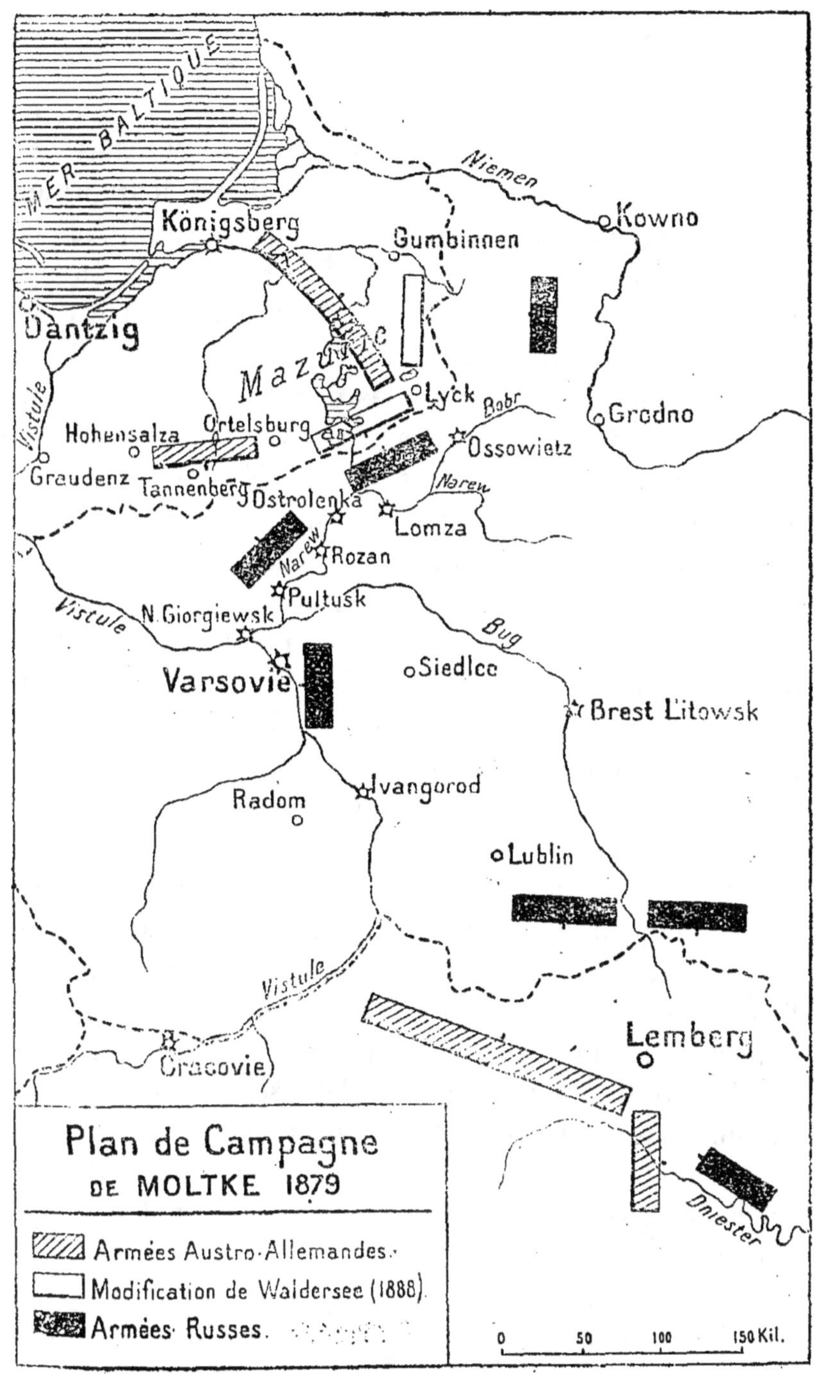

MER BALTIQUE
Niemen
Königsberg
Kowno
Gumbinnen
Dantzig
Mazuric
Lyck
Bobr
Grodno
Hohensalza
Ortelsburg
Ossowietz
Greudenz
Tannenberg
Ostrolenka
Narew
Lomza
Narew
Rozan
N. Giorgiewsk
Pultusk
Vistule
Bug
Varsovie
Siedlce
Brest Litowsk
Radom
Ivangorod
Lublin
Vistule
Lemberg
Cracovie
Dniester
Plan de Campagne
DE MOLTKE 1879
Armées Austro-Allemandes.
Modification de Waldersee (1888).
Armées Russes.
0    50    100    150 Kil.

Partant de ces données, Moltke prévoyait que les événements se dérouleraient de la manière suivante.

Si les Français attaquaient dès le début, comme les tendances que manifestait leur haut commandement depuis quelque temps semblaient l'indiquer, leur principal effort se porterait nécessairement sur le terrain le plus praticable, en Lorraine. La meilleure manière de l'arrêter ou au moins de le retarder consisterait à se placer sur une position centrale, entre Sarre-Union et Forbach; on échelonnerait de fortes réserves derrière chaque aile afin de parer aux tentatives probables d'enveloppement. Même victorieux, l'ennemi serait usé et affaibli aussi par l'obligation de laisser des corps de siège ou d'observation devant Metz et Strasbourg. On le contiendrait donc plus facilement lorsqu'il se présenterait devant la seconde ligne de défense, celle du Rhin. Il tenterait sans doute le passage, non sur le cours supérieur du fleuve, que doublait à faible distance la chaîne de la Forêt-Noire, non sur son cours inférieur, au nord de Mayence, où les forteresses corsaient les difficultés du terrain dans la vallée très encaissée, mais sur le cours moyen, entre Karlsruhe et le confluent du Mein, qui est la partie où l'opération présentait les meilleures chances de succès. Cependant le franchissement d'un tel obstacle diminuerait encore les forces de l'assaillant en sorte que l'équilibre se trouverait ensuite à peu près rétabli. Dans ces conditions, en se groupant sur la rive droite du Mein, le défenseur pourrait ensuite attendre sans grand péril le dénouement de la lutte contre les Russes, car les envahisseurs n'oseraient ni l'y attaquer, ni s'aventurer plus loin vers l'est ou le sud avec une armée sur leur flanc.

Sur le théâtre oriental de la guerre, Moltke présumait que les Russes formeraient 7 armées, 3 dirigées contre l'Allemagne (1 sur le Niémen, 2 sur la Narew), 3 contre

l'Autriche (2 sur le Bug, 1 sur le Dniester), le septième
se concentrant dans une position centrale, la région de
Varsovie, et qui serait la première prête. L'indigence du
réseau ferré ne permettrait pas aux armées russes d'entrer
en campagne aussi vite que celles des empires centraux,
mieux outillées en voies de communications. D'où la
possibilité pour celles-ci de les prévenir et de les battre
séparément. L'armée de Varsovie s'offrait à elles comme
une proie facile. Mettant à profit le tracé de la frontière,
l'espèce de golfe que la Pologne russe creuse entre l'Allemagne et l'Autriche, Moltke avait résolu de réunir toutes
ses forces disponibles dans les provinces de la Vieille
Prusse, entre Hohensalza et Ortelsburg, tandis que le
gros des armées autro-hongroises se grouperait dans la
Galicie centrale. Les deux masses marcheraient à la rencontre l'une de l'autre, les Allemands prenant pour premier objectif la basse Narew, les Autrichiens la région de
Lublin. On évitait ainsi la ligne de la Vistule et ses
défenses. Comme entrée en matière on écraserait l'armée
de Varsovie. Cette victoire jetterait le désarroi dans le
camp ennemi et placerait dès le début des hostilités le
gros des forces austro-allemandes dans une position
centrale, vers Siedlce, d'où il agirait successivement
contre les groupes russes du nord et du sud et les bat-
trait l'un après l'autre. La seule condition pour que ce
séduisant programme s'accomplît sans trouble était
d'assurer les flancs en Prusse orientale et dans l'est de la
Galicie. L'armée autrichienne disposait d'effectifs suffisants pour parer à tout danger sur sa droite. Quant à
l'armée allemande, Moltke destinait deux corps d'armée
actifs, renforcés d'unités de seconde ligne, à la défense
de la frontière orientale de la Prusse, défense qui s'appuierait d'un côté à la place de Koenigsberg, de l'autre
au pays des Mazures, dédale de lacs et d'étangs, presque

infranchissable pour des colonnes de quelque importance.

Moltke comptait mettre par là les Russes bientôt hors d'état de nuire, après quoi il laisserait aux Autrichiens le soin de les poursuivre et ramènerait vers le Rhin toutes les forces allemandes employées d'abord sur le front oriental.


## LE PREMIER PLAN DE CAMPAGNE DE SCHLIEFFEN


Le plan de campagne de 1879 ne subit aucun changement jusqu'à la retraite de Moltke. Son successeur, le comte Waldersee n'y apporta, pendant les trois années qu'il resta en fonctions, que des modifications d'ordre secondaire. La principale consistait à reporter plus à l'est la zone de concentration du groupe d'armées allemand chargé d'envahir la Pologne russe. On la fit glisser de la ligne Hohensalza-Ortelsburg à la ligne Ortelsburg-Lyck. L'objectif de l'offensive initiale se déplaçait parallèlement à la base de départ et visait désormais le cours supérieur de la Narew au lieu de son cours inférieur. Ce remaniement avait pour but de pousser l'aile gauche de la masse d'attaque jusqu'à lui faire toucher l'aile droite du groupe de défense de la Prusse Orientale, grâce à quoi celui-ci pourrait exécuter, lui aussi, une mission offensive. Waldersee le lançait vers le Niémen en même temps que le groupe principal marchait sur la Narew. Il faisait donc attaquer à la fois toutes les forces allemandes du front oriental, qui comprenaient 7 corps d'armée actifs avec les unités de réserve et de landwehr correspondantes. Le reste des troupes mobilisées, soit 13 corps d'armée actifs et les éléments de seconde ligne des mêmes circonscriptions de recrutement, devait tenir en respect les Français jusqu'au moment où on transporterait d'est en ouest les armées rendues libres par les défaites infligées aux Russes.

Tel était le plan que le comte Schieffen trouva en vigueur quand il assuma les fonctions de chef d'état-major en 1891. La formule de la manœuvre de Varsovie était bien faite pour lui plaire, puisqu'elle tendait à l'encerclement d'une armée russe, à une bataille d'anéantissement rappelant celle de Cannes. Mais c'était un diminutif bien réduit de la victoire d'Annibal, aboutissant à la destruction d'une partie seulement des forces militaires de la Russie, une partie minime, à peine plus qu'un gros détachement. Il n'y avait là guère de quoi satisfaire le goût de Schlieffen pour les solutions rapides et cependant aucun moyen ne s'offrait de faire mieux et plus vite sur le théâtre d'opérations oriental.

Pour qu'on pût obtenir à la première bataille un résultat décisif sur un des deux adversaires, il fallait que celui-ci s'y présentât toutes forces réunies et les Russes en étaient incapables avant une assez longue période de temps. Au contraire les Français rassembleraient certainement en moins de quinze jours l'ensemble de leurs troupes de choc sur la frontière ; il était donc possible d'engager avec eux une action générale et, si on savait s'y prendre, de leur porter le coup fatal.

D'autres raisons militaient alors en faveur de ce renversement du plan de campagne. La marche ascendante de la réorganisation de notre armée avait continué sans interruption. La loi militaire de 1889, en supprimant la deuxième portion du contingent, qui ne recevait pas d'instruction militaire, faisait passer tous les hommes valides sous les drapeaux. L'infanterie française était dotée, la première de toutes, d'un fusil à répétition de petit calibre.

On améliorait le réseau des voies ferrées conduisant à la frontière de l'est; on cuirassait et on bétonnait les œuvres vives des forts pour leur donner la résistance qu'exigeait l'emploi des nouveaux obus brisants. Enfin le commandement, sentant que l'ère des tâtonnements était passée, que l'armée était devenue un instrument homogène et fort, avait repris de l'assurance et s'orientait de plus en plus vers une stratégie et une tactique offensives.

Dans ces conditions, la défensive pied à pied imaginée par Moltke sur le front occidental présentait bien des périls. La première position, où il comptait attendre l'ennemi, entre Forbach et Sarre-Union, devenait manifestement trop peu étendue pour jouer le rôle qui lui était dévolu. L'armée française plus nombreuse, mieux armée, plus manœuvrière n'aurait aucune peine à la faire tomber et à précipiter la retraite des unités qui l'occuperaient.

Sur l'autre front, la manœuvre de Varsovie, de la réussite de laquelle dépendait le succès du plan de campagne, se heurtait à des difficultés imprévues. Les Russes construisaient toute une série de forteresses le long de la Narew et de son affluent le Bobr. Ces cours d'eau aux bords marécageux forment déjà par eux-mêmes un obstacle presque infranchissable après la fonte des neiges et pendant les pluies d'automne. Waldersee les considérait comme inabordables en avril, mai et novembre, se réservant d'apporter une variante à son plan de campagne au cas où la guerre éclaterait pendant un de ces mois. Après l'achèvement des défenses d'Ossowietz, Lomza, Ostrolenka, Rozan, Pultusk et Nowo-Giorgiewsk, le passage rapide de la ligne de la Narew apparaissait comme une impossibilité.

Ainsi les données du problème avaient complètement changé et cela au moment où l'alliance franco-russe devenait une réalité. C'est pourquoi, après avoir conservé quelque temps le plan qu'il tenait de ses devanciers, le nouveau chef d'état-major résolut en 1894 de l'abandonner et d'en élaborer un autre qui mettait d'abord tous les moyens en œuvre contre les Français, en n'opposant aux Russes que de très faibles effectifs.

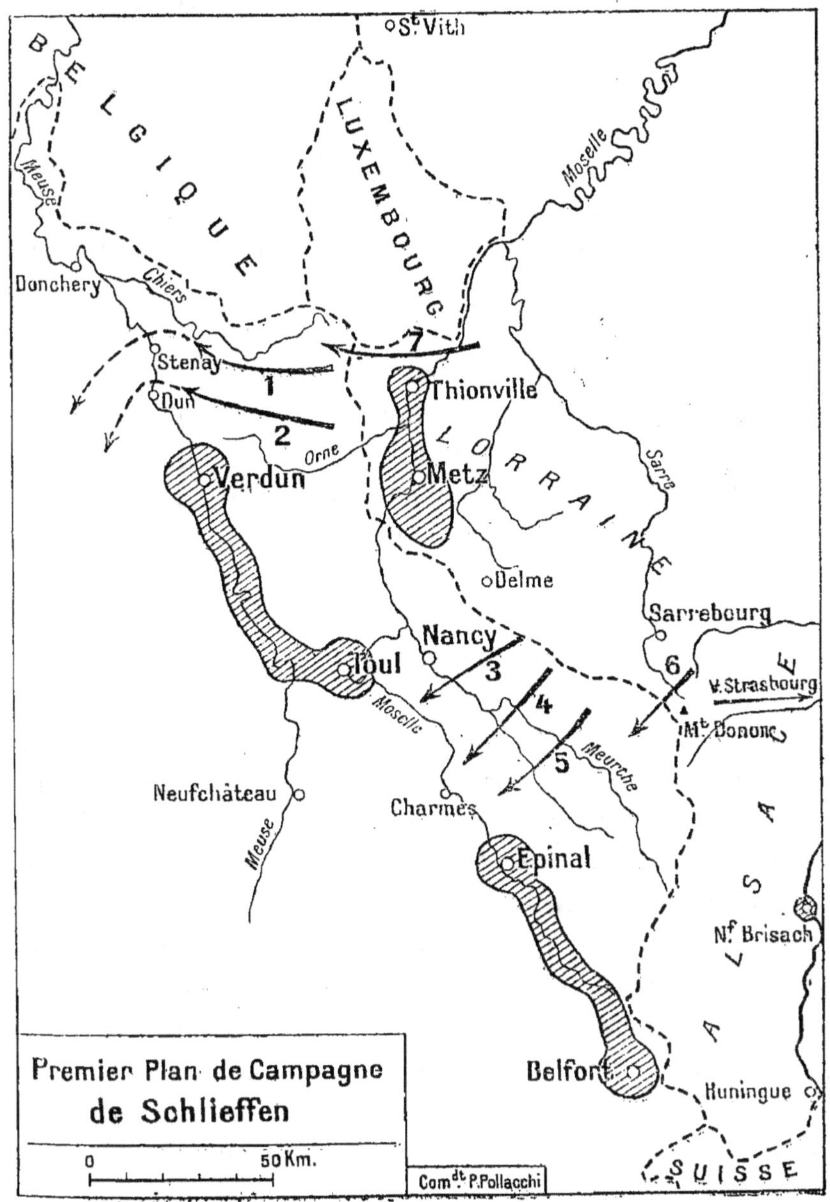

Ce premier projet de Schlieffen ne comportait pas encore de manœuvre par la Belgique. Il se bornait à l'attaque des trouées de Stenay et de Charmes. Les forces disponibles se répartissaient en sept armées, dont la zone de concentration s'étendait de Saint-Vith à Strasbourg. Les 1re et 2e armées, appuyées par la 7e, en échelon refusé à droite, utiliseraient la trouée de Stenay et franchiraient la Meuse entre Donchery et Dun, pour exécuter ensuite une conversion vers le sud et tomber dans le flanc gauche de l'armée ennemie. Ce mouvement tournant par la trouée de Stenay se combinait avec une attaque de front que menaient, dans la trouée de Charmes, vers Neufchâteau, les 3e, 4e et 5e armées, protégées par la 6e formant échelon en arrière et à gauche. On évitait de prendre à partie les barrières fortifiées, aussi bien celle de Belfort-Epinal, laissée en dehors de la zone d'action générale, que celle de Toul-Verdun, qui la coupait par le milieu et isolait l'un de l'autre les deux groupes des armées allemandes.

Il est vraiment surprenant de voir un tel plan endossé par Schlieffen, car il se trouve en contradiction avec les principes qui lui sont chers. On y distingue, il est vrai, l'ébauche d'un enveloppement par le nord, mais pendant qu'il s'accomplit l'ennemi n'est occupé que sur une partie de son front; on lui laisse une singulière liberté d'action; on engouffre toutes les armées allemandes dans de minces couloirs, ménagés intentionnellement à cet effet par l'adversaire. En fait d'enveloppement, les Français avaient toute facilité pour en exécuter deux en attendant l'agresseur au débouché des trouées, ainsi que nous l'avons indiqué précédemment. Ils pouvaient assaillir le groupe allemand du nord en tête et sur la gauche pour le rejeter vers la frontière belge, un peu comme avait fait Moltke à Sedan. Pour le groupe du sud, il suffisait de concentrer des forces derrière Toul et Epinal pour le prendre en flanc simultanément de chaque côté. Il semblait malaisé de faire plus complètement le jeu de l'armée française.

## LA VIOLATION DU TERRITOIRE BELGE

Sans aucun doute, Schlieffen n'a adopté son premier plan de campagne que de mauvaise grâce et parce qu'il ne réussit pas à en imposer un meilleur au gouvernement impérial. Comment expliquer autrement une pareille dérogation à sa doctrine? La manœuvre d'encerclement, dont il était si féru, ne pouvait se développer à l'aise qu'en terrain libre, en évitant la zone fortifiée qui défendait, de notre côté, la frontière franco-allemande.

Schlieffen a donc certainement songé, du jour où il a résolu de chercher une rapide décision sur le front occidental, à faire passer la plus grande partie de ses armées en dehors de la frontière commune, par un territoire neutre. Il n'a pas apparemment obtenu gain de cause auprès du chancelier alors en fonctions, le prince von Hohenlohe, et c'est ce qui l'a obligé à se rabattre sur un projet si défectueux, si contraire à ses idées.

En 1900, le comte Bülow prit le pouvoir; c'était un homme d'État moins timoré ou moins scrupuleux que son prédécesseur; il se laissa convaincre par le chef d'état-major et se rallia d'autant plus facilement à ses vues que la situation générale de l'Europe semblait alors fort avantageuse pour l'Allemagne. La Russie s'engageait à corps perdu dans son aventure d'Extrême-Orient et l'Angleterre voyait toutes ses ressources absorbées par la guerre sud-africaine. On ne courait par conséquent pas grand risque à violer, le cas échéant, les accords internationaux.

Deux solutions se présentaient : entrer en France par la Suisse, au sud, ou par la Belgique, au nord. La première semblait moins profitable. Les milices suisses jouissaient d'une excellente réputation ; animées au plus haut degré de l'esprit de discipline et de dévouement, aussi bien armées et outillées que les meilleures armées, on s'accordait à juger leur entraînement remarquable, malgré la brièveté de l'instruction, et leurs fantassins passaient pour les plus adroits tireurs de l'Europe. En cas d'invasion, l'armée suisse se serait concentrée dans sa citadelle inexpugnable des Alpes, où elle se serait trouvée admirablement placée pour agir contre l'aile marchante de la ligne allemande, puis contre ses communications. Le mouvement de conversion à travers le territoire helvétique aurait pris beaucoup plus de temps à cause de la longueur du trajet ainsi que de la pénurie de voies ferrées et laissé aux armées françaises le loisir de regrouper leurs forces pour faire front, soit sur le Jura, soit sur le plateau de Langres, contre l'agresseur exténué par un détour démesuré.

La plupart de ces inconvénients n'existaient pas ou se trouvaient sensiblement réduits, si on passait par le Luxembourg et la Belgique. Un coup d'œil sur le croquis ci-contre montre qu'à travers ces pays s'ouvre la voie d'accès la plus courte vers Paris pour la majorité des corps d'armée allemands. Aucun obstacle naturel dans les vallées commodes de la Meuse, de la Sambre et de l'Oise, qui tracent l'axe de la marche. Les forteresses de Liége, Namur, Maubeuge, l'interceptent, il est vrai, en trois endroits, mais ces places isolées, sans lien entre elles, n'étaient pas comparables, comme capacité de résistance, à nos barrières de l'est. L'armée belge, depuis longtemps l'enjeu des luttes politiques du royaume, paraissait peu redoutable ; elle ne comptait que quelques faibles unités actives et ses

formations de seconde ligne manquaient de toute cohésion.
Il ne lui restait d'autre ressource, si une armée étrangère
violait la neutralité, que de s'enfermer dans le cul-de-sac
d'Anvers, où il ne faudrait pas beaucoup de monde pour la
tenir bloquée.

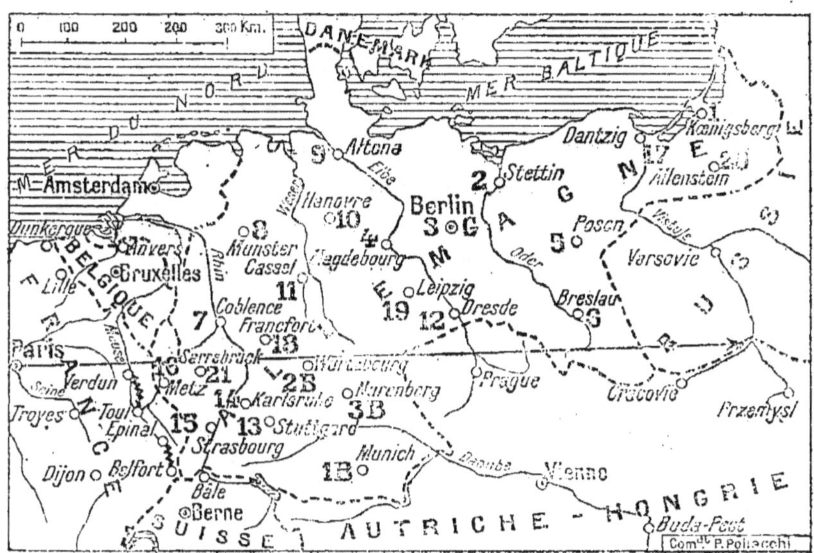


On comprend que le chef d'état-major allemand n'ait
pas hésité longtemps à fixer son choix. Il opta aussitôt
pour le passage par la Belgique et s'attacha à mettre au
point le plan de campagne grâce auquel, en tournant par
le nord notre ligne fortifiée de Lorraine, on contraindrait
l'armée française à livrer bataille dans une situation sans
issue et à s'y faire anéantir comme le furent jadis les légions
romaines dans la plaine de Cannes.

## LE PLAN DE CAMPAGNE DE 1905 [1]

C'est à partir de l'année 1905 que devait jouer le nouveau plan de Schlieffen, reposant sur la manœuvre de Belgique. La Russie, alors en pleine guerre avec le Japon, était incapable de prendre part à un conflit européen, d'où la possibilité pour l'Allemagne de faire observer simplement sa frontière de l'est par quelques unités territoriales et d'employer toutes ses forces actives et de réserve contre la France.

Les ressources du recrutement lui permettaient, à cette époque, de mobiliser en première ligne :

72 divisions d'infanterie (actives ou de réserve) [2].

11 divisions de cavalerie.

26 1/2 brigades de landwehr.

Aussitôt après la mise en route de ces unités, on constituait des brigades mixtes, dites d'ersatz mobile, au moyen des réservistes et des hommes des jeunes classes de la landwehr restant en excédant dans les dépôts [3].

---

1. Voir le croquis p. 56-57.

2. Le territoire de l'empire était divisé en 22 régions de recrutement (16 prussiennes, saxonnes, wurtembergeoises, 3 bavaroises) fournissant chacune un corps d'armée actif à 2 ou 3 divisions d'infanterie. A ces 22 corps d'armée s'ajoutait celui de la Garde, constitué par prélèvements sur les contingents de la Prusse et de l'Alsace-Lorraine.

A côté des 23 corps d'armée actifs se mobilisaient 12 1/2 corps d'armée de réserve, à 1 ou 2 divisions.

Soit au total, 35 1/2 corps d'armée, qui donnaient 72 divisions d'infanterie.

3. Il ne faut pas confondre ces unités d'ersatz mobile avec l'*Ersatzreserve* se composant d'hommes de la 2e portion du contingent qui n'étaient restés que quelques semaines sous les drapeaux au moment de l'appel de leur classe et avaient besoin d'un complément d'instruction pour devenir aptes à faire campagne. En 1914, l'Ersatzreserve n'entra en ligne qu'à la bataille de l'Yser, soit plus de deux mois après la déclaration de guerre.

Avec ces brigades on pouvait former 8 corps d'armée supplémentaires.

Telles étaient les ressources dont disposait l'Allemagne
pendant les premières semaines des hostilités pour mettre
l'armée française hors de cause.

Schlieffen n'entendait pas s'en tenir à des demi-mesures.
Quand il eut pris la détermination de violer la neutralité
du Luxembourg et de la Belgique, il voulut en tirer tout
le parti possible et donner à son offensive le maximum de
rendement, quitte à consentir des sacrifices de terrain
dans les parties les moins vulnérables du front de bataille
pour être certain de triompher là où il voulait provoquer
la décision. Il résolut donc d'adopter une attitude généralement défensive devant les barrières fortifiées de Belfort
à Verdun, pour développer toute son offensive au nord de
cette place et l'étendre aussi loin que possible à droite en
maintenant la liaison entre les colonnes qui y prendraient
part.

A l'aile gauche, où on se bornait à l'expectative, on
réduirait les forces à l'extrême, de manière à les augmenter d'autant sur la partie du front où on attaquait et tout
particulièrement à l'aile droite chargée d'enfoncer le flanc
de l'ennemi et d'agir sur ses derrières.

L'Alsace-Lorraine se prêtait fort bien à l'exécution de
ces desseins. La défense y était facile à conduire. Si les
Français envahissaient la plaine alsacienne, ils s'y trouveraient bloqués dans l'impasse enclose entre la frontière suisse, le cours du Rhin et le camp retranché
de Strasbourg. En Lorraine, la résistance s'appuierait à
gauche au massif du Donon, à droite au système
fortifié Metz-Thionville. Entre ces deux solides bastions
ne subsistait que la trouée Delme-Sarrebourg, compa-
rable à celle de Charmes du dispositif du général
Séré de Rivières. Le terrain s'y prête d'ailleurs fort

mal au développement d'une importante offensive ennemie; il est coupé de lignes d'eau, rivières et canaux,
parsemé d'étangs qu'on peut mettre à profit pour disloquer l'effort de l'assaillant.

Le plan de Schlieffen, tenant compte de ces conditions
favorables, envisageait l'évacuation complète de la
Haute-Alsace. La défense était reportée d'une part sur le
Rhin, de l'autre sur la ligne Strasbourg-Donon-Metz. A
la garde du fleuve entre Huningue et Strasbourg on n'employait que 3 1/2 brigades de landwehr. Sur la ligne
Strasbourg-Donon-Metz, en dehors des garnisons des
places, s'alignaient 9 divisions d'infanterie, 3 divisions de
cavalerie, 1 brigade de landwehr.

Ces forces avaient pour mission, en cas d'attaque ennemie, de disputer le terrain sans se laisser entraîner dans
une action générale, de reculer lentement d'une position
à l'autre, jusqu'au moment où la grande offensive allemande
du nord ferait sentir sa répercussion sur cette partie de
l'immense champ de bataille. Au cas peu probable où les
Français observeraient une attitude passive, 4 divisions
allemandes attaqueraient Nancy, mais sans s'engager à
fond et seulement afin d'empêcher l'ennemi de prélever
des forces sur le front lorrain et de les diriger vers la
Belgique. Schlieffen espérait même, dès que la situation
se serait éclaircie dans le nord, diminuer encore le
nombre des unités dans les pays annexés, en enlever
4 divisions et les transporter par chemin de fer à son aile
droite.

Tandis que des forces relativement très faibles devaient
mener la lutte du mieux qu'elles pourraient sur la partie
défensive du front, rien, dans le plan de Schlieffen, n'était
épargné pour étoffer le bloc offensif, chargé de déborder et
de prendre à revers la ligne de bataille française. Ce bloc
se fractionnait en trois groupes :

1° Le groupe du sud, à 16 D. I. [1] et 2 D. C., devait franchir la Meuse entre Verdun et Mézières ; 10 autres D. I. le flanquaient en s'échelonnant sur la gauche et en arrière, face à Verdun, de manière à déjouer toute entreprise venant de ce camp retranché.

2° Le groupe du centre, à 13 D. I., passait le fleuve entre Mézières et Namur.

3° Le groupe du nord, l'élément de manœuvre proprement dit, à 24 D. I. et 5 D. C., opérait au delà de Namur.

Les trois groupes disposaient d'un ensemble de 22 brigades de landwehr pour constituer, en arrière du front, les détachements d'observation des places fortes et de la garde des communications, dont on ne voulait pas affaiblir les grandes unités de combat. En séconde ligne, derrière le groupe de droite, suivraient les corps d'ersatz mobile, puis, éventuellement, les quatre divisions actives qu'on comptait transporter de Lorraine en Belgique, comme nous l'avons indiqué.

L'énorme bloc offensif comptait donc, en première ligne, 63 D. I. et 7 D. C. Tous ses éléments marchaient de front, dans un vaste déploiement de colonnes parallèles, sans se ménager de réserves, se contentant d'échelonner les unités des ailes pour se garder de tout risque sur les flancs. Dans son grandiose mouvement de conversion autour de Verdun comme pivot, la masse allemande aurait l'étendue et la force suffisantes — son chef en était convaincu — pour envelopper l'ennemi, quelque effort qu'il fît en vue de s'y dérober, le refouler d'une pression conti-

---

1. Nous emploierons, pour faciliter la lecture du compte rendu des opérations, certaines abréviations courantes :

C. A. = Corps d'armée.
D. I. = Division d'Infanterie.
D. C. = Division de Cavalerie.
Br.L. = Brigade de Landwehr.

C.A.R. = Corps d'armée de Réserve.
D. R. = Division d'Infanterie de Réserve.
C. C. = Corps de cavalerie.
R. I. = Régiment d'Infanterie.

nue vers le sud-est et l'acculer soit à la Meuse et à la Moselle, soit au Jura, où il ne pourrait échapper à l'anéantissement.

Schlieffen estimait que ce plan de campagne assurait indubitablement la victoire complète des armées allemandes, à la seule condition pour elles d'atteindre avant l'adversaire la région où elles pourraient se déployer à l'aise, celle qui est située au delà de la ligne Gand-Bruxelles-Namur. Tant qu'on ne l'aurait pas dépassée, on se trouverait à l'étroit. Il s'agissait donc de la gagner au plus tôt, malgré les obstacles qu'on trouverait en travers de la route.

En premier lieu, la poche de Maastricht que le territoire néerlandais interposait entre l'Allemagne et la Belgique rétrécissait le front de marche de l'aile droite avant même qu'elle abordât la Meuse. Comme on se résignait à respecter la neutralité des Pays-Bas, on se voyait contraint de réduire l'étendue de la zone d'opérations, et, dans la région d'Aix-la-Chapelle, de ramasser les colonnes en un étroit faisceau, où elles se gêneraient fatalement les unes les autres.

Le deuxième obstacle était le cours de la Meuse, obstacle qu'accentuaient les camps retranchés de Liége et de Namur ; on pensait qu'il serait facile de s'en emparer par des attaques brusquées en raison du peu de valeur qu'on attribuait aux garnisons belges. Le fleuve franchi, le groupe de droite trouverait un peu d'air, mais il lui faudrait encore masquer Anvers et se resserrer à nouveau entre la frontière hollandaise et la Sambre, à hauteur de Bruxelles. C'est seulement après avoir franchi ce nouveau passage qu'il déboucherait en terrain libre avec l'espace nécessaire à son déploiement définitif. On calculait qu'il y arriverait le 22e jour de la mobilisation.

A ce moment, si aucun accident grave, aucun retard ne

s'était produit, le comte Schlieffen considérait que le plan avait réussi, que « l'affaire était dans le sac », quelle que fût la riposte de l'ennemi.

Qu'allait faire celui-ci ? Rien n'eût été plus avantageux, de l'avis du chef d'état-major allemand, qu'une offensive générale et immédiate de l'adversaire en Alsace et en Lorraine, car il jugeait qu'elle ne le mènerait pas bien loin et le laisserait sans ressources à opposer à la masse principale des forces germaniques, de Verdun à la mer du Nord. Schlieffen ne se berçait d'ailleurs pas de l'espoir que les Français viendraient ainsi au devant de ses désirs. Il croyait plutôt qu'ils essaieraient de parer au danger en redressant leur dispositif vers le nord, mais ce mouvement ne les tirerait pas d'affaire. « Il n'est pas probable, disait Schlieffen à ses familiers[1], que les Français, qui devront procéder à un regroupement précipité de leurs corps d'armée, se présentent à la bataille en aussi bon ordre que nous. La situation dans laquelle les placera notre marche enveloppante par la Belgique les obligera à prendre des décisions hâtives et à envoyer des détachements dans de fausses directions ». En tous cas l'allongement de la ligne française resterait insuffisant et ne la sauverait pas de l'enveloppement de son aile gauche, poussée moins loin que l'aile droite allemande.

Après leur redressement, plus ou moins habilement exécuté, il restait aux Français le choix entre trois solutions : l'attaque, la défense, la retraite. S'ils prenaient l'offensive, on ne pouvait que s'en féliciter, car en avançant ils ne feraient qu'exposer davantage leur flanc gauche ; c'était renouveler la faute commise par les Romains à Cannes. S'ils attendaient de pied ferme l'attaque alle-

---

1. Communication du général von Hahnke au lieutenant-colonel Foerster.

mande, celle-ci aurait beau jeu pour amplifier à sa guise son mouvement débordant, rejeter la gauche française sur le centre et « télescoper » tout le front de bataille ennemi en le poussant vers le sud-est.

Enfin, troisième éventualité, si le commandement français s'apercevait à temps du péril, il pourrait tenter de l'éviter par un repli de grande envergure sur une position plus avantageuse, qu'il chercherait en arrière. Il ferait sans doute pivoter toute la partie septentrionale de son front autour de Verdun et la ramènerait sur une des lignes de défense existant entre cette forteresse et l'Oise, soit celle de Rethel-Laon-La Fère, soit celle de l'Aisne, soit celle de Reims-Soissons-Compiègne; la gauche se prolongerait suivant le cours inférieur de l'Oise et irait s'épauler au camp retranché de Paris.

Cette manœuvre ne prenait pas Schlieffen au dépourvu. Il y parait en étendant son mouvement d'encerclement de l'autre côté de la capitale. A cet effet les trois groupes d'armées chargés de l'offensive étireraient leur front devant celui de l'ennemi, de Verdun à l'embouchure de l'Oise, et le fixeraient par des démonstrations ou des attaques. Sur les 63 divisions qui les composaient on en prélèverait une quinzaine (7 corps d'armée), qui passeraient la basse Seine, contourneraient le camp retranché de Paris et déboucheraient sur les derrières de la ligne française vers Melun ou Auxerre. Pour couvrir la marche audacieuse de cette armée, pour la relier au reste de la ligne, on ferait intervenir les corps d'armée d'ersatz mobile, qu'on emploierait à observer les secteurs ouest et sud du camp retranché. Schlieffen pensait avoir trouvé ainsi une solution répondant à toutes les hypothèses qu'on pouvait envisager. Que l'ennemi voulût résister sur l'Aisne, sur la Marne, ou même sur la Seine, on se présentait toujours en forces au delà de l'extrémité de sa ligne, pendant qu'on l'attaquait partout de front; sa perte était irrémédiable.

Telle est la physionomie générale du plan de campagne dont Schlieffen dota l'armée allemande en 1905 et qu'il transmit à son successeur à la fin de la même année. A peine adopté, ce plan exigea un remaniement, car la conclusion de la paix en Extrême-Orient allait bientôt reporter le centre de gravité des forces militaires de la Russie en Europe, en même temps que la ruine de ses aspirations asiatiques l'incitait à reprendre sa politique traditionnelle dans la péninsule des Balkans, négligée depuis plusieurs années. L'Allemagne devait donc compter, une fois de plus, avec son voisin de l'est et ne pourrait plus se contenter, en cas de conflit, de garder sa frontière, de ce côté, avec quelques classes de landsturm. Si réduite que serait l'armée à laquelle elle confierait la défense des provinces orientales, il faudrait y incorporer des unités d'une catégorie plus relevée; on ne pouvait les trouver que sur le front français, qui, dans le plan en vigueur, les absorbait en totalité.

Pendant ses dernières années, Schlieffen a vécu dans la crainte qu'on ne détruisît son œuvre en exagérant les prélèvements sur le front occidental au profit du front oriental et plus encore en effectuant ces prélèvements au mauvais endroit. Il admettait qu'on diminuât la densité des troupes en Lorraine, à la rigueur même qu'on affaiblît la gauche et le centre de la masse d'attaque, mais il ne pouvait supporter l'idée qu'on touchât au groupe de droite. Peut-être a-t-il eu surtout pour objet, en publiant périodiquement ses études historiques, de rappeler à l'état-major, sur lequel il n'avait plus d'action directe, le principe qu'il considérait comme sacré. En 1913, sur son lit de mort, dans les affres de l'agonie, il ne faisait que répéter : « L'aile droite! L'aile droite! Renforcez l'aile droite! »

Ce furent ses dernières paroles.

## CHAPITRE III

———

# LE PLAN DE CAMPAGNE DE 1914

———

LE COLONEL-GÉNÉRAL VON MOLTKE

Lorsqu'on apprit, à la fin de l'année 1905, que le colonel-général von Moltke était désigné pour remplacer le comte Schlieffen, cette nouvelle fut accueillie dans les milieux militaires avec une surprise mêlée de quelque inquiétude. Bien des officiers pensaient que le sentiment avait dicté le choix de l'empereur plus que le souci de confier la direction de l'armée à celui que sa valeur en rendait le plus digne. Guillaume II, disait-on, s'était laissé éblouir par le prestige d'un nom illustre et entraîner par une vieille amitié qui remontait au temps où le prince et le neveu du grand capitaine servaient ensemble comme jeunes officiers.

Ce n'est pas que le général von Moltke fût dépourvu de qualités. Il était connu au grand état-major pour son énorme puissance de travail, une certaine netteté de vues et surtout un talent de conférencier qui le faisait briller dans les kriegspiels; nul ne troussait mieux que lui une critique après les manœuvres. Mais c'étaient là, en somme, des titres de second plan. Sous ces dehors engageants, rien ne révélait un esprit capable d'idées générales, de vastes conceptions, de cette espèce de divination que possédait le vieux Moltke et qu'on avait cru retrouver en Schlieffen. On craignait surtout que le nouveau chef d'état-major n'eût pas reçu en partage la force de caractère, la volonté de fer sans lesquelles il n'est pas de véritable conducteur d'armées. Il semblait au contraire enclin à l'indécision, porté à subir l'influence de son entourage, à adopter l'avis de la dernière personne qui lui parlait. Il manquait aussi de confiance en lui et le manifesta en hésitant longuement à accepter les hautes, mais lourdes fonctions auxquelles l'appelait la faveur du souverain.

Nous avons vu que Moltke, quand il remplaça Schlieffen, fit publiquement profession de se conformer à ses préceptes et de respecter l'esprit, sinon la lettre de son plan de campagne. Il y resta fidèle, au début, lorsque l'obligation s'imposa de reconstituer une armée sur la frontière russe, après la liquidation de la campagne de Mandchourie. Il n'affecta à cette armée que 9 divisions d'infanterie et 1 de cavalerie, en sus des formations territoriales. C'était là un minimum, et les armées de l'ouest, après ce léger prélèvement, restaient très suffisamment étoffées pour mener à bien la manœuvre du plan de 1905.

Bientôt cependant Moltke fut pris de scrupules d'ordre politique et moral. Il ne pouvait se résoudre à abandonner sans combat, comme le faisait son prédécesseur, la plus grande partie de l'Alsace et il prescrivit qu'on envisageât le détachement d'un corps d'armée dans la région de Mulhouse pour défendre le sud de la province. C'était une dérogation, très légère il est vrai, au dispositif de Schlieffen, mais de plus importantes allaient s'y ajouter, car en pareille matière il n'y a généralement que le premier pas qui coûte.

L'état-major allemend continuait à observer de très près l'évolution de la doctrine stratégique en France. Il ne tarda pas à constater que le dogme de l'offensive à outrance y gagnait chaque jour du terrain. En 1911, le colonel de Grandmaison fit à Paris aux officiers de l'état-major de l'armée deux conférences dans lesquelles il accusait les règlements en vigueur et les principes admis chez nous de timidité, de mollesse. On ne songeait, selon lui, qu'à la sûreté, au détriment de l'offensive ; on oubliait que la victoire revient à celui qui sait prévenir son adversaire, s'assurer l'initiative de l'attaque. Ces conférences, publiées au cours de la même année, eurent le plus grand retentissement. Un courant s'établit qui emporta la très grosse majorité des officiers à la suite du nouveau prophète. Dans les kriegspiels, sur le terrain, chacun s'évertua à paraître plus offensif que le voisin ; on courait à l'ennemi dès qu'on l'apercevait. Le haut commandement se laissa gagner par cette frénésie contagieuse ; le fatal règlement de manœuvres de l'infanterie, paru en 1913, est là pour l'attester.

Après ces manifestations passionnées, on ne conservait aucun doute à Berlin sur l'attitude de l'armée française en cas de guerre. Il était désormais évident qu'elle attaquerait avec toutes ses forces dès qu'elles seraient prêtes. On se rappelle que Schlieffen n'osait espérer, de notre part, une manœuvre aussi imprudente, qui favoriserait la sienne. Moltke ne s'en réjouit pas moins, mais au lieu de s'en tenir au projet de son devancier, il voulut profiter de la témérité de l'ennemi pour lui infliger deux défaites successives au lieu d'une seule, en Lorraine d'abord, dans le nord de la France ensuite.

L'offensive principale française, pour des raisons que

nous avons exposées précédemment, ne semblait devoir être lancée qu'en Lorraine, dans la région située entre le camp retranché de Metz et le bastion naturel des Vosges, dans la trouée Delme-Sarrebourg. Le chef d'état-major allemand reprit à son compte la théorie de l'exploitation stratégique des trouées, théorie qui était due au général Séré de Rivières. Il méditait de laisser les assaillants s'enfoncer entre Metz et le Donon et de les écraser, à la sortie du défilé, par des ripostes sur les deux flancs.

Une contre-offensive aussi importante n'était pas exécutable, bien entendu, avec les effectifs modiques que le plan de Schlieffen attribuait à cette partie du théâtre de la lutte, 9 divisions d'infanterie, 3 de cavalerie, 4 1/2 brigades de landwehr. Moltke porta l'effectif de l'infanterie à 16 divisions d'active ou de réserve, 10 1/2 brigades de landwehr et toutes les unités d'ersatz mobile disponibles, celles que Schlieffen destinait à sa chère aile droite.

Ainsi le centre de gravité des armées allemandes se déplaçait vers le sud. La manœuvre simple, à objectif unique, de Schlieffen se dédoublait. En apportant cette modification profonde au plan de 1905, Moltke croyait sans doute de bonne foi rester dans la tradition de son maître, puisque, à la bataille d'extermination tant prônée par lui, il donnait une sœur jumelle.

C'était pourtant une entreprise bien ambitieuse. A la guerre, comme en chaque chose, il n'est jamais bon de courir deux lièvres à la fois. Les grands généraux de tous les temps ont montré qu'à moins d'une écrasante supériorité numérique il ne faut pas vouloir être partout le plus fort, mais savoir le demeurer au point essentiel. C'est le principe même de l'économie des forces. Schlieffen le mettait en pratique dans son plan de campagne. Le vieux Moltke l'avait professé autrefois. Son neveu l'oublia.

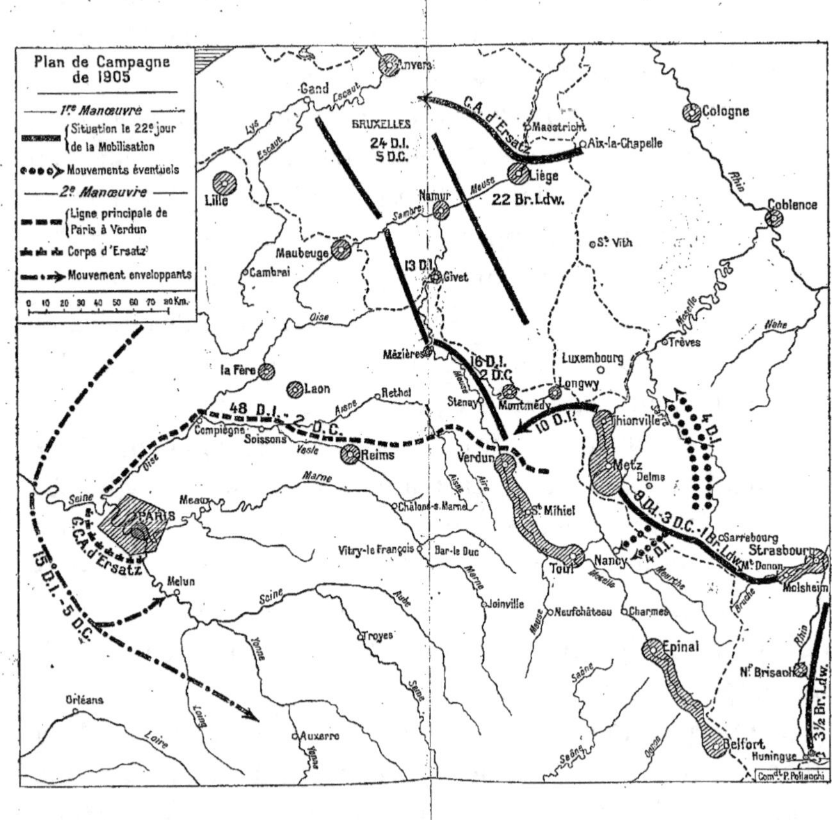


Plan de Campagne de 1905

## NOUVELLE RÉPARTITION DES FORCES

Les lois militaires votées par le Reichstag depuis l'entrée en fonctions du général von Moltke avaient augmenté le nombre des unités de première ligne. En 1914), l'armée comptait 25 C. A. au lieu de 23[1], soit 50 D. I. au lieu de 46. La réserve fournissait 14 C. A. R. à 2 divisions, plus 4 D. R. autonomes[2], soit 32 D. R.

De ces 32 divisions actives et de réserve, 3 étaient affectées aux places fortes, 9 à l'armée de l'est, 2 (IX° C. A. R.) à la garde temporaire du canal de Kiel. Il en restait donc 68 aux armées opérant sur le front occidental, par conséquent 4 de moins que dans le plan de 1905.

Passons à la landwehr et à l'ersatz mobile. Les brigades de landwehr avaient été ramenées de 26 1/2 à 22 1/2. De même les brigades d'ersatz mobile n'étaient plus qu'au nombre de 17, représentant la valeur de 4 corps d'armée, au lieu des 8 corps d'armée prévus par Schlieffen. Cette diminution s'explique par la constitution de grandes unités de landwehr à la frontière orientale, qui épuisèrent les ressources des dépôts, destinées auparavant aux unités d'ersatz mobile et de landwehr du front occidental.

Nous trouvons donc, dans le plan de 1914, employées sur la frontière ouest :

68 D. I. et D. R.

10 D. C.

1. Par la création des XX° et XXI° C. A. à Allenstein et à Sarrebruck.

2. Toutes les régions de C. A. formaient un C. A. R. portant le même numéro à l'exception des II°, XI°, XIII°, XV°, XVI°, XVII°, XIX°, XX°, XXI°, II° Bavarois et III° Bavarois.

La II° région formait une D. R., la III° D. R. ; au XIV° C. A. R. étaient rattachées 3 D. R. autonomes : XXX°, XXXIII°, XXXV°.

22 1/2 Br. L.

17 Br. d'Ersatz.

Ces unités étaient réparties en 7 armées, numérotées de I à VII de la droite à la gauche, dans les conditions suivantes :

| Armées | D. I. et D. R. | D. C. | Br. L. | Br. Ersatz |
|---|---|---|---|---|
| I | 12 | 3 | 3 | — |
| II | 12 | 2 | 2 | — |
| III | 8 | — | | — |
| IV | 10 | — | 1 | — |
| V | 10 | 2 | 5 | — |
| VI | 10 | 3 | 6 | 17 |
| VII | 6 | — | 4 1/2 | |
| Totaux | 68 | 10 | 22 1/2 | 17 |

Si l'on compare cette répartition des forces à celle du plan de 1905, les cinq premières armées correspondent à la masse offensive que Schlieffen faisait passer par les pays neutres au nord de Verdun, les I<sup>re</sup> et II<sup>e</sup> armées au groupe du nord de cette masse, la III<sup>e</sup> au groupe du centre, les IV<sup>e</sup> et V<sup>e</sup> au groupe du sud. Enfin les VI<sup>e</sup> et VII<sup>e</sup> armées de 1914 se substituent aux forces défensives que Schlieffen postait en Lorraine et sur le Haut-Rhin.

Dans cette distribution générale des unités disponibles, seule celle de la cavalerie reste le même dans les deux plans. Le groupement comparé des divisions et brigades d'infanterie est indiqué dans le tableau suivant :

| Unités | Aile droite. | | Aile gauche | |
|---|---|---|---|---|
| | 1905 | 1914 | 1905 | 1914 |
| D. I et D. R. | 63 | 52 | 9 | 16 |
| Br. L. | 22 | 12 | 4 1/2 | 10 1/2 |
| Br. Ersatz | 32 | — | — | 17 |

De ce tableau ressort combien Moltke avait altéré le plan primitif. La masse chargée de la manœuvre décisive s'étiolait au profit du groupe de Lorraine. Privée de 11 divisions d'infanterie en première ligne, elle allait être obligée de réduire l'envergure du déploiement et de diminuer par là ses chances de déborder l'aile gauche adverse; frustrée de la majorité de ses éléments de deuxième ligne, il ne lui restait presque pas de troupes fraîches pour alimenter la bataille, soit en relevant les unités les plus éprouvées de première ligne, soit en prolongeant le front de combat pour mieux assurer le succès de l'enveloppement et l'exploiter. Cette absence complète de réserves est la marque caractéristique du plan de 1914.

Schlieffen disposait, derrière son aile offensive, de 8 corps d'armée d'ersatz, se déplaçant à sa suite, grâce auxquels il pouvait livrer dans de bonnes conditions une seconde bataille, s'il ne réussissait pas à mettre l'adversaire hors de cause au premier choc. Moltke, au contraire, ne conservait rien pour parer à l'imprévu, ce qui le plaçait dans l'obligation de remporter une victoire complète, une victoire d'extermination à la première action générale. S'il n'y parvenait pas, s'il n'obtenait qu'un succès « ordinaire », comme disait Napoléon, il risquait de se trouver démuni pour la suite des opérations et d'autant plus qu'il s'enfoncerait plus profondément et plus rapidement en territoire ennemi. Il se verrait alors pris dans ce dilemne : marcher vite pour ne pas donner à l'ennemi le temps de se ressaisir ou modérer l'allure pour attendre l'arrivée de renforts venant de l'aile gauche ou de l'intérieur. Tout son plan reposait sur l'hypothétique espoir d'écraser la majeure partie de l'armée française en Lorraine assez tôt pour pouvoir transporter des unités de l'aile gauche à l'aile droite en temps utile. Le moindre accroc, le plus léger retard laissait l'aile droite sans soutien au moment où il était logique de penser qu'elle en aurait le plus besoin.

C'est pourquoi, malgré l'apparence première, le plan de 1914 faisait figure d'une entreprise beaucoup plus hasardée, plus aventureuse que celui de 1905 et bien moins capable de procurer au commandement allemand le prompt dénouement qu'il recherchait sur le front occidental.

# CHAPITRE IV

## LE GRAND QUARTIER GÉNÉRAL

ORGANISATION DU GRAND QUARTIER GÉNÉRAL

Au commencement de la guerre, les grands quartiers généraux français et allemand étaient très différents l'un de l'autre. Celui du général Joffre, organe purement militaire, au personnel relativement restreint, se déplaçait sans difficulté. Dès que la mobilisation fut ordonnée il s'installa à Vitry-le-François, puis changea à plusieurs reprises de résidence suivant les exigences de la situation militaire. On le vit successivement à Bar-sur-Aube, à Châtillon, à Romilly, à Chantilly. Malgré les perturbations que produisit la retraite, il resta toujours en liaison avec les armées.

Le grand quartier général allemand présentait une autre physionomie. La présence de Guillaume II y entraînait celle de ses cabinets militaire, naval, civil, d'une partie de la cour, de nombreux fonctionnaires. Les chambellans et les écuyers y voisinaient avec le chancelier d'empire, les secrétaires d'État aux Affaires Étrangères, à la Marine, les diplomates, les amiraux. Le ministre de la Guerre accompagné d'un échelon de son administration y figurait aussi en permanence. Tous ces personnages s'entouraient d'une nuée de secrétaires, de plantons, de domestiques auxquels s'ajoutaient les troupes d'escorte. Le déménagement de cette foule d'hommes, de chevaux, de véhicules, était toute une affaire; il faisait songer, a dit un observateur irrévérencieux, à la migration des peuples [1].

La sécurité du souverain commandait certaines précautions dont la première consistait à se tenir assez loin du front. Jusqu'après la bataille de la Marne, malgré les progrès rapides des armées, le grand quartier général ne changea qu'une fois d'emplacement. Formé le 17 août seulement à Coblence, il fut transféré le 30 à Luxembourg, où il devait rester jusqu'au 25 septembre.

A de pareilles distances des premières lignes, les relations du commandement suprême avec les quartiers généraux subordonnés demeuraient forcément précaires. Les voies ferrées et les fils télégraphiques étant coupés en territoire ennemi, on en était réduit, pour communiquer sûrement avec l'avant, à la télégraphie sans fil et aux automobiles. Ce dernier procédé ne s'affirma pas comme très pratique à cause de la longueur des trajets à parcourir sur des routes souvent détériorées et encombrées. Pour se rendre au front et en revenir, c'étaient de véritables expéditions que les grands chefs n'osaient affronter; ils laissèrent ce soin à des officiers plus jeunes.

1. Josef Graf Stürgkh : *Im deutschen Grossen Hauptquartier*, p. 19. — Le général Stürgkh était délégué de l'armée austro-hongroise au G. Q. G. allemand.

**Donc** aucun échange de vues direct, aucune discussion verbale entre le commandant en chef et les principaux exécutants.

Restait la ressource de la télégraphie sans fil, ressource assez médiocre si on s'en rapporte au témoignage du général von Kuhl, [1] alors chef d'état-major du colonel-général von Kluck. « Le quartier général de la I<sup>re</sup> armée, dit-il, disposait de deux postes de systèmes différents, dont l'un communiquait directement avec le grand quartier général, l'autre seulement par l'intermédiaire du quartier général de la II<sup>e</sup> armée ; mais, même par la voie directe, il fallait attendre des heures avant de pouvoir faire parvenir un radio, parce que le grand quartier général n'avait qu'un unique poste récepteur où convergeaient les messages de toutes les armées. Pendant ces journées de grande chaleur les orages provoquèrent de fréquentes interruptions ; ensuite la tour Eiffel brouilla les transmissions. Il fallut répéter jusqu'à trois et quatre fois les envois avant qu'on en reçût le texte exact. Puis on devait compter encore avec le déchiffrement. C'est ce qui explique qu'à des moments décisifs les comptes rendus mettaient parfois 24 heures à atteindre leur destination. »

Ainsi l'éloignement et l'insuffisance des liaisons empêchaient le chef de se tenir au courant des événements.

Pour compenser cette infériorité il eût fallu qu'il possédât la faculté intuitive de discerner la situation et le don de prendre instantanément la décision qu'elle comportait. A défaut de ces rares qualités chez Moltke, les trouvait-on chez ses collaborateurs immédiats? Pour répondre à cette question, il est nécessaire d'examiner brièvement la composition de l'état-major et la manière dont le service y fonctionnait.

---

1. H. von Kuhl : *Der Marnefeldzug 1914*, p. 28.

## LE GRAND ÉTAT-MAJOR

L'empereur, fidèle à la règle qu'il s'était imposée en temps de paix, abandonnait complètemement la direction des opérations au chef d'état-major. Ainsi l'autorité et la responsabilité n'étaient pas divisées. Moltke signait les ordres au nom du souverain. Il apparaissait à tous comme le véritable commandant en chef et on le reconnaissait comme tel. Guillaume II s'appliquait à lui donner en toutes circonstances des marques publiques d'estime et d'amitié ; en lui adressant la parole, il ne l'appelait que « Julius », sobriquet qu'il avait reçu au début de sa carrière. Cette attitude était fort judicieuse, car elle coupait court à toute velléité d'intrigue. Écartant les inconvénients qu'aurait pu faire naître la dualité des attributions, elle consolidait la position du chef d'état-major vis-à-vis de ses subordonnés. Cela dura autant que l'ère des succès.

Est-ce pour être plus loyalement servi que Moltke ne s'entoura que d'hommes de second plan ? Pendant les années qui précédèrent la guerre, on avait vu au grand état-major des officiers réputés dans toute l'armée pour leur savoir et leur talent, tels que Ludendorff, Kuhl, Freytag-Loringhoven. En août 1914, ils avaient tous disparu pour faire place à des officiers de bien moindre notoriété.

Le quartier-maître général, titre qui correspond à peu près à celui de sous-chef d'état-major chez nous, remplissait en pratique les fonctions de chef d'état-major, de même que le chef d'état-major assumait celles de comman-

dant en chef. Le lieutenant-général von Stein avait été
nommé à ce poste et le conserva jusqu'au milieu de septembre. Il se faisait remarquer par des manières arrogantes,
un ton sec et une suffisance que ses capacités ne justi-
fiaient guère. Placé à la tête d'un corps d'armée après sa
disgrâce, il fut loin d'y briller. Stein était le type de
l'officier de bureau, rivé à sa table de travail, où il traitait
les questions avec un tour d'esprit doctrinal, schématique,
comme faisant à dessein abstraction des réalités. Pas plus
que son chef il ne quittait le grand quartier; ni l'un ni
l'autre ne se rencontrèrent une seule fois jusqu'à la bataille
de la Marne avec aucun des commandants d'armée. « Qu'on
compare cette abstention, a écrit un général allemand,
à l'inlassable activité personnelle du général Joffre. Les
rapports français signalent à tout instant sa présence.
Chaque fois qu'il y a une décision importante à prendre,
une entente à établir entre deux armées, on le trouve sur
place, stimulant les uns, retenant les autres, dénouant
partout les difficultés. » [1]

Le lieutenant-colonel Tappen dirigeait la section des
opérations, l'équivalent de notre 3ᵉ bureau. Après la
guerre, cet officier s'est constitué le défenseur du grand
état-major de 1914, violemment attaqué de toutes parts;
il a publié un opuscule dans lequel il s'est efforcé de
répondre aux critiques qu'on adressait à ses chefs et à
lui-même. Ces quelques pages de demi-aveux et de faibles
arguments donnent une assez piètre idée de leur auteur et
de ce qu'a dû être son action sur l'important service qu'on
lui avait confié. Lui aussi n'est jamais sorti de son bureau.

Le conseiller le plus écouté de Moltke était le major
Hentsch, chef de la section des renseignements. Ce jeune
officier avait beaucoup voyagé dans le nord et l'est de la

_______________

1. H. von Kuhl, *loc. cit.*, p. 29.

France; il connaissait à merveille le terrain où se déroulait la lutte. On avait fréquemment recours à ses avis en haut lieu et, lorsque la crise approcha de son point culminant, le 8 septembre, on l'envoya sur le front muni de pouvoirs étendus. Hentsch est mort en 1917, au cours des opérations de Roumanie.

Le triumvirat Stein-Tappen-Hentsch, qui avait la charge de préparer pour le chef les éléments de ses décisions, puis de faire exécuter celles-ci, se montra nettement inférieur à sa tâche. Il semblait croire que le plan de campagne contenait tout ce qui devait assurer la victoire et dispensait le commandement et ses aides de penser à autre chose qu'à son application littérale. Il manqua de prévoyance et d'initiative. On ne le vit à aucun moment essayer d'améliorer son déplorable système de liaisons avec les armées. Le commandement suprême, recevant des comptes rendus attardés raisonnait sur une situation qui n'était plus celle du moment; les directions qu'il donnait, arrivant avec un nouveau retard aux exécutants, ceux-ci se trouvaient quelquefois dans l'impossibilité de s'y conformer. Aussi prirent-ils l'habitude de ne plus leur prêter qu'une médiocre attention, d'agir à leur guise au mieux de leurs intérêts particuliers et de prendre même des dispositions absolument contraires aux ordres qu'ils recevaient. Après quelques jours de bataille le commandement suprême avait virtuellement cessé d'exister.

Au début, tout marchait à ravir; la plus sereine confiance régnait au grand quartier général; il laissait ses subordonnés faire à leur tête. Quand il constata soudain que le plan initial se trouvait en défaut et se vit en face de l'imprévu, il perdit son sang-froid et ne put reprendre la direction qu'il avait laissé échapper.

### ROLE DU GRAND ÉTAT-MAJOR A LA VEILLE DE LA GUERRE

La lutte n'était pas encore engagée que déjà le grand état-major donnait un avant-goût de l'indigence d'esprit dont il allait faire preuve dans la conduite des opérations.

Le 1er août, le gouvernement avait déclaré la guerre à la Russie, en alléguant que celle-ci se refusait à suspendre sa mobilisation. Il s'agissait ensuite de trouver un prétexte de rompre pareillement avec la France. Moltke se chargea de le fournir. Comme il ne pouvait absolument rien nous reprocher, il inventa de toutes pièces un certain nombre de faits destinés à démontrer que nous avions entamé des hostilités en pleine paix. Quarante-quatre ans auparavant, Bismarck avait manœuvré d'une manière analogue en falsifiant la dépêche reçue d'Ems afin d'amener Napoléon III à déclarer la guerre. Le chancelier de fer, en cette occurrence, avait procédé si adroitement que rien ne transpira de ses machinations; elles ne furent connues que bien des années plus tard et parce qu'il les révéla lui-même.

Le grand état-major de 1914 se montra tout aussi peu scrupuleux, mais bien moins habile. Il fabriqua des fables si ridicules que leur caractère mensonger ne fit bientôt de doute pour personne et contribua ainsi à discréditer l'Allemagne dans le monde entier.

On prescrivit d'abord au XVe C. A., de Strasbourg, de rendre compte de prétendues incursions de troupes françaises en Alsace, près de Montreux-Vieux, de Sainte-Marie-aux-Mines, du col de la Schlucht et sur plusieurs autres points. Le communiqué déclarait que les agresseurs avaient tiré sur les postes allemands; il ne signalait pas de pertes et pour cause. Malgré la précaution qu'avait prise le gouvernement français de faire retirer notre dispositif de couverture, il n'y avait en somme dans ces nouvelles rien d'absolument impossible, mais elles ne parurent pas assez convaincantes à leurs auteurs. Ils voulurent en produire de plus impressionnantes.

En conséquence, le III<sup>e</sup> C. A. bavarois, de Nuremberg, fut chargé d'annoncer qu'un avion français avait bombardé la voie ferrée aux environs de cette ville. Sans être grand clerc dans les questions d'armement, on savait qu'alors les projectiles dont les aviateurs pouvaient lester leurs appareils étaient incapables de causer des dégâts sérieux aux chemins de fer. Tout au plus briseraient-ils une traverse ou une paire de rails, dégradations qu'il suffit de quelques minutes pour réparer. Jamais, au cours de la guerre, l'aviation n'a perdu son temps à ces jeux inoffensifs. Comment supposer qu'un avion accomplirait un raid de 700 kilomètres pour une besogne aussi oiseuse? Une seconde de réflexion permettait de se rendre à l'évidence. Cependant l'Allemagne fit état de cette imposture pour se prétendre attaquée par nous et réclamer l'entrée en guerre de l'Italie [1], d'ailleurs sans succès.

Le 2 août, le ministre de Prusse en Bavière télégraphiait à Berlin au chancelier : « L'information donnée par les autorités militaires et répandue ici par le Bureau de correspondance de l'Allemagne du Sud d'après laquelle des aviateurs français ont lancé des bombes dans les environs de Nuremberg n'a pas été confirmée jusqu'ici. En fait, on a aperçu des appareils inconnus, qui, selon toute appa-

----

1. *Die deutschen Dokumente zum Kriegsausbruch*, vol. III, N° 664; lettre du secrétaire d'Etat aux Affaires Etrangères à l'ambassadeur à Rome, 2 août, 16 h. 35.

rence, n'étaient pas des appareils militaires. On n'a pu
vérifier que des bombes aient été lancées et encore moins,
bien entendu, que les occupants étaient Français. Signé :
Treutler[1] ». Ce candide fonctionnaire n'était sans doute
pas dans la confidence. En tout cas on ne tint aucun
compte de sa communication, pourtant nette, puisque, le
lendemain soir, le baron von Schœn remettait au gouvernement français la déclaration de guerre de l'Allemagne, moti-
vée par les actes d'hostilité des troupes françaises, au nombre desquels l'attentat de Nuremberg figurait en bonne place.

Mais on devait trouver mieux encore. Le 2 août, le
VIII⁰ C. A., de Coblence, avisait Berlin des faits suivants :
80 officiers français, revêtus d'uniformes allemands et mon-
tés dans 12 autos, avaient franchi la frontière hollandaise
le matin même, près de Gueldre, mais s'étaient repliés
devant l'attitude énergique des détachements de garde.
Voilà un conte bien gros et difficile à admettre. Comment
cette caravane bigarrée avait-elle pu circuler sur les
routes des Pays-Bas sans être aperçue par les autorités
locales? Puis, les 80 individus habillés de tenues prussiennes n'avaient pas été appréhendés. Ils étaient repartis
comme ils étaient venus. Alors comment pouvait-on
savoir que c'étaient des officiers français? Portaient-ils
leur profession et leur nationalité inscrites sur leur visage?
Au ministère des Affaires Étrangères de Berlin on ne
semble pas s'être posé ces questions, qui se présentent
tout naturellement à l'esprit. Le renseignement émanait
d'un général; cela suffisait. Le grand état-major le passa
aussitôt à l'agence Wolff, qui en assura la diffusion; on le
télégraphia même à l'ambassade de Londres afin que le
gouvernement britannique en fût instruit[2]. Le ministre

----

1. *Deutsche Dokumente*, vol. IV, N° 758.
2. *Deutsche Dokumente*, vol. III, N° 677.

d'Allemagne à la Haye crut devoir demander aux braves
Hollandais de procéder à une enquête ; ils répondirent,
avec quelque ironie, que leurs routes étaient surveillées,
toutes les automobiles arrêtées[1]. L'étrange cortège décrit
par le représentant de l'Allemagne n'aurait pu passer ina-
perçu. Quand cette réponse parvint à Berlin, la guerre
était déclarée depuis la veille.

Tandis que les Allemands clamaient *urbi et orbi* que
nous les avions attaqués perfidement, nous nous conten-
tions de protester officiellement des violations de frontières,
réelles celles-là, dont ils s'étaient rendus coupables près
de Delle, où une reconnaissance de leur 5ᵉ régiment de
chasseurs à cheval était venue tuer le caporal Peugeot, du
44ᵉ d'infanterie, à plus de dix kilomètres à l'intérieur du
territoire français. Moltke nia impudemment pendant
deux jours. Il finit par avouer, mais par un singulier
hasard, cet aveu n'arriva dans les bureaux de la Wilhelm-
strasse qu'après la rupture avec l'Angleterre, le 5 août[2]

Le même jour, le même Moltke poussait l'inconscience
jusqu'à adresser au département des Affaires Étrangères
une espèce de factum, où on lit ce qui suit : « La politique
déloyale de nos ennemis nous donne le droit d'agir contre
eux sans aucun ménagement ». Les troupes allemandes
ne devaient que trop bien se conformer aux intentions
ainsi exprimées par leur chef. Les massacres de Dinant,
d'Andenne, les ruines de Louvain, de Reims, de tant
d'autres villes en portent témoignage.

Dans cette communication du 5 août au ministre des
Affaires Étrangères, le chef d'état-major recommande

---

1. *Deutsche Dokumente*, vol. IV, Nᵒ 797.

2. *Deutsche Dokumente*, vol. IV, Nᵒ 869. — Quant aux prétendues violations de frontière par les patrouilles françaises, Tappen a fait justice de ces
inventions ; il déclare que « dans la nuit du 4 au 5, les comptes rendus
n'avaient signalé encore aucune entreprise ennemie d'aucune sorte. »
*Bis zur Marne*, p. 10.

aussi d'exploiter l'indignation qui s'est emparée de l'opinion publique américaine lorsqu'elle a été mise au courant
des procédés infâmes auxquels l'Entente a recouru à l'égard
de l'Allemagne. « Peut-être les Etats-Unis se laisseront-ils
persuader d'entreprendre une action navale contre l'Angleterre ; le Canada s'offre à eux comme prix de leur victoire [1] ».

Cette simple phrase en dit long sur le sens politique et
la perspicacité de celui entre les mains duquel venait
d'être placée la destinée de son pays.

1. *Deutsche Dokumente*, vol. IV, N° 876.

# CHAPITRE V

## LA BATAILLE DE LORRAINE

PRÉVISIONS DE·MOLTKE

La violation de la neutralité du Luxembourg et de la Belgique étendait le théâtre d'opérations franco-allemand de la frontière de Suisse à celle des Pays-Bas et à la mer du Nord. La longueur de la ligne de contact des armées adverses s'en trouvait presque triplée. Dans cette ligne, le triangle des camps retranchés de Metz, Verdun et Toul créait une zone passive, où, de toute évidence, les forces opposées éviteraient de s'aborder. De part et d'autre de la solution de continuité qui s'ouvrait ainsi dans les fronts actifs, deux batailles séparées allaient apparemment se livrer, la première en Lorraine, la seconde en Belgique.

Moltke prévoyait que les Français tenteraient de prendre l'initiative de l'attaque dans les pays annexés en portant eur masse principale dans la trouée Delme-Sarrebourg, seule partie de ce front qui parût praticable à de grandes armées. Dans le principe, il ne se trompait pas. Notre haut commandement avait en effet le projet de prendre l'offensive dès que la concentration de ses moyens d'action serait achevée; cette offensive il en eût orienté l'axe vers la Lorraine allemande s'il avait été certain que la lutte resterait limitée aux territoires belligérants. Mais des indices nombreux, se multipliant depuis quelques années, faisaient craindre une manœuvre débordante de l'ennemi par la Belgique; la construction de voies ferrées sans valeur économique et surtout de quais militaires dans tout l'espace compris entre Aix-la-Chapelle et Trèves rendait cette hypothèse vraisemblable.

Le plan français, en 1914, tenait compte des deux éventualités. Il articulait les armées de manière à pouvoir soit les lancer toutes sur l'Alsace-Lorraine, si l'adversaire respectait les pays neutres, soit, au cas contraire, à exécuter une double offensive dans les pays annexés et le sud de la Belgique. Un plan à variante comme celui-là, exige, entre le moment où on est fixé sur les desseins de l'ennemi et celui où on entame l'attaque, certains mouvements de troupes, afin d'ajuster le dispositif général à la situation qui se présente. Ces mouvements prennent du temps et retardent en conséquence le commencement de l'offensive. Plus ce délai se prolongerait, plus il irait à l'encontre du plan allemand, qui visait à écraser le plus vite possible les Français engagés en Lorraine, puis de retirer aussitôt quelques-unes des unités victorieuses et de les dépêcher en renfort aux armées de Belgique.

## MISSION DES VI<sup>e</sup> ET VII<sup>e</sup> ARMÉES [1]

Les forces allemandes réunies entre la Suisse et Metz comprenaient les VIe et VIIe armées.

La VIe armée, commandée par le prince Rupprecht de Bavière, se composait de cinq corps d'armée (XXIe C. A., Ier, IIe, IIIe C. A. Bavarois, Ier C. A. R. Bavarois), du 3e C. C. (à trois divisions) et de six brigades de landwehr. Elle se concentrait dans la zone Courcelles, Faulquemont, Dieuze, Sarrebourg, Sarreguemines; quartier général à Saint-Avold.

La VIIe armée, commandée par le colonel-général von Heeringen, se composait de trois corps d'armée, (XIVe et XVe C. A., XIVe C. A. R.) et de quatre brigades et demi de landwehr. Le XVe C. A. se concentrait dans la région de Strasbourg, les autres unités sur la rive droite du Rhin, dans le Brisgau; quartier général à Strasbourg.

On renforça ces deux armées par la suite de toutes les brigades mobiles d'ersatz affectées au front occidental, au nombre de dix-sept, qu'on groupa en six divisions.

Le prince Rupprecht fut investi, dès le premier jour, du commandement de toutes les forces opérant entre la Suisse et Metz, tout en conservant celui de la VIe armée. Le grand quartier général inaugurait ainsi le système qui consistait à placer deux armées voisines sous les ordres du chef de l'une d'elles; ce système n'eut pas de suites fâcheuses en Lorraine, mais devait amener des frottements sur d'autres points du front où il fut employé. Le principe n'en est pas recommandable, parce que le général, dont

---

1. Voir la carte générale à la fin du volume.

relèvent à la fois son unité propre et celle d'un de ses collègues, est porté naturellement à se servir de cette dernière au profit de la sienne, surtout si le groupement n'est que temporaire.

Les instructions générales données au prince Rupprecht à la mobilisation se ressentent des préoccupations d'ordre différent, politique et militaire, qui se partageaient l'esprit de leur auteur. Désirant à la fois préserver le plus possible le territoire de l'empire et attirer une grande quantité de forces françaises dans le piège qu'il voulait leur tendre, Moltke fut conduit à envisager un grand nombre de cas et à formuler des directives très compliquées.

Pendant la période initiale de concentration, qui devait durer quinze jours, les troupes de couverture des pays annexés avaient mission de repousser les détachements ennemis de faible et de moyenne importance. Cette mission ne présentait aucune difficulté en Lorraine, où la couverture était très serrée ; en Alsace au contraire, surtout dans le sud de la province, la région dite du Sundgau, les éléments de protection se trouvaient assez clairsemés.

La concentration terminée, les VI$^e$ et VII$^e$ armées devaient aussitôt se grouper de manière à exécuter la manœuvre de double enveloppement prévu par le plan de campagne, mais en ne perdant pas de vue qu'avant toute chose il leur incombait d'assurer l'inviolabilité du flanc gauche de la masse des cinq armées qui envahiraient la Belgique et le nord de la France. Cette aile gauche s'appuyait au camp retranché de Metz-Thionville, prolongé vers l'est par une position organisée derrière la Nied Allemande. Des ouvriers civils et plusieurs bataillons de landwehr, pris dans les V$^e$ et VI$^e$ armées seraient immédiatement mis au travail sur cette position, qu'on doterait d'un armement propre de huit batteries de 100. La place de Metz et la position annexe de la Nied relèveraient de la V$^e$ armée.

Si de grandes forces françaises se portaient en avant entre Metz et le Donon, la VIᵉ armée devait leur céder d'abord du terrain en ramenant sa gauche sur la Sarre et sa droite derrière la position de la Nied Allemande, tandis que les trois corps de la VIIᵉ armée se rassembleraient au nord du massif du Donon, prêts à déboucher des Vosges. Lorsque l'ennemi aurait pénétré assez loin entre les deux branches de la tenaille, on entreprendrait une double contre-offensive, la VIIᵉ armée partant des Vosges vers le nord-ouest, le gros de la VIᵉ s'élançant de la Nied vers le sud, appuyée à droite par la défense mobile de Metz, qui prendrait l'ennemi à revers entre la Nied Française et la Moselle.

Pour arriver en temps utile dans la région du Donon, les trois corps de la VIIᵉ armée étaient obligés d'abandonner leur mission de couverture en Alsace à la fin de la période de concentration, c'est-à-dire le 16 août au plus tard ; les unités de landwehr (4 1/2 brigades) et des divisions d'ersatz les remplaceraient. Si celles-ci se voyaient alors aux prises avec des forces supérieures, elles se replieraient vers l'est et le nord pour reporter leur défense sur la ligne du Rhin, de Huningue à Kehl, et la ligne de la Bruche, de Strasbourg au Donon, que jalonnent les forteresses d'Istein, de Neuf-Brisach, de Strasbourg et de Molsheim (Feste Kaiser Wilhelm II).

Enfin on émettait encore une dernière hypothèse, d'ailleurs assez improbable, celle d'une attitude purement défensive de la part de l'ennemi. La VIᵉ armée devait alors attaquer elle-même sur la Meurthe et sur la Moselle en aval de son confluent avec la Meurthe, de manière à y fixer les troupes françaises de l'est et à en empêcher le transport sur les champs de bataille du nord.

Ces prescriptions de Moltke étaient relativement simples en ce qui concerne la VIᵉ armée, mais d'une exécution beaucoup plus malaisée pour la VIIᵉ, à laquelle on imposait

une manœuvre particulièrement délicate, la relève d'une
partie de ses troupes à date fixe, quelle que fût à ce
moment la situation militaire.

## OPÉRATIONS EN HAUTE ALSACE

Les opérations des armées françaises en Alsace et en
Lorraine justifièrent les conjectures de Moltke, sauf sur
quelques points, dont l'un était capital pour la réussite de
son plan : notre attaque en Lorraine fut beaucoup moins
rapide qu'il ne le pensait et voici pourquoi.

Le 4 août, l'apparition des avant-gardes allemandes
dans la région de Liège faisait jouer automatiquement la
variante du plan français qui comportait la double attaque
en Lorraine et en Belgique. Mais notre haut-commande-
ment s'était mépris sur l'amplitude du mouvement débordant de l'ennemi, parce qu'il croyait que les Allemands
n'emploieraient en première ligne, comme il voulait le
faire lui-même, que des troupes de l'armée active et non
des unités de réserve. Il en résultait que dans ses calculs
il estimait le front d'attaque adverse à 44 ou 46 divisions,
alors qu'il le fut en réalité de 68. Dans ces conditions, on
croyait que l'ennemi ne dépasserait pas vers le nord la
ligne de la Meuse et de la Sambre. Il devint bientôt évident qu'on s'était abusé et qu'une fraction des forces
germaniques opérerait au delà. On dut redresser à la hâte
le dispositif dans la direction menacée en étirant notre
propre front jusqu'à la Sambre. Mais cette rectification
obligeait à prélever deux corps d'armée sur notre groupement de Lorraine pour étoffer la gauche, ce qui influa

naturellement sur la mise en action de ce groupement en la retardant de quelques jours.

Le général Joffre avait l'intention « de rechercher la bataille toutes forces réunies, en appuyant au Rhin la droite de son dispositif général. [1] » L'aile droite formée des 1re et 2e armées, [2] concentrées respectivement dans les régions de Belfort-Epinal et de Nancy, devait marcher dans la direction générale de Sarrebruck et de Sarrebourg. Pour appuyer sa droite au Rhin, la 1re armée porterait d'abord dans la Haute-Alsace un détachement chargé d'atteindre rapidement Colmar et Sélestat, de détruire les ponts du fleuve et de masquer la place forte de Neuf-Brisach.

Le détachement auquel fut confiée cette action se composait de la 8e D. C., du 7e C. A. et d'une brigade de la défense mobile de Belfort (114e). Il franchit la frontière le 7 août par la trouée de Belfort et la vallée de la Thur et occupa Mulhouse le lendemain. La couverture allemande s'était repliée sans résister plus qu'il ne fallait pour reconnaître l'importance des effectifs de l'assaillant. Elle jugea qu'on n'avait affaire qu'à des forces relativement peu considérables et qui se trouvaient très en l'air à Mulhouse. Le général von Heeringen dirigea aussitôt toutes les unités disponibles des XIVe et XVe C. A. vers le sud de l'Alsace. Le 9 août, elles attaquèrent notre corps d'armée de deux côtés et le contraignirent à battre en retraite. La poursuite vint buter le 14 août sur la garnison de Belfort en position à la frontière, qui l'arrêta.

Le haut commandement français en apprenant l'échec de Mulhouse décida de reprendre l'opération sur une plus grande échelle. Il constitua à cet effet l'armée d'Alsace

---

1. Instruction générale n° 1, du 8 août.

2. Suivant l'usage établi, nous désignerons les unités françaises par des chiffres arabes et les allemandes par des chiffres romains.

sous les ordres du général Pau ; elle comprit le 7e C. A., la 44e D. I., les 57e, 58e, 63e, 66e D. R., cinq groupes alpins et la 8e D. C.[1].

Autant les troupes françaises avaient fait preuve de précipitation dans leur première offensive, alors qu'elles étaient en petit nombre, autant elles se montrèrent circonspectes et lentes maintenant qu'elles se trouvaient en forces. On manœuvra par les cols des Vosges méridionales en vue de couper la retraite aux troupes allemandes restées dans le Sundgau, au lieu de marcher au plus vite vers le nord, ce qui eût dégagé l'aile droite de la masse principale de notre 1re armée et c'était là l'important. Le mouvement commença le 14 août ; malgré le peu de résistance offert par l'ennemi, on ne réoccupa Mulhouse que le 19.

Le général von Heeringen eut tout le temps de retirer les XIVe et XVe C. A. pour les ramener à la gauche de la VIe armée ; il les fit relever dans la Haute-Alsace par des brigades de landwehr destinées, dans le plan primitif, à border la rive droite du Rhin supérieur. Ces brigades, formant le détachement Gaede, n'étaient ni très nombreuses, ni très bien outillées et en outre d'assez médiocre valeur. La progression hésitante de l'armée du général Pau leur permit de s'esquiver sans trop de mal par les ponts du Rhin et sur Colmar.

En somme la VIIe armée allemande s'était tirée adroitement d'un mauvais pas et avait exécuté au mieux les instructions du commandant en chef. Le 18 août, ses trois corps d'armée étaient en place dans la région du Donon, prêts à jouer leur rôle dans la manœuvre conçue par

---

1 La 44e D. I., de nouvelle formation, était composée de régiments alpins. La 57e D. R. appartenait à la défense mobile de Belfort ; les 58e, 63e et 66e D. R. formaient le 1er groupe de divisions de réserve (général Archinard) rassemblé dans la région de Vesoul aux ordres directs du grand quartier général. Chaque groupe alpin est constitué par un bataillon de chasseurs, une batterie de montagne et une section du génie.

Moltke pour mettre hors de cause les 1$^{re}$ et 2$^e$ armées françaises.

## OPÉRATIONS EN LORRAINE

Retardé par le remaniement général du dispositif de nos forces, le groupe français de Lorraine (1$^{re}$ et 2$^e$ armées) ne s'ébranla que le 14 août dans la direction de la Sarre. Il n'avança guère plus vite que l'armée d'Alsace, peut-être parce qu'il avait aussi reçu un avertissement pendant la période de couverture ; au village de la Garde une brigade avancée du 15$^e$ C. A. s'était laissé surprendre et bousculer par la D. C. bavaroise et une division du XXI$^e$ C. A.[1].

La lenteur de la progression ne pouvait satisfaire le commandement suprême allemand, pressé de voir les armées françaises présenter leurs flancs aux contre-offensives des VI$^e$ et VII$^e$ armées. Il avait un autre sujet de souci. Notre mouvement, au lieu de se limiter à l'espace compris entre les avancées de Metz et les Vosges, comme il y comptait, débordait à droite le massif du Donon et englobait la vallée de la Bruche. Ce prolongement du front offensif contrecarrait l'attaque de flanc qu'on se proposait

[1]. Au moment où elles se portèrent en avant, nos forces de Lorraine comprenaient :

1$^{re}$ armée (général Dubail) : 14$^e$, 21$^e$, 13$^e$, 8$^e$ C. A., trois groupes alpins, une brigade coloniale de réserve, 6$^e$ D. C.

2$^e$ armée (général de Castelnau) : 16$^e$, 15$^e$, 20$^e$ C. A., 2$^e$ groupe de D. R. du général Léon Durand (59$^e$, 70$^e$, 68$^e$ D. R.) une brigade coloniale de réserve, 2$^e$ et 10$^e$ D. C. Les 18$^e$ et 9$^e$ C. A., qui avaient fait d'abord partie de la 2$^e$ armée, lui étaient enlevés pour renforcer respectivement les 5$^e$ et 4$^e$ armées. Cependant le 9$^e$ C. A. n'avait pas encore quitté la région de Nancy et, après l'affaire du 20 août, deux de ses brigades furent remises à la disposition de la 2$^e$ armée et prirent part aux combats livrés en avant du Grand Couronné à partir du 24.

de faire exécuter par la VII° armée. Le Donon lui même, le pivot de cette manœuvre, était tombé entre nos mains. Enfin, l'importance donnée à notre armée d'Alsace, au moment précis où les forces actives avaient disparu en face d'elle pour faire place aux landwehriens du général von Gaede, inspirait aussi quelque inquiétude. Si de ce côté nous agissions vigoureusement, nous serions bientôt en mesure de prendre à revers la gauche du noyau principal de la VII° armée dans la vallée supérieure de la Bruche.

Ces diverses raisons incitaient Moltke à abandonner sa première idée de manœuvre et à lancer la contre-offensive sans attendre que les Français fussent parvenus aussi loin que l'exigeaient les conditions requises pour la réussite complète de cette manœuvre. Les exécutants manifestaient d'ailleurs peu d'enthousiasme pour un recul qu'ils considéraient comme exagéré. Le prince de Bavière, loin de laisser le terrain libre à l'assaillant jusqu'à la position de la Nied Allemande et à la Sarre, ne se retirait que pas à pas, opposant une défense de plus en plus acharnée à la pression des armées françaises. Il sollicitait sans cesse l'autorisation de passer à l'offensive. « Le combat en retraite, disait-il, devient fort difficile et l'enthousiasme de la troupe est tel qu'on a la plus grande peine à la retenir [1] ».

Après quelque hésitation, Moltke consentit à faire une première dérogation à son plan en accordant au prince Rupprecht l'autorisation de donner l'ordre d'attaque. C'était le 20 août.

La VI° armée occupait à cette date une longue ligne, orientée d'ouest en est, depuis les abords du camp retranché de Metz jusqu'au nord de Sarrebourg, ville qu'elle

_______________

1. Tappen, *loc. cit.*, p. 13.

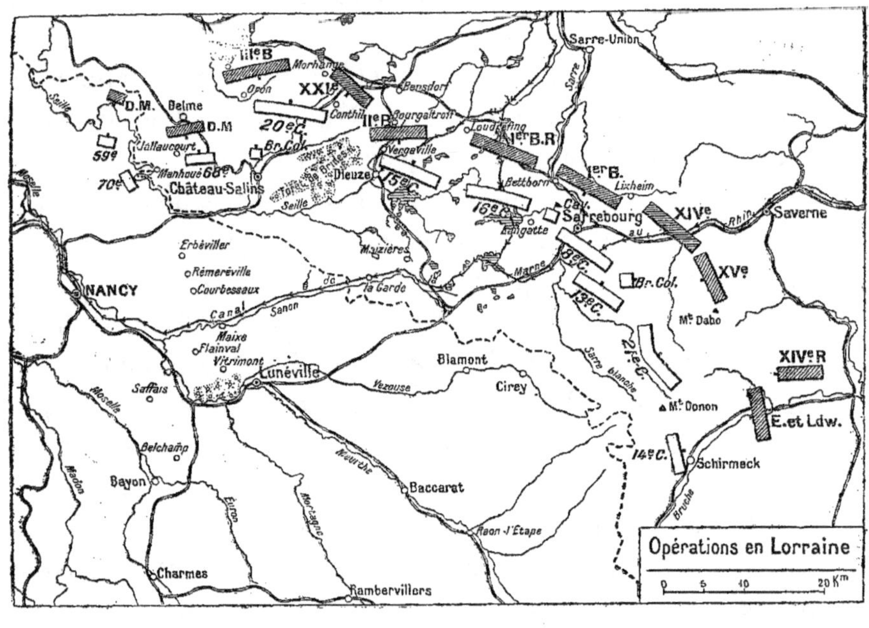
Sarre-Union
IIIe B
Morhange
Oron
XXIe
Bensdorf
D.M. Belme
D.M
Conthil
Bourgaltroff
IIe B
59e
Jallaucourt
Br.Col.
VergaVille
Loudrefing
Ier B.R
Manhoué 68e
Dieuze
15e C.
Bettborn
Ier B.
Lixheim
70e
Château-Salins
Seille
16e C.
Cav.
Sarrebourg
XIVe
Rhin
Saverne
Erbéviller
Imgatte
Rémeréville
Maizières
Marne
8e C.
Br.Col.
XVe
NANCY
Courbesseaux
la Garde
13e C.
Mt Dabo
Canal
Sanon
2ie C.
XIVe R
Maixe
Flainval
Vitrimont
Blamont
Sarre blanche
Lunéville
Vezouse
Cirey
E.et Ldw.
Saffais
Mt Donon
Moselle
Belchamp
Meurthe
14e C.
Schirmeck
Bayon
Mortagne
Baccarat
Brusche
Euron
Raon-l'Étape
Charmes
Rambervillers
Opérations en Lorraine
0    5    10    20 Km

avait évacuée la veille. Sur presque toute son étendue cette ligne suivait à la voie ferrée de Metz à Saverne ; les localités de Lucy, Morhange, Bourgaltroff, Loudrefing, Bettborn, Lixheim la jalonnaient ; au centre, de forts éléments étaient restés établis dans la forêt de Brides, qui constituait une sorte de place d'armes avancée. De Lucy à Lixheim s'alignaient le IIIe C. A. Bavarois, le XXIe C. A., le IIe C. A. Bavarois, le C. A. R. Bavarois, le Ier C. A. Bavarois. A l'extrême droite une partie de la défense mobile de Metz avait gagné Delme, où elle formait échelon offensif par rapport au reste de la ligne.

La VIIe armée avait en première ligne, entre Lixheim et le massif du Dabo, qui prolonge au nord celui du Donon, les XIVe et XVe C. A. Dans la vallée de la Bruche et plus au sud opéraient le XIVe C. A. R., des unités de landwehr et d'ersatz.

Les armées françaises étaient au contact de l'ennemi sur tout ce front.

A l'extrême gauche, le 2e groupe de divisions de réserve gardait avec la 59e D. R. les accès de Nancy entre Moselle et Seille, avec la 70e D. R. le cours de la Seille jusqu'à Manhoué, tandis que la 68e D. R. s'était portée à cheval sur la route de Metz à Château-Salins, face à Delme, pour protéger le flanc gauche de la masse de la 2e armée. Celle-ci avait sa gauche (20e C. A.) entre Oron et Conthil, son centre (15e C. A.) et sa droite (16e C. A.) entre Vergaville et le plateau de Langatte, où les 2e, 10e et 6e D. C. réunies en corps de cavalerie sous les ordres du général Conneau devaient maintenir la liaison avec la 1re armée.

A la 1re armée, la 8e C. A. occupait Sarrebourg ; le 21e C. A. s'étendait des deux côtés du Donon ; le 14e C. A. le prolongeait à droite dans les hautes vallées alsaciennes. Le 13e C. A. restait en réserve derrière la gauche.

Tel était l'ensemble de la situation le 20 août, lorsque le prince de Bavière donna l'ordre d'attaque. Si l'on examine le dispositif des forces en présence, on est d'abord frappé du caractère rectiligne de celui de la VI<sup>e</sup> armée allemande et de la partie de la ligne française qui lui fait face. A l'ouest seulement une petite fraction du III<sup>e</sup> C. A. Bavarois et les troupes de Metz établies à Delme sont en mesure d'agir contre le flanc de la ligne française. Encore cette menace est-elle sensiblement diminuée par la position de notre 70<sup>e</sup> D. R. sur la Seille, qu'il lui suffit de franchir pour prendre à son tour en flanc les éléments ennemis attaquant suivant l'axe de la route de Metz à Château-Salins. Sur tout le reste de la ligne jusqu'à Sarrebourg, la VI<sup>e</sup> armée devra prononcer une attaque de front.

Au delà de Sarrebourg, le dispositif allemand s'infléchit assez brusquement vers le sud-est, mais là il quitte presque aussitôt le plateau lorrain et entre dans la région montagneuse suivant une direction parallèle à celle des nombreux contreforts de ce versant des Vosges. Dans la situation où elles se trouvent le 20 août, les troupes allemandes du XV<sup>e</sup> corps auront la route barrée par une succession de crêtes et de vallées, où la défense pourra s'accrocher. Les déplacements d'artillerie dans un terrain pareil sont fort laborieux. La situation eût été beaucoup meilleure dans cette partie du champ de bataille si l'on avait laissé l'armée française passer la Sarre, pour tomber dans son flanc droit, car on n'aurait eu alors qu'à descendre vers l'ennemi en suivant les lignes naturelles du sol.

On voit que la manœuvre débordante est seulement esquissée à l'ouest et exposée elle-même à être prise a revers; à l'est, elle ne peut prétendre à beaucoup d'efficacité en raison de la configuration du terrain où elle est appelée à se développer. La bataille va donc s'engager

dans des conditions bien différentes de celles que visait le
plan de campagne. Au lieu de broyer l'ennemi entre les
deux mâchoires d'un étau, on va l'aborder presque exclusivement de front.


## LA JOURNÉE DU 20 AOUT


Le 20 août, la VI<sup>e</sup> armée remporte un brillant succès sur
toute la ligne de bataille, mais ce succès n'est pas le fruit
d'une manœuvre d'ensemble bien combinée; il a surtout
pour cause l'infériorité de nos troupes dans la tactique de
combat, infériorité qu'aggravent d'impardonnables imprudences.

Malgré la nature mamelonnée et boisée du terrain, nos
unités négligent presque toutes d'établir de liaison entre
elles. L'infanterie se lance prématurément en avant, sans
reconnaître l'ennemi, sans donner le temps à l'artillerie
de se préparer à l'appuyer. Surpris par les rafales des
batteries adverses qui les ont vus venir, décimés par le tir
de mitrailleuses bien dissimulées, attaqués à revers sur
plusieurs points par des bataillons sortant de bois qu'on a
oublié de fouiller, nos fantassins sont partout arrêtés et
réduits à la défensive. Les Allemands prennent l'offensive
à leur tour. Notre front, déjà peu homogène avant l'attaque,
se disloque complètement. La direction du combat échappe
aux chefs. La lutte se morcelle en actions séparées, qui
tournent d'autant plus à l'avantage de l'ennemi qu'il a
conservé sa cohésion et que le commandement français n'a
gardé aucune réserve capable d'intervenir. Nos trois corps
d'armée sont refoulés vers le sud, ainsi que la 68<sup>e</sup> D. R.,
à laquelle la 70<sup>e</sup> porte secours en faisant passer plusieurs

régiments et quelques batteries sur la rive droite de la Seille. Dans la soirée la 2ᵉ armée a rétrogradé jusqu'à la ligne Jallaucourt, Château-Salins, Maizières.

Pour la 1ʳᵉ armée la journée a été moins mauvaise, sauf à la gauche, où le 8ᵉ C. A., dont l'attaque sur la Sarre a d'abord paru réussir, s'est vu rejeté vivement par la contre-offensive du Iᵉʳ C. A. Bavarois et d'une partie du XIVᵉ C. A. Mais de ce côté le 13ᵉ C. A. est disponible. Engagé dans l'après-midi au sud et au sud-est de Sarrebourg par divisions accolées, il parvient à contenir le XIVᵉ C. A. et permet au 8ᵉ C. A. de se rallier quelque peu. Plus loin, jusqu'au Donon, le gros du 21ᵉ C. A. a devant lui le XVᵉ C. A. D'abord obligé de céder du terrain à gauche et au centre, nos troupes par un vigoureux effort, obligent l'ennemi à se replier. Dans les vallées alsaciennes la lutte s'est poursuivie sans amener de changement notable à la position des deux partis.

Ainsi de la Seille à la Sarre les Allemands ont eu l'avantage; dans les Vosges ils n'ont pu progresser. Nos pertes sont lourdes en tués et en blessés, assez peu importantes au contraire en prisonniers et en matériel. Çà et là quelques canons n'ont pu être emmenés à temps et sont restés sur le champ de bataille; seul le 20ᵉ C. A. a perdu des groupes entiers; une de ses artilleries divisionnaires en a laissé deux (24 pièces) aux mains de l'ennemi. Les unités sont en général très mêlées, mais sans qu'il y ait déroute. D'abord comme étourdies par leur échec inattendu et très fatiguées à la suite des marches et des combats ininterrompus des sept derniers jours, nos troupes se ressaisissent et, à quelques exceptions près, se retrouvent en état, dès le lendemain, de reprendre la lutte. Il va sans dire qu'à l'aile droite, où elles n'ont éprouvé aucunement le sentiment que l'adversaire leur fût supérieur, leur moral n'a été entamé à aucun moment.

## MOLTKE DÉCIDE D'EXPLOITER LE SUCCÈS

**La** victoire du prince Rupprecht posait au grand quartier général un problème nouveau. Fallait-il, conformément aux prévisions du temps de paix, arrêter l'offensive et en profiter pour retirer de Lorraine des corps d'armée qu'on enverrait à l'aile droite? Devait-on, au contraire, exploiter à fond les avantages obtenus et poursuivre avec toutes ses forces l'ennemi en retraite?

La première solution était l'application du projet de Schlieffen. Après le succès qui mettait pour un certain temps les Français hors d'état de reprendre une attaque générale entre Metz et les Vosges, rien ne s'opposait à ce qu'on diminuât la densité du front de trois corps d'armée au moins, par exemple le XXI$^e$ C. A., le C. A. R. Bavarois et le XIV$^e$ C. A. R.; mais arriveraient-ils à temps en Belgique? Ce jour même, la I$^{re}$ armée annonçait qu'elle avait dépassé Bruxelles, la II$^e$ armée, qu'elle atteindrait le lendemain la rive nord de la Sambre, après avoir contourné la place de Namur; des forces françaises importantes étaient signalées en marche vers le nord dans l'angle formé par la Meuse et la Sambre. La rencontre était donc imminente. Dans deux ou trois jours, quatre au plus tard, la bataille serait engagée. Il semblait donc peu probable que des troupes mises en route d'Alsace-Lorraine après le 21 août fussent rendues à destination assez tôt pour y prendre part.

Si on se prononçait pour la deuxième solution et qu'on continuât l'offensive en Lorraine, la situation tactique allait s'y trouver renversée. En effet, le 20 août, la ligne française affectait un tracé convexe, convexité très légère, il est vrai ; cependant, en cette journée, s'il y avait eu possibilité de manœuvre débordante, cela eut été en faveur des Allemands. Or, en se mettant à la poursuite de nos armées vers le sud, ces mêmes Allemands se verraient obligés de défiler par leur droite devant le Grand Couronné de Nancy, place d'armes naturellement solide et renforcée par des ouvrages de campagne. A la gauche allemande, les Français, s'ils abandonnaient le Donon, ce qui paraissait certain, se replieraient sans aucun doute le long de la crête des Vosges, qui formerait comme un pivot mobile pour leur aile droite. Les vainqueurs, contraints de s'enfoncer entre le Grand Couronné et les Vosges, leur ligne de concave qu'elle était à la première bataille, deviendrait convexe à son tour. Il n'y aurait certes pas grand chose à craindre du côté des montagnes, où l'adversaire aurait peine à grouper des forces importantes ; en revanche, il lui serait facile d'en concentrer à l'abri du Grand Couronné, de les en faire déboucher au moment opportun en prenant à revers la droite allemande. En admettant que le Grand Couronné tombât, la forêt de Haye entre Nancy et Toul jouerait le même rôle, puis le camp retranché de Toul s'en acquitterait encore mieux. De même, dans les Vosges, au cas où on s'emparerait de tous les sommets, on n'en viendrait pas moins donner contre les défenses d'Epinal, qu'il y aurait péril à longer et à dépasser en les laissant intactes.

L'exploitation des avantages remportés, en exposant les deux flancs de la ligne de bataille, se présentait comme la négation du principe fondamental de Schlieffen, dont Moltke se proclamait le continuateur. Une seule circonstance aurait pu la justifier : la désorganisation complète de l'armée vaincue, sa fuite éperdue rendant impraticable tout redressement en vue d'une résistance ultérieure.

Avait-on obtenu ce résultat ? Rien ne permettait de l'affirmer. Les Allemands avaient capturé sur le champ de bataille, aux termes de leur communiqué officiel, 10.000 hommes et 50 canons. Si l'on remarque que nous avions mis en ligne environ 400.000 combattants et un millier de pièces de campagne, la proportion des prises ne révèle vraiment pas un désarroi tel qu'on pût en conclure à la mise hors de cause de l'armée française.

Moltke décida pourtant de poursuivre le mouvement. Son apologiste Tappen explique en ces termes les motifs de sa détermination : « Si les troupes victorieuses des VI° et VII° armées réussissaient, en talonnant l'adversaire battu, à percer la ligne des forts d'arrêt français sur la naute Moselle — et cela ne paraissait pas si invraisemblable, étant donnée la déconsidération qui s'attachait à ce genre d'ouvrages depuis la chute rapide des forts de Liége — on aurait réalisé, en combinaison avec le mouvement de l'aile droite, un encerclement de grand style des armées ennemies. L'exécution heureuse de ces opérations, telle qu'on la concevait alors, eût amené à bref délai la fin de la guerre ».

Ces quelques lignes suffisent à mettre en lumière les étranges illusions du commandant en chef. A supposer que l'ennemi eût été jeté dans un complet désordre le 20 août, il pouvait néanmoins recevoir des renforts avec lesquels il faudrait compter. C'est d'ailleurs ce qui se produisit, puisque, en outre d'une partie du 9° C. A., non encore engagée, nos forces de Lorraine virent arriver bientôt les 64° et 74° D. R., unités toutes fraîches venues des Alpes, ainsi que la 44° D. I. prélevée sur l'armée d'Alsace, où elle venait de se distinguer aux environs de Mulhouse.

La suite des événements devait montrer combien le commandement allemand avait faussement apprécié l'état matériel et moral de son adversaire. Sans doute, le 21, notre

1$^{re}$ armée fut serrée de près; le recul de la 2$^e$ armée et du 8$^e$ C. A. la laissait très en flèche. Un de ses corps d'armée eut beaucoup de peine à se décrocher et perdit une partie de son artillerie; le Donon dut être promptement abandonné. Mais sur le reste du front les troupes françaises avaient rompu le contact et repris la liberté de leurs mouvements, grâce à quoi on put procéder sans trop de précipitation à un regroupement et préparer la manœuvre à laquelle invitait la témérité de l'adversaire. Le centre de notre dispositif se creusait volontairement, passant l'une après l'autre la Vezouse, la Meurthe, la Mortagne et même l'Euron, atteignant presque la Moselle, tandis que la gauche s'installait sur le Grand Couronné, les hauteurs de Saffais et de Belchamp, prête à repartir à l'attaque dans le flanc droit de l'ennemi, aussitôt que celui-ci aurait pénétré assez loin dans l'angle presque droit que dessinaient les nouvelles positions de la 2$^e$ et de la 1$^{re}$ armées. N'est-ce pas là le figuré exact de la manœuvre d'Annibal à Cannes, que Moltke n'avait pas su faire exécuter à la première rencontre et dont il donnait l'occasion au parti opposé d'user contre lui à la seconde?

# CHAPITRE VI

## LE DÉPLOIEMENT DE LA MASSE DE MANŒUVRE

### COMPOSITION ET MISSION DE LA MASSE DE MANŒUVRE[1]

Les opérations de Lorraine, malgré le caractère plus accusé que leur donnait le plan de Moltke par rapport à celui de Schlieffen, demeuraient d'importance secondaire. On ne pouvait les considérer que comme un appoint à la manœuvre qui devait amener la décision rapide sur le front occidental et qui revenait au groupe principal, celui des cinq armées chargées de tourner par le nord la gauche ennemie, de l'enfoncer et de rabattre toute la ligne adverse vers le sud-est.

Nous avons vu que Moltke diminuait sensiblement les effectifs consacrés à cette manœuvre par Schlieffen. Pour les unités de première ligne la réduction était de 11 divisions ; pour celles de seconde ligne elle atteignait le

1. Voir la carte générale à la fin du volume.

chiffre considérable de 42 brigades. Moltke se trouvait donc, bien plus que son prédécesseur, dans l'obligation d'écraser les armées alliées à la première bataille, puisqu'il s'était enlevé le moyen de se renforcer, pour la seconde, à l'aide des réserves que Schlieffen échelonnait sagement derrière la droite de son front. Il arrivait d'ailleurs à cette première bataille avec des ressources encore imposantes et qu'il estimait à juste titre très supérieures en nombre et en outillage à celles que pourrait lui opposer la coalition belge, française et britannique[1]. Elles se décomposaient de la manière suivante :

*I<sup>re</sup> armée* (Colonel-général von Kluck ; chef d'état-major von Kuhl) : II<sup>e</sup>, III<sup>e</sup>, IV<sup>e</sup>, IX<sup>e</sup> C. A., III<sup>e</sup>, IV<sup>e</sup> C. A. R., plus 3 brigades de landwehr, 4 bataillons d'artillerie de siège, 1 régiment du génie de forteresse. Zone de concentration : Crefeld, Neuss, Bergheim, Juliers ; Q. G. à Grevenbroich.

*II<sup>e</sup> armée* (Colonel-général von Bülow ; chef d'état-major von Lauenstein) : VII<sup>e</sup>, X<sup>e</sup> C. A., C. A. de la Garde, VII<sup>e</sup>, X<sup>e</sup> C. A. R., C. A. R. de la Garde, plus 2 brigades de landwehr, 5 bataillons d'artillerie de siège, 2 batteries de mortiers de côte, 2 régiments du génie de forteresse. Zone de concentration : Düren, Euskirchen, Blankenheim, Malmédy, Eupen ; Q. G. à Montjoie.

*III<sup>e</sup> armée* (Colonel-général von Hausen, chef d'état-major von Hoeppner) : XI<sup>e</sup>, XII<sup>e</sup>, XIX<sup>e</sup> C. A., XII<sup>e</sup> C. A. R., plus 1 brigade de landwehr, 2 bataillons d'artillerie de siège, 1 régiment du génie de forteresse. Zone de concen-

---

1. En fait, les 52 divisions de première ligne de la masse principale allemande eurent à combattre 45 unités de même ordre depuis le début des hostilités jusqu'à la fin de la première bataille générale, qu'on peut fixer au soir du 24 août. Ces 45 divisions alliées ne se présentèrent pas toutes en même temps devant les armées germaniques, ce qui constituait un avantage pour celles-ci, qui eurent, en revanche, à réduire, pendant la même période, plusieurs places fortes (Liége, Namur, Longwy).

tration : Saint-Vith, Prüm, Wittlich, Bitburg; Q. G. à Prüm.

*IV<sup>e</sup> armée* (Duc Albert de Wurtemberg) : VIII<sup>e</sup>, XVIII<sup>e</sup>, VI<sup>e</sup> C. A., VIII<sup>e</sup>, XVIII<sup>e</sup> C. A. R., plus 1 brigade de landwehr, 2 bataillons d'artillerie de siège, 1 régiment du génie de forteresse. Zone de concentration : Trèves, Wadern, Luxembourg, Diekirch ; Q. G. à Trèves.

*V<sup>e</sup> armée* (Prince héritier de Prusse) : V<sup>e</sup>, XIII<sup>e</sup>, XVI<sup>e</sup> C. A., V<sup>e</sup>, VI<sup>e</sup> C. A. R., plus 5 brigades de landwehr, 4 bataillons d'artillerie de siège, 2 régiments du génie de forteresse. Zone de concentration : Thionville, Lebach, Sarrebruck, Metz ; Q G. à Sarrebruck.

*Cavalerie d'armée :*

II<sup>e</sup> C. C. (Général von der Marwitz); II<sup>e</sup>, IV<sup>e</sup>, IX<sup>e</sup> D. C., débarquées à Aix-la-Chapelle et Elsenborn.

I<sup>er</sup> C. C. (Général von Richthofen) : D. C. de la Garde, V<sup>e</sup> D. C., débarquées à Diekirch et Mersch.

IV<sup>e</sup> C. C. (Général von Hollen) : III<sup>e</sup>, VI<sup>e</sup> D. C., débarquées à Remich et Thionville.

En dehors de ces forces et de la grosse artillerie de siège, notamment des batteries de mortiers de 420 et de 305 (ces dernières austro-hongroises), le commandement suprême n'avait aucune unité à sa disposition sauf le IX<sup>e</sup> C. A. R., maintenu provisoirement dans la région du canal de Kiel.

L'emploi de cette énorme masse de combattants restait celui que Schlieffen avait fixé en 1905. Rompant avec la tradition du vieux Moltke, qui faisait volontiers marcher ses armées séparées les unes des autres pour les réunir sur le champ de bataille, il imposait à ses sous-ordres un dispositif continu, formant comme une muraille mouvante. Il pensait balayer ainsi tout le terrain de Verdun jusqu'à Dunkerque, ou au moins jusqu'à Lille, et être sûr de péborder la ligne ennemie, malgré tous les efforts qu'elle pourrait faire pour s'allonger à gauche. Le second Moltke s'en tint à ce procédé, quoique le nombre plus faible de ses unités rendît l'enveloppement moins certain. Il estimait que si des éléments des forces alliées se présentaient au delà de son aile marchante, par exemple à Anvers, où on trouverait probablement une partie de l'armée belge, ou dans la Flandre occidentale, où débarqueraient peut-être les Anglais, on les contiendrait par des détachements, pendant que le gros prendrait d'autant mieux en flanc le corps principal de l'ennemi.

La rigidité du front des cinq armées allemandes exigeait une distribution très soigneusement étudiée de leurs zones de marche et un choix judicieux des itinéraires des colonnes, afin qu'il n'y eût ni chevauchements ni vides.

La V$^e$ armée formant pivot autour de Metz, puis de Verdun, c'est sur elle que l'ensemble de la ligne devait se régler. D'autre part, l'armée de droite, la I$^{re}$, jouait le rôle stratégique prépondérant, puisque la manœuvre d'encerclement lui incombait. Pour que cette manœuvre obtint son plein effet, il fallait lui laisser le temps de se développer ; comme la I$^{re}$ armée avait le plus de chemin à parcourir, elle n'atteindrait le flanc de l'adversaire que si les autres n'attaquaient pas prématurément. En un mot, *dans l'espace* la ligne devait se conformer au mouvement de la V$^e$ armée et *dans le temps* à celui de la I$^{re}$.

Ceci ressort nettement de la première directive que le commandement suprême fit remettre dès le commencement de la mobilisation aux commandants d'armée et qui concernait le déploiement général.

« Le déploiement allemand contre la France, y est-il dit, s'inspire de l'idée directrice suivante. Les forces principales de l'armée allemande se porteront contre la France par la Belgique et le Luxembourg et décriront un changement de direction autour du pivot Thionville-Metz.

L'exécution du changement de direction dépendra avant tout des progrès de l'aile droite. Les mouvements des armées intérieures seront réglés de manière que les liaisons entre elles et la liaison avec Metz-Thionville ne soient pas perdues. La mise en marche de l'ensemble des armées se fera sur l'ordre du commandement suprême aussitôt que l'aile droite (I$^{re}$ et II$^e$ armées) se trouvera à hauteur de Liége, prête à l'entamer. »

Après le passage de la Meuse par l'aile droite, les armées devaient prendre comme premiers objectifs :

I$^{re}$ armée : Bruxelles,
II$^e$    —    : front Wavre-Namur,
III$^e$   —    : Dinant,
IV$^e$    —    : Neufchâteau,
V$^e$    —    : front Montmédy-Longwy.

La V$^e$ armée s'échelonnerait fortement à gauche pour parer à toute attaque partant de la région de Verdun.

La cavalerie d'armée explorerait en avant du front sans attendre la mise en marche des armées, savoir :

Le II$^e$ C. C. au nord de la Meuse vers Anvers, Bruxelles, Wavre ;

le I$^{er}$ C. C. vers Dinant ;

le IV$^e$ C. C. avec une division dans la vallée de la Semoy et l'autre dans le nord de la Woëvre.

Cette directive initiale, exprimait fort bien le thème de la manœuvre de Schlieffen. Elle attribuait à l'aile droite la mission la plus importante, mais aussi la plus difficile. Les I$^{re}$ et II$^e$ armées avaient, comme entrée de jeu, à franchir l'obstacle de la Meuse sur un front restreint, véritable défilé entre le camp retranché de Namur et la frontière néerlandaise, coupé presque en plein milieu par la forteresse de Liége. C'est seulement après être parvenues sur la rive gauche du fleuve qu'elles trouveraient l'espace nécessaire à leur déploiement. Un autre danger guettait ensuite le flanc droit, les entreprises possibles des forces belges d'Anvers devant lesquelles il devait défiler. On se rappelle que Schlieffen craignait encore de voir l'aile droite à l'étroit jusqu'après avoir dépassé Gand ; cette dernière appréhension disparaissait en 1914 du fait de la réduction des effectifs qui entraînait celle du front.

Les obligations de l'aile droite aux premiers jours de la campagne n'en demeuraient pas moins extrêmement ardues. Qu'on jette un coup d'œil sur la carte générale indiquant les zones de concentration. On voit que la poche de Maastricht s'interpose entre le territoire belge et toute la région où se rassemblait la Iʳᵉ armée, ce qui contraignait les troupes de Kluck à faire un long détour par Aix-la-Chapelle, puis par le couloir qui se resserrait au passage de la Meuse entre Liége et la frontière hollandaise suivant des itinéraires impraticables tant que l'artillerie des forts qui pouvait les battre n'était pas réduite au silence. Comme la Iʳᵉ armée avait ultérieurement encore la route la plus longue à parcourir et que les autres devaient se maintenir à sa hauteur, il importait de lui ouvrir la voie aussi vite que possible afin que l'offensive générale ne fût pas retardée. On avait en conséquence le dessein de jeter sur Liége une attaque brusquée aussitôt après l'expiration de l'ultimatum adressé à la Belgique. On en chargeait un détachement spécial formé de brigades mixtes prélevées sur les corps d'armée arrivant les premiers à la frontière. Ce coup d'audace avait été imaginé par Moltke ; du moins il en a revendiqué la paternité [1].

L'assaut de Liége n'était pas la seule action préparatoire à entreprendre pendant la période des transports stratégiques. Le plan de concentration utilisait en effet

---

1. Cf. Stürgkh, *loc. cit.*, p. 17

non seulement le territoire allemand, mais encore celui du Luxembourg, où il faisait débarquer dès les premiers jours de la mobilisation des divisions de cavalerie, puis des unités de la IV$^e$ armée. Il s'agissait donc d'occuper ce pays neutre sans délai, tâche aisée, puisqu'il n'y existait, en tant que force armée, que deux compagnies et une musique militaire. On n'attendit même pas la déclaration de guerre. Le 1$^{er}$ août les avant-gardes du corps d'armée rhénan (VIII$^e$) envahissaient le grand-duché, qui ne put que formuler une platonique protestation.

### PRISE DE LIÉGE

Le 31 juillet, le gouvernement allemand avait proclamé l'état de danger de guerre. Le lendemain, à 17 heures, il lançait l'ordre de mobilisation, dont le premier jour était donc le 2 août. Les transports stratégiques devaient commencer le 6$^e$ jour (7 août) et durer jusqu'au 17 inclus, soit onze jours pleins. Les corps d'armée actifs au complet, avec leurs trains, leurs parcs et leurs convois étaient acheminés d'abord dans les zones de concentration, puis venait le tour des corps d'armée de réserve. On pouvait donc, dans les armées où tous les corps ne devaient pas dès le début marcher sur la même ligne, entamer la mise en route avant la fin de la période de concentration. C'était le cas de la I$^{re}$ armée qui ne disposait dans sa zone de marche que de trois routes jusqu'à la Meuse et qu'il y avait intérêt à faire partir le plus tôt possible puisque le mouvement général dépendait du sien. Ses corps actifs terminaient leur rassemblement le 14 août, mais le commandement suprême, désireux de mener les choses rondement, donnait l'ordre au général von Kluck de mettre en marche ses premiers éléments dès le 13, de sorte que ses têtes de colonnes atteindraient la Meuse le 14.

Il faut retenir cette date du 14 août parce qu'elle marque le moment où le détachement chargé de la prise de Liége devait s'être rendu maître du camp retranché ou au moins des quatre forts du front est, dont le canon commandait les routes attribuées à la I<sup>re</sup> armée. Toute journée qui s'écoulerait après le 14 sans que la voie fût dégagée impliquerait un retard dans le déploiement, compromettant la réussite du plan de campagne.

Les forces réunies pour l'attaque de Liége étaient placées sous les ordres du général von Emmich, titulaire du commandement du X<sup>e</sup> C. A.; elles comprenaient 6 brigades mixtes empruntées aux I<sup>re</sup> et II<sup>e</sup> armées, plus la IX<sup>e</sup> D. C. destinée à protéger l'opération à l'ouest et au sud-ouest; les deux autres divisions du corps de cavalerie von der Marwitz, II<sup>e</sup> et IV<sup>e</sup>, avaient l'ordre de franchir la Meuse en aval de Liége et d'explorer le terrain vers Anvers et Bruxelles. Le passage de la frontière était prévu pour le 4 août, l'ouverture du feu d'artillerie contre la place pour l'après-midi du 5 et l'assaut pour la nuit suivante.

A la II<sup>e</sup> armée, dont la zone de concentration, bordant le territoire belge d'Aix-la-Chapelle à Malmédy, constituait la base de départ de l'attaque, revenait le soin de l'alimenter et de la soutenir si le besoin s'en faisait sentir. On avait mis à sa disposition jusqu'à nouvel ordre le IX<sup>e</sup> C. A., appartenant organiquement à la I<sup>re</sup> armée. On lui accordait liberté de manœuvre complète sur tout le territoire ennemi entre Namur et la frontière hollandaise, y compris par conséquent la future zone de marche de la I<sup>re</sup> armée, mais à condition d'évacuer celle-ci en temps opportun pour faire place aux colonnes de Kluck, c'est-à-dire pour le 14 août.

Le quartier général de la IIe armée se mobilisait à Hanovre et ne quittait cette ville à destination de Montjoie, son futur quartier général, que le 7 août dans la

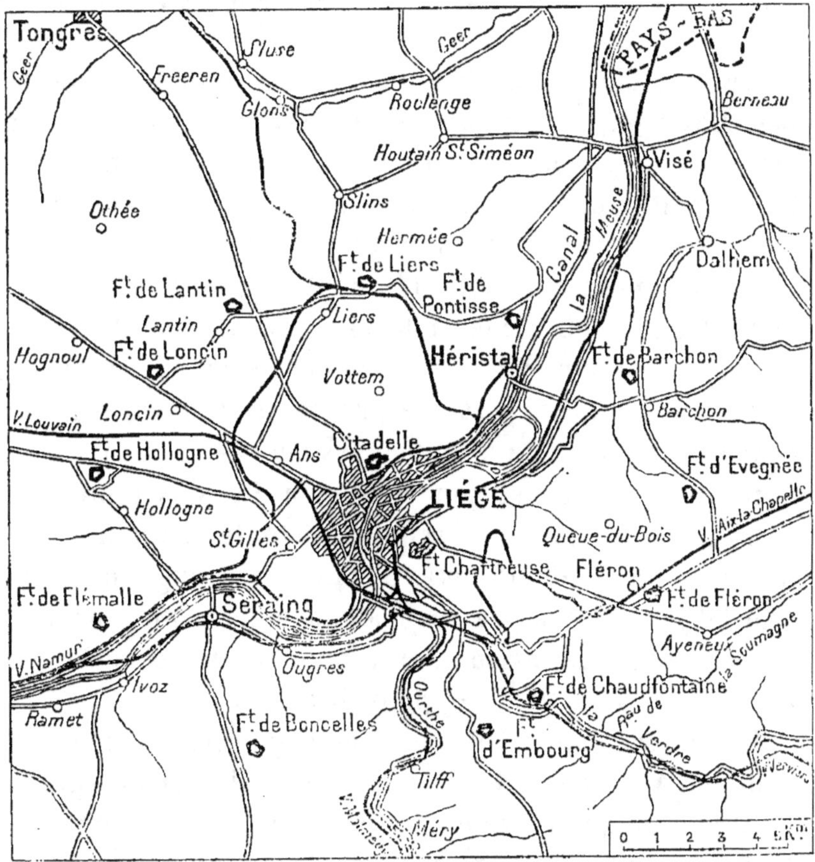


soirée. Pour se tenir au courant des événements, Bülow avait adjoint à Emmich son sous-chef d'état-major, le général de brigade Ludendorff, et envoyé en avant à Montjoie un autre officier de son état-major, le capitaine de la Motte-Fouqué.

Le camp retranché de Liége, œuvre du célèbre Brialmont, consistait en une ceinture de 12 forts, situés à une distance moyenne de 8 kilomètres du centre de la ville. Celle-ci n'avait pas d'enceinte continue, le noyau central se réduisant à la citadelle[1] qui touchait presque les dernières maisons de la cité. Les forts de Liers et de Pontisse sur la rive gauche, de Barchon et d'Evegnée sur la rive droite commandaient les accès des ponts en aval de la place.

L'assaut lancé dans la nuit du 5 au 6 août ne réussit pas. Les troupes allemandes se tirèrent les unes sur les autres dans l'obscurité et ne parvinrent en aucun point à forcer la ligne des ouvrages extérieurs. Le 6, elles restèrent clouées au sol. La nuit suivante, Ludendorff, prenant le commandement d'une brigade dont le chef avait été tué, parvint à franchir l'intervalle entre deux forts et pénétra dans la ville qui n'était pas défendue. Avec une hardiesse extraordinaire, il se présenta presque seul devant la citadelle et sut si bien en intimider les défenseurs qu'ils la lui livrèrent. Emmich et son état-major l'y suivirent, mais derrière eux le cercle se referma et toute communication fut coupée avec l'extérieur. C'était une étrange situation. Une brigade allemande occupait la ville même, mais s'y trouvait presque prisonnière, quoique victorieuse, car tous les forts restaient au pouvoir des Belges.

A partir de l'après-midi du 7 on n'eut plus aucune nouvelle en Allemagne de ce qui se passait dans Liége. Le bruit courut que le général von Emmich avait péri avec tout son monde. Le commandement suprême, très inquiet, hâta le transport de l'artillerie de siège et envoya l'ordre à Montjoie, le jour même, de pousser en avant les unités de la IIe armée à mesure qu'elles débarqueraient. Bülow n'était pas encore arrivé. En son absence le capitaine de

---

1. Le vieux fort Chartreuse, adjacent à la lisière sud de la ville, était désarmé.

la Motte-Fouqué dirigea trois nouvelles brigades sur Liége. Malgré ce renfort on n'eut à enregistrer aucun progrès les deux jours suivants. Le 10 août seulement, le fort de Barchon fut enlevé par un coup de main et la liaison put être rétablie avec le général von Emmich. A Berlin, on respira enfin. Le lendemain on prit le fort d'Evegnée.

Les batteries de gros calibres prirent position le 12 et à partir de ce moment l'allure des opérations changea. Les projectiles de 420 écrasèrent successivement tous les ouvrages. Le 13, on s'empara des forts de Pontisse et de Chaudfontaine, le 14, de ceux de Fléron et de Liers. Rien n'empêchait plus le passage de la Meuse en aval de la ville. Les unités de la II⁰ armée évacuèrent la zone de marche de la I⁰, entre Liége et la frontière hollandaise.

Le 14, les têtes de colonne de l'armée Kluck atteignaient le fleuve ; le 15, ses trois premiers corps d'armée l'avaient franchi par le pont d'Héristal, trouvé intact à l'intérieur du camp retranché, et deux ponts de campagne construits près de Visé. Dans ces conditions on crut pouvoir dissoudre le détachement Emmich et rendre le IXᵉ C. A. à la I⁰ armée. La II⁰ armée remit de l'ordre dans ses unités un peu enchevêtrées tout en continuant à faire bombarder les forts encore tenus par l'ennemi. Les deux derniers, ceux du secteur ouest, succombèrent le 16 août. La petite place de Huy, sur la Meuse, entre Namur et Liége, ne fut pas défendue ; on l'occupa le même jour.

A cette date du 16 août, la I⁰ armée avait commencé à se déployer à hauteur de Tongres ; la II⁰ en faisait autant à sa gauche. Entre temps, la cavalerie avait constaté au prix d'engagements très coûteux pour elle, livrés par le II⁰ C. C. à Haelen (12 août) et le I⁰ʳ C. C. à Dinant (15 août), que les forces de campagne belges s'étaient postées sur la ligne de la Gette et des troupes françaises sur celle de la Meuse en amont de Namur [1].

L'aile droite allemande avait donc rempli sa mission. Au moment fixé, celui de la fin de la période de concentration, elle était alignée sur la rive gauche de la Meuse, prête à mettre en branle le mouvement général de conversion sur lequel le commandement suprême comptait pour atteindre son but. La phase préparatoire de la campagne, qui semblait si hérissée de difficultés, s'achevait par un succès complet. Pas un jour, pas une heure n'avaient été perdus.

La légende s'est établie un peu partout, notamment en France, que la résistance de Liége a retardé la marche des Allemands et pesé par là d'un grand poids sur le sort de la campagne. Rien n'est moins exact. Le dévouement magnifique des troupes belges, comme cela ressort de l'exposé qu'on vient de lire, n'a pas arrêté un instant le mouvement général de la masse ennemie. La Ire armée, dont le déploiement devait donner le signal du départ des quatre autres, ne pouvait quitter plus tôt qu'elle ne l'a fait sa base de concentration. Elle ne pouvait davantage marcher plus vite; son défilé sur trois colonnes à travers les rues d'Aix-la-Chapelle constitue même, à cet égard, un véritable tour de force. Que Liége ait capitulé à la première sommation, l'arrivée des corps d'armée de Kluck sur la rive gauche de la Meuse n'en aurait pas été avancée d'une minute.

Ces constatations ne diminuent en rien le mérite de la garnison. Se sachant abandonnée à elle-même, sans

---

1. Un des résultats de l'affaire de Dinant fut d'induire le commandement allemand en erreur au sujet de l'ordre de bataille français. Le 1er C. C. ayant fait quelques prisonniers du 148e R. I., on en conclut que le 2e C. A. français se trouvait dans la région de Dinant, parce que ce régiment en fait partie en temps de paix. En réalité, le 148e était alors détaché en soutien du C. C. Sordet tandis que le 2e C. A. était en couverture au nord de Verdun, à près de 100 kilomètres de là.

secours possible, elle a subi stoïquement les effets des engins de destruction les plus formidables qu'on eût jamais vus. Mais les combats qu'elle a livrés n'ont eu d'autres résultats que de causer de sérieuses pertes à l'adversaire et d'amener quelque confusion dans les unités de la II⁰ armée, confusion qui avait disparu dès le 17 août et ne put donc nuire en aucune façon à l'exécution du plan de l'état-major allemand. Toute l'admiration qui est due aux défenseurs des forts de Liége ne saurait prévaloir contre la vérité historique.

PREMIÈRES DISPOSITIONS DE MOLTKE

Le 17 août, le déploiement des armées allemandes se terminait dans les conditions les meilleures. L'aile gauche (IV⁰ et V⁰ armées) et le centre de la masse principale (III⁰ armée) étaient prêts à se mettre en marche. A l'aile droite la I⁰ armée avait poussé ses avant-gardes jusqu'à la ligne Kempt (II⁰ C. A.), Stevoort (IV⁰ C. A.), Saint-Trond (III⁰ C. A.) Brusthem (IX⁰ C. A.); les deux corps de réserve cantonnaient sur la Meuse; le quartier général de l'armée se portait à Glons. La II⁰ armée s'était contentée de faire serrer les corps de seconde ligne sur la tête. Le front, en retrait sur celui de la I⁰ armée, passait par Liers (VII⁰ C. A.), Hollogne (X⁰ C. A. R.), Hermalle (X⁰ C. A.); la Garde, établie au sud de la Meuse à hauteur de Huy, couvrait le mouvement vers Namur; le VII⁰ C. A. R. et le C. A. R. de la Garde; suivant les itinéraires des corps actifs correspondants, atteignaient respectivement Liége et Bomal, sur l'Ourthe; Q. G. de l'armée à Liége. Le général von Bülow avait demandé la veille à son collègue de la III⁰ armée de mettre sa droite en marche dès le 17 et de prendre ainsi à son compte la couverture vers Namur au sud de la Meuse, ce qui eût permis de faire passer le C. A. de la Garde sur la rive gauche. N'ayant reçu aucune instruction à ce sujet du commandement suprême, Hausen refusa.

Dans cette même journée du 17 août, le grand quartier impérial, parti la veille de Berlin, s'installait à Coblence. Les renseignements qu'il possédait alors sur l'ennemi, sans être très complets, suffisaient pour qu'il pût prendre une première décision. Des Anglais, on ne savait encore rien. En ce qui concernait l'armée française, les combats des jours précédents avaient révélé qu'une partie considérable de ses forces était engagée dans les offensives d'Alsace et de Lorraine. On demeurait assez pauvrement informé de ce qui se passait entre Nancy et Mézières. Au delà, on avait aperçu de grosses colonnes montant vers le nord dans l'angle formé par la Meuse et la Sambre, mais aucun élément autre que de la cavalerie ne s'était montré sur la rive gauche de ce dernier cours d'eau. L'armée de campagne belge restait en position derrière la Gette. Il semblait urgent de la mettre hors de cause avant l'arrivée de renforts français. On pouvait soit la rejeter sur le bas Escaut en tournant sa droite et l'isoler de ses alliés, soit au contraire la manœuvrer par sa gauche et la refouler vers la Sambre pour l'empêcher de gagner l'abri de la forteresse d'Anvers, d'où elle serait plus tard en mesure d'inquiéter les communications des armées allemandes. Cette deuxième solution prévalut.

Le commandement suprême donna l'ordre général de mise en marche à toute sa masse offensive pour le 18. Les instructions adressées aux armées de droite et du centre étaient formulées comme suit :

« Les I$^{re}$ et II$^e$ armées, ainsi que le II$^e$ C. C., seront placés pour l'offensive au nord de la Meuse sous les ordres du général commandant la II$^e$ armée. Il importe de couper d'Anvers les forces ennemies dont la présence a été reconnue entre Diest, Tirlemont et Wavre, tout en se gardant à gauche du côté de Namur. L'intention du commandement est de donner ultérieurement comme base d'action à ces deux armées la ligne Bruxelles-Namur ; elles devront alors se garder du côté d'Anvers.

Les II$^e$ et III$^e$ armées, recevront de nouveaux ordres pour la prise de Namur, dont seront chargées l'aile gauche de la première et l'aile droite de la seconde. La II$^e$ armée rapprochera de l'objectif l'artillerie mise à sa disposition.

La III$^e$ armée se portera en avant en dirigeant son aile droite par Durbuy et Havelange contre le front sud-est de Namur en liaison avec l'aile gauche de la II$^e$ armée et en maintenant le contact entre son aile gauche et l'aile droite de la IV$^e$ armée. »

L'idée de placer sous le même commandement les deux armées et la cavalerie de l'aile droite était certainement juste. Ces troupes allaient opérer dans une région où on ne savait en somme ce qu'on rencontrerait derrière les Belges, où la place de Namur et la proximité de celle d'Anvers attireraient leur attention dans des directions divergentes. Il paraissait donc fort à propos de les faire obéir à une impulsion unique, afin de coordonner leurs efforts. Peut-être eût-il mieux valu encore ajouter à ce groupement le I$^{er}$ C. C. et la III$^e$ armée, puisqu'elle devait participer à l'attaque de Namur. Mais si Moltke avait raison en principe, il se trompait lourdement dans l'application, en choisissant comme commandant de l'aile droite le chef de la II$^e$ armée.

Nous avons déjà indiqué le danger qu'implique, d'une manière générale, la subordination d'un commandant d'armée à son voisin, qui, n'ayant sous les yeux que son unité, est tenté de faire passer l'intérêt de celle-ci avant celui du groupement entier. Dans le cas particulier qui nous occupe, ce danger s'aggravait de ce que la IIe armée ne constituait pas l'aile extérieure, mais marchait encadrée entre la IIIe et la Ire. N'étant pas, comme cette dernière, chargée de la manœuvre enveloppante, elle avait naturellement plus tendance à perdre de vue le caractère stratégique de l'ensemble des opérations pour se consacrer surtout au caractère tactique de celles qui se dérouleraient dans sa zone de marche. Pour ces motifs il eût été rationnel soit de donner comme chef à l'aile droite une autorité plus haute, comme on le fit plus tard en créant l'échelon du groupe d'armées, soit de mettre la IIe armée sous la direction de la Ire. Ici la question de personnes intervenait. Bülow était plus ancien que Kluck ; il jouissait depuis longtemps d'une grande réputation dans toute l'armée, à telle enseigne qu'on avait jadis vu en lui le successeur naturel de Schlieffen. Moltke voulut sans doute éviter le reproche d'avoir diminué le prestige de son ancien rival, mais il aurait dû y songer plus tôt et investir dès le temps de paix Bülow du commandement de la Ire armée et Kluck de celui de la IIe. Cela lui eût évité le pas de clerc dont il se rendit coupable le 17 août.

L'emploi de la cavalerie n'était pas moins mal conçu. Son théâtre d'action naturel se plaçait à l'extrême droite du dispositif général ; en le prolongeant elle fournirait là un précieux appoint pour la manœuvre d'encerclement. C'était aussi de ce côté, en Flandre, qu'il était le plus important de pousser l'exploration lointaine parce qu'on ignorait complètement en quelles forces s'y trouvait l'ennemi. Enfin le terrain, très uni, très ouvert, paraissait beaucoup mieux adapté aux évolutions de masses de cavalerie que la zone de marche de la IIe armée, qui côtoyait le camp retranché de Namur et pénétrait ensuite dans le district minier, très peu praticable, de la basse Sambre. On pouvait craindre que Bülow ne conservât la majeure partie du II° C. C. pour battre l'estrade devant son propre front; c'est ce qui arriva, puisqu'il ne laissa qu'une division sur trois au général von Kluck, auquel il eût été préférable d'attribuer le corps tout entier.

La même observation s'applique au I°ʳ C. C., qui, depuis le 15 août, restait inactif et inutile près de Dinant devant la Meuse, dont il n'avait pu forcer le passage. Il n'existait plus aucune raison pour sa présence en ces parages. On aurait dû le faire glisser sans retard vers la droite et le porter sur la rive gauche du fleuve soit par Huy, soit même plus en aval. Moltke ne s'en avisa que trois jours plus tard.

LES OPÉRATIONS JUSQU'AU 20 AOUT

L'ordre du commandement suprême arriva dans l'après-midi du 17 août à Liége. Le quartier général de la II° armée venait de s'y établir; celui de la I°ᵉ, en déplacement d'Aix-la-Chapelle à Glons, passait par la ville et put en prendre connaissance.

Kluck éprouva quelque mauvaise humeur à se trouver privé de son indépendance et entrevit aussitôt les difficultés auxquelles cette mesure inopportune serait de nature à donner naissance [1]. Il profita cependant de l'occasion qui se présentait — la dernière peut-être — d'un échange

1. Cf. A. von Kluck : *Der Marsch auf Paris und die Marneschlacht 1914*; p. 20.

de vues verbal entre les deux états-majors au sujet des opérations des jours suivants. Dès le commencement de l'entretien des divergences d'opinion radicales se manifestèrent. La II<sup>e</sup> armée, dont la première ligne se trouvait en arrière d'une étape par rapport à celle de la I<sup>re</sup>, désirait se remettre à sa hauteur. Se fondant sur les instructions de Moltke tendant à couper les Belges d'Anvers, elle voulait prescrire à la I<sup>re</sup> armée de ne faire avancer le lendemain que son corps de droite, le II<sup>e</sup>, ainsi que la II<sup>e</sup> D. C., qu'elle lui prêtait, ces deux unités se portant vers le nord-ouest par Pael et Beeringen pour être en position, le 19, d'agir contre le flanc gauche de l'ennemi, qui s'appuyait à Diest. Le reste du front de la I<sup>re</sup> armée devait rester en place, le 18, sur la ligne Stevoort-Brusthem, tandis que celui de la II<sup>e</sup> armée viendrait le prolonger à gauche.

Kluck exprimait un tout autre avis. Ce qui importait avant tout d'après lui, c'était de ne pas ralentir d'un instant le mouvement de la I<sup>re</sup> armée, de la rapidité duquel dépendait le succès du plan de campagne. Avec quelques divisions belges, point n'était besoin de faire tant de façons, d'échafauder une savante manœuvre ; peu importait qu'on les attaquât de front ou de flanc. D'ailleurs elles se déroberaient plus que probablement et n'attendraient pas que le II<sup>e</sup> C. A. eût achevé de déborder leur position. Quant au retard de la II<sup>o</sup> armée, elle le rattraperait facilement puisqu'elle avait beaucoup moins de chemin à parcourir que la I<sup>re</sup>.

On finit par adopter un compromis. Il fut décidé que la droite de la I<sup>re</sup> armée s'ébranlerait, le 18, au point du jour par l'itinéraire indiqué et que le reste de la ligne ne se mettrait en marche qu'à 8 heures. On esquissait ainsi l'enveloppement de la gauche belge sans grandes chances de la voir aboutir.

L'événement justifia les prévisions de Kluck. La petite

armée belge se replia derrière la Dyle sous la protection de deux arrières-gardes postées à Diest et à Tirlemont. Le 19, elle changea de direction vers le nord et entama en toute tranquillité sa retraite sur Anvers. La marche des armées allemandes, du 18 au 20, ne rencontra pas d'autre résistance. A la droite il y eut quelques escarmouches dans la région d'Aerschot; à la gauche, les IV° et IX° D. C. du général von der Marwitz rencontrèrent entre Bruxelles et Namur une partie de la 5° D. C. française, qui rompit après une courte canonnade.

Dans la soirée du 20 août, la situation générale des armées allemandes du groupe offensif se présentait de la manière suivante, de la droite à la gauche :

A la I°ᵉ armée, la II° D. C. avait atteint Wolverthem, à 10 kilomètres au nord de Bruxelles. Le II° C. A., obligé de prendre pendant sa marche des précautions sur sa droite, n'avait pu parvenir, avec sa tête, qu'à Vilvorde. Le reste de la première ligne, dépassant par sa droite la capitale belge, s'étendait depuis la lisière de ses faubourgs occidentaux jusqu'au champ de bataille de Waterloo. En seconde position; le III° C. A. R., orienté dans la direction d'Anvers, qu'il était destiné à masquer, se trouvait en avant d'Aerschot, le IV° C. A. R. en avant de Tirlemont.

Devant la II° armée, les IV° et IX° D. C. étaient à Marbais. Le front de l'armée se reliait non loin de Waterloo à celui de la I°ᵉ et se prolongeait jusqu'à Gembloux. Le C. A. R. de la Garde venait de passer, avec le XI° C. A. (de la III° armée) et l'artillerie de siège sous les ordres du général von Gallwitz; ces forces constituaient un détachement provisoire ayant pour mission de réduire Namur. Pendant la journée du 20, Bülow donna une nouvelle preuve de son penchant à exploiter les autres armées au profit de la sienne. Il alla voir Gallwitz et l'invita à faire passer la majorité de ses moyens d'action sur la rive gauche de la

Meuse et de porter le centre de gravité de l'attaque contre le secteur nord de la place. Ces dispositions facilitaient la tâche de la II<sup>e</sup> armée en étayant sa gauche, mais compliquaient d'autant celle de la III<sup>e</sup>. On ne peut, en ce cas là, faire aucun reproche à Bülow, puisque, dans la conception de la manœuvre d'ensemble, la III<sup>e</sup> armée devait servir la II<sup>e</sup>, mais à condition que la II<sup>e</sup> à son tour servit la I<sup>re</sup>.

Au sud de la Meuse, le I<sup>er</sup> C. C. était toujours devant Dinant. La III<sup>e</sup> armée avait dirigé le XI<sup>e</sup> C. A. sur Namur. Il ne lui restait que deux corps d'armée en première ligne, le XII<sup>e</sup> à droite, le XIX<sup>e</sup> à gauche; leurs avant-gardes tenaient Spontin et Ciergnon, à une dizaine de kilomètres en moyenne de la Meuse. Le XII<sup>e</sup> C. A. R., qui suivait à une forte journée de marche, cantonnait sur l'Ourthe.

Plus au sud, le front de la IV<sup>e</sup> armée n'avait pas conservé à sa droite la liaison avec celui de la III<sup>e</sup>. Il n'était arrivé de ce côté que jusqu'au cours supérieur de l'Ourthe, à Amberloup; de là, il s'infléchissait vers le sud-est pour appuyer sa gauche à la haute Semoy vers Etalle.

La V<sup>e</sup> armée n'avait d'abord pu utiliser, pour déboucher de sa zone de concentration, que l'espace très étroit resserré entre Thionville et Luxembourg; elle s'était donc vue dans la nécessité de s'échelonner en profondeur. Le 20, elle se déployait entre les abords d'Etalle et Fontoy, avec, comme premier objectif, la vieille place de Longwy, qu'elle tenait déjà sous le feu de son artillerie.

En résumé, à la date du 20 août, l'aile marchante de la masse offensive avait pris Liége, procédé ensuite à son déploiement, obligé l'armée belge à chercher refuge dans Anvers; elle laissait Bruxelles derrière elle, mettant ainsi fin à la période critique que Schlieffen redoutait tant. Le vieux stratège avait fixé cette échéance au vingt-deuxième jour de la mobilisation; l'armée allemande de 1914 réalisait son désir dès le dix-neuvième. Moltke pouvait donc à bon droit se montrer satisfait de ce premier résultat qu'obtenait sa droite au moment où, de l'extrême-gauche, parvenait la nouvelle de la victoire du prince de Bavière en Lorraine.


## MOUVEMENTS DE LA GAUCHE DES ALLIÉS


Pendant que le gros des armées allemandes exécute sa concentration, puis son déploiement et entame sa marche d'approche, que s'est-il passé à l'aile gauche et au centre français ?

Le 6 août, la nouvelle de l'attaque brusquée de Liége indique sans doute possible que l'ennemi n'entend pas restreindre son action au terrain situé au sud de la Meuse, mais a dessein de faire passer une partie de ses forces de l'autre côté du fleuve. Il semble qu'au grand quartier général, à Vitry-le-François, on ait mis longtemps à se rendre à l'évidence. Les représentations que vint y faire à ce propos le général Hély d'Oissel, chef d'état-major de la 5ᵉ armée, le 7 août, ne réussirent pas à convaincre le général Joffre. Dans son Instruction Générale nº 1, du 8 août, le commandant en chef laisse la 5ᵉ armée sur la Meuse en amont de Mézières, prolongeant la ligne des 4ᵉ et 3ᵉ armées qui s'étend jusque dans la Woëvre septentrionale. Le 12, seulement, sur les instances du général Lanrezac, celui-ci est autorisé à pousser le 1ᵉʳ C. A. jusqu'à Dinant. Le 15, après le combat qui s'y livre contre le 1ᵉʳ C. C. allemand, la 5ᵉ armée reçoit l'ordre de porter vers le nord, par la rive gauche de la Meuse, le reste de ses forces (3ᵉ et 10ᵉ C. A., 37ᵉ et 38ᵉ D. I. d'Afrique, 51ᵉ, 53ᵉ et 69ᵉ D. R. du groupe Valabrègue, ultérieurement 18ᵉ C. A., ramené de l'est)..

Au grand quartier général on admet enfin que l'ennemi va dessiner un mouvement enveloppant par la rive gauche de la Meuse et on a imaginé une nouvelle manœuvre pour y répondre. Attribuant toujours à l'armée allemande un nombre d'unités de première ligne très inférieur à celui dont elle dispose en réalité, le commandement français en conclut que si l'adversaire engage de grosses forces au delà de la Meuse, il ne lui restera que peu de monde sur la rive droite, dans les Ardennes belges. Il décide en conséquence de percer la ligne ennemie dans cette région en attaquant à fond avec ses armées du centre, 3ᵉ et 4ᵉ, de manière à couper les communications de tout ce qui se sera aventuré de l'autre côté de la Meuse. En même temps la 5ᵉ armée prendra l'offensive sur la Sambre en liaison avec le corps expéditionnaire britannique qui prolongera sa gauche.

Le 20 août au soir, les 3ᵉ et 4ᵉ armées, alignées du nord de la Woëvre à la Meuse à hauteur de Monthermé sont prêtes à se porter en avant le lendemain sur tout le front.

A la 5ᵉ armée, le 1ᵉʳ C. A. borde la Meuse de Revin à Namur et a quelques éléments sur la Sambre entre Namur et Ham-sur-Sambre. La 51ᵉ D. R. fait mouvement de Rocroi sur Dinant afin de relever sur la Meuse le 1ᵉʳ C. A. Cette relève ne sera terminée que le 22[1].

Les 10ᵉ et 3ᵉ C. A., à chacun desquels est rattachée une division d'Afrique, ont leurs avant-postes sur la Sambre, de Ham-sur-Sambre à Marchienne-au-Pont. La 18ᵉ C. A. est en marche sur Thuin, où il arrivera le lendemain à midi avec mission de prolonger la gauche du 3ᵉ C. A. sur la Sambre.

Les 53ᵉ et 69ᵉ D. R. du groupe Valabrègue n'ont pas encore quitté la région d'Hirson.

_________

1. Voir le croquis page 131.

Le corps expéditionnaire britannique, comprenant deux corps d'armée, plus une brigade d'infanterie, et une très forte division de cavalerie (5 brigades de 3 régiments chacune), achève sa concentration dans la zone s'étendant de Cambrai à Maubeuge. Il doit se porter le lendemain vers le nord-est de manière à se mettre en liaison à sa droite avec la gauche du 18ᵉ corps.

La cavalerie du général Sordet (1ᵉʳ, 3ᵉ et 5ᵉ D. C.) couvre la gauche du dispositif en tenant les passages du canal de Charleroi jusqu'à hauteur de Seneffe.

# CHAPITRE VII

## LA BATAILLE DE BELGIQUE

### 

L'ORDRE DU **20** AOUT

Le 20 août, Moltke fit établir un bulletin de renseignements et adressa aux armées de l'aile droite et du centre un nouvel ordre, le premier depuis celui du 17.

Le bulletin de renseignements représentait la situation à la gauche adverse de la manière suivante. Sur la Meuse, entre Namur et Givet, les 1er, 2e et peut-être le 10e C. A. français. Au sud de la Sambre, entre Namur et Charleroi, un corps d'armée, deux au plus, s'approchant de la rivière. A l'ouest de la ligne Charleroi-Fumay, plusieurs colonnes de la valeur totale de deux ou trois corps d'armée environ; des divisions de réserve en faisaient probablement partie. Ces colonnes ne paraissaient pas avoir encore dépassé la ligne Philippeville-Avesnes. Le bulletin ajoutait qu'il fallait tenir compte de débarquements possibles de troupes anglaises à Boulogne et de leur intervention en avant de Lille. Cependant on était sous l'impression que des débarquements importants n'avaient pas encore eu lieu.

Ce bulletin est riche d'informations sur la région entre Sambre et Meuse et donne une idée assez juste de ce qui s'y passait, mais il ne fournit aucun éclaircissement sur le terrain s'étendant au nord de la Sambre jusqu'à la mer du Nord. On n'y trouve à ce sujet qu'une simple indication et elle est fausse. Pourtant c'était dans cette partie du théâtre d'opérations que devait se dérouler la manœuvre enveloppante. Il importait particulièrement de savoir quelles chances on avait d'y rencontrer des forces ennemies. On ne possédait donc aucune donnée sérieuse sur le point capital.

Le haut commandement allemand eût sans doute mieux connu la situation s'il n'avait pas doté si parcimonieusement de cavalerie son aile droite et même si cette cavalerie avait fait preuve de plus d'esprit d'entreprise. Depuis le débouché de la II$^e$ armée au nord de la Meuse, le corps Marwitz était resté collé à l'infanterie sans chercher à prendre du champ dans la direction de l'ouest et du nord-ouest. Aussi l'énigme britannique restait entière. Cette ignorance aurait dû inciter Moltke à orienter d'autant plus nettement les exécutants sur la manière dont ils devaient conduire le mouvement débordant. Or voici les instructions qu'il leur envoya dans l'après-midi du 20 août :

« Sa Majesté prescrit : Les I$^{re}$ et II$^e$ armées devront serrer sur la ligne atteinte le 20 août, en se gardant du côté d'Anvers. L'attaque de Namur commencera aussitôt que possible. L'attaque imminente contre l'ennemi qui se trouve à l'ouest de Namur s'exécutera de concert avec l'attaque de la III$^e$ armée contre la ligne de la Meuse entre Namur et Givet; l'entente à établir à ce sujet doit être laissée aux commandants d'armée intéressés.

Les opérations ultérieures de l'aile droite demandent l'emploi d'une forte cavalerie à l'ouest de la Meuse. En conséquence, le I<sup>er</sup> C. C., après en avoir informé les III<sup>e</sup> et IV<sup>e</sup> armées, dégagera le front de ces armées et se portera au nord de Namur en contournant la place. A son arrivée sur la rive nord de la Meuse, le I<sup>er</sup> C. C. passera sous les ordres du général commandant la II<sup>e</sup> armée. Le I<sup>er</sup> C. C. sera avisé des présentes dispositions par les soins de la III<sup>e</sup> armée ».

Voilà tout ce que le général en chef trouve à dire au moment où va se produire le choc en vue duquel Schlieffen a préparé l'armée allemande pendant de si longues années avec tant d'ardeur et de persévérance. On est à la veille de la bataille d'extermination, de la nouvelle bataille de Cannes, dont rêve depuis quinze ans tout le corps d'officiers. Elle est imminente. Le commandement suprême le sait; il l'annonce explicitement dans son ordre. Quelles mesures prend-il pour rendre inévitable l'encerclement de la gauche ennemie? On les cherche vainement. Il ne rappelle pas par un seul mot la manœuvre vers laquelle doivent tendre toutes les volontés. Il n'indique pas davantage comment ses lieutenants adapteront le principe théorique de l'enveloppement aux circonstances concrètes dans lesquelles ils vont se trouver. Jusqu'où l'aile marchante étendra-t-elle son action vers la droite? A quelle hauteur faudra-t-il que la I<sup>re</sup> armée soit parvenue pour que la II<sup>e</sup> et la III<sup>e</sup> partent à l'attaque? Ces questions devaient se poser naturellement à l'esprit de chacun. L'ordre du 20 août ne répond ni à l'une ni à l'autre.

La seule instruction précise contenue dans cet ordre se rapporte au mouvement de la III<sup>e</sup> armée, qu'elle oriente sur la ligne Namur-Givet, orientation qui n'est pas très heureuse. En effet, si la III<sup>e</sup> armée franchit la Meuse entre ces deux villes pendant que Bülow passe la Sambre, les deux offensives dirigées la première d'est en ouest, la seconde de nord-ouest en sud-est viendront se heurter l'une à l'autre. Il en résultera fatalement, dans l'angle des deux cours d'eau, un encombrement analogue à celui dont furent victimes les troupes de Frédéric-Charles lorsqu'elles débouchèrent des monts de Lusace sur Reichenberg en 1866. Schlieffen n'avait cessé de mettre ses disciples en garde contre les manœuvres concentriques à l'excès et la confusion qu'elles produisent. Son successeur ne tient nul compte de ces avertissements.

En dehors de la désignation du secteur d'attaque de la III<sup>e</sup> armée, Moltke ne prend aucune disposition ferme. Il ne s'adresse aux exécutants que pour remettre ses pouvoirs entre leurs mains et abandonne la direction des opérations à l'instant précis où l'action générale est sur le point de commencer. L'histoire des guerres n'offre pas d'exemple d'une pareille faillite. On a vu des commandements s'effondrer à la suite d'une défaite, jamais s'effacer d'eux-mêmes avant la première bataille.

Les généraux subordonnés sont donc laissés à leur propre inspiration. L'initiative des décisions passe à Bülow et à Hausen, à Bülow surtout, qui réunit sous son autorité les deux armées principales et toute la cavalerie. Le rôle de Hausen, placé au milieu de la ligne et réduit à trois corps d'armée, devient secondaire par rapport à celui de son voisin de droite.


### DISPOSITIONS DE BÜLOW LE 20 AOUT


Comment la situation apparaît-elle aux yeux de Bülow lorsqu'il prend connaissance, à son quartier général de

Jodoigne, des instructions de Moltke dans l'après-midi du 20 août?

Depuis cinq jours les troupes placées sous ses ordres exécutent le changement de direction prescrit autour de Namur et viennent de dépasser Bruxelles. Si le mouvement continue normalement, il doit les amener sur la Sambre, la II⁰ armée entre Namur et la frontière franco-belge, la I⁰ en amont. Les corps d'armée y arriveront successivement, ceux de la gauche les premiers, les autres ensuite et d'autant plus tard qu'ils sont plus éloignés du pivot. Ainsi la Garde, à l'extrême-gauche n'est qu'à quelques kilomètres de la rivière tandis que le II⁰ C. A., à l'autre bout de la ligne, se trouve encore à Vilvorde à cinq étapes au moins de la haute Sambre.

Le commandement suprême signale entre Sambre et Meuse sept ou huit corps d'armées français, dont l'intention évidente est de se porter entre Namur et Bruxelles afin de donner la main à l'armée belge d'Anvers. Il est plus que probable que cette masse française ne laissera que le strict minimum d'effectifs à la garde des passages de la Meuse et essaiera avec la presque totalité de ses forces de franchir la Sambre entre Maubeuge et Namur.

D'autre part on ne pense avoir affaire qu'à quelques faibles éléments britanniques dont on ne connaît pas encore la zone d'action. Débarqués dans les ports du Pas-de-Calais, ils peuvent marcher soit vers Gand, soit vers Lille, soit vers Maubeuge. Dans les deux premiers cas la cavalerie de Marwitz, appuyée à l'occasion par un corps d'armée de deuxième ligne, le IV⁰ C. A. R. par exemple, suffira à les masquer ; dans le troisième, ils tomberont sur les itinéraires de la I⁰ armée, qui n'aura aucune peine à les mettre hors de cause.

De ces considérations il résulte que la II⁰ armée sera aux prises avec des difficultés très supérieures à celles que rencontreront ses deux voisines. Elle va se mesurer avec les concentrations les plus importantes de l'ennemi et dans des conditions défavorables. Il lui faudra traverser la vallée de la Sambre dans la partie où elle est couverte de cités ouvrières, d'usines, semée de puits de mine, dédale presque inextricable où la défense trouve tous les avantages ; le cours d'eau passé, les troupes auront ensuite à s'élever sur un glacis nu, que les feux de l'adversaire pourront balayer comme celui de Saint-Privat en 1870. Autre péril : l'attaque de la II<sup>e</sup> armée doit déboucher entre les deux camps retranchés de Maubeuge et de Namur, les flancs exposés aux entreprises des garnisons de ces places.

Comparée à cette rude tâche, l'action des I<sup>re</sup> et III<sup>e</sup> armées s'annonce infiniment moins sévère. La I<sup>re</sup> armée, en avançant à la droite de la II<sup>e</sup> ne trouvera presque personne sur sa route, de la cavalerie, quelques divisions britanniques ; la III<sup>e</sup> affrontera l'obstacle très sérieux de la Meuse, mais elle y aura affaire à des forces beaucoup moins nombreuses que la II<sup>e</sup> armée sur la basse Sambre.

Plus le général von Bülow examine les conditions dans lesquelles va s'engager la lutte, plus il se pénètre de l'idée que le principal de la besogne reviendra à la II<sup>e</sup> armée. Peu à peu son attention se concentre sur l'opération dévolue à celle-ci, le passage de la Sambre. Il en subit tellement l'attraction, la hantise qu'il finit par ne plus rien voir d'autre, par oublier complètement qu'il a été investi du commandement de l'aile droite entière, ce qui le rend responsable de la manœuvre stratégique. Au lieu de s'élargir avec ses attributions, les vues de Bülow se rétrécissent au contraire. Comme hypnotisé par l'action que la II<sup>e</sup> armée doit entreprendre, il ne songe qu'à l'alléger en y employant toutes les forces placées sous ses ordres et celles dont il peut demander le concours.

Par ailleurs, en compulsant les renseignements qu'il possède sur l'armée ennemie qui lui fait face, Bülow a discerné un indice rassurant. Les unités dont elle se compose ne sont pas encore réunies, mais échelonnées sur une grande profondeur, quelques-unes encore loin en arrière. D'où possibilité pour la II⁰ armée de mettre à profit cette dissémination pour se saisir des ponts de la Sambre avec les unités qui s'en trouvent les plus rapprochées, gagner ensuite rapidement le plateau entre Sambre et Meuse et battre les groupes adverses l'un après l'autre. C'est une manœuvre classique, mais, dans l'occurrence, elle comporte un inconvénient majeur. Elle aboutit en effet à rejeter les Français vers le sud avant que la pression de la III⁰ armée dans leur flanc droit et surtout celle de la I⁰ armée dans leur flanc gauche aient eu le temps de se faire sentir; elle les fait échapper à l'enveloppement qui se serait produit un peu plus tard; elle rend inutile le mouvement de conversion de l'aile droite et s'affirme en contradiction absolue avec l'esprit du plan de campagne. N'importe! La tentation d'assurer l'avantage tactique à la II⁰ armée est trop forte pour son chef. Elle fait écarter toute autre considération. Bülow se décide à précipiter le mouvement sans attendre davantage et donne en conséquence ses ordres pour le lendemain 21 août.

A Gallwitz, il demande d'accentuer encore le déplacement de ses troupes vers l'ouest, sur la rive gauche de la Sambre, de manière à protéger vers Namur le flanc de la II⁰ armée. Il prescrit ensuite aux deux corps de gauche de la II⁰ armée (Garde et X⁰ C. A.) de se porter sur la Sambre, à ses deux corps de droite (X⁰ C. A. R. et VII⁰ C. A.) ainsi qu'à la I⁰ armée de poursuivre la marche convergente des jours précédents.

Le II⁰ C. C., regroupé en entier à la droite de la I⁰ armée — qui perd ainsi la disposition de son unique division de cavalerie — explorera dans la direction de l'Escaut vers Tournai et Gand. Le Ier C. C., après avoir contourné Namur, se dirigera par Nivelles sur Mons, mais étant donné le long trajet qu'il lui faut accomplir, il aura besoin de plusieurs jours pour dépasser le front de l'infanterie.

A la fin de l'après-midi est arrivé à Jodoigne un radio de la IIIe armée donnant avis que ses têtes de colonnes ont atteint la ligne Spontin-Ciergnon et seront le lendemain sur la Meuse entre Mont et Falmignoul[1]. Bülow lui répond dans la soirée par les deux messages suivants : « Deux corps de la IIe armée s'avanceront le 21 août jusqu'à la Sambre entre Châtelet et Jemeppe », et : « La IIe armée prie la IIIe de gagner d'urgence la ligne de la Meuse pour coopérer avec elle. »


### LES MOUVEMENTS DU 21 AOUT


Voyons maintenant comment se passe la fin de la journée du 20 août à Marche, où la IIIe armée vient de transférer son quartier général.

Hausen est un militaire discipliné, méthodique et lent, dépourvu de toute initiative. Il met la plus stricte exactitude à adresser des comptes rendus au général en chef et à exécuter ses ordres ; il se montre en outre bon camarade, toujours prêt à aider ses collègues dans la mesure où il s'y croit autorisé par les directives du commandement suprême. Mais il ne voit pas au delà. L'idée ne lui vient jamais de discuter les instructions reçues, d'attirer l'at-

---

1. Voir le croquis page 131.

tention de l'autorité supérieure ou des armées voisines sur
la valeur d'une manœuvre qu'il croit opportune. Il représente le type parfait de l'exécutant soumis et passif.

Lorsque Hausen prend connaissance un peu avant 18 heures
de l'instruction générale du commandement suprême, il se
montre d'autant plus surpris de la direction d'attaque
imposée à son armée, qu'il a envoyé depuis plusieurs jours
à Coblence des rapports de reconnaissances confirmant
tous la présence de forces ennemies sur la Meuse de Namur
à Givet et constatant que plus au sud le fleuve n'est pas
tenu. Il lui semble donc qu'il eût été logique d'orienter
l'axe de sa marche vers le sud-ouest plutôt que vers l'ouest;
la progression, plus facile, eût appuyé tout aussi efficace-
ment l'attaque de Bülow sur la Sambre, puisqu'elle débou-
chait sur les derrières de l'adversaire. Enfin on eût évité
ainsi l'agglomération de deux armées dans l'espace étroit,
resserré entre Maubeuge, Namur et Givet, puis le pénible
redressement qu'elle occasionnerait.

Hausen crut bon de garder pour lui ces judicieuses
observations; il se contenta de faire passer au quartier
général de la II⁰ armée le radio dont il a été question
ci-dessus et d'y dépêcher un capitaine de son état-major.
Cet officier, muni de renseignements plus complets sur la
situation des unités, était chargé de régler avec Bülow le
mode de coopération des deux armées, en expliquant clairement que la III⁰ armée ne se trouverait pas de quelque
temps à pied d'œuvre et ne pourrait commencer la préparation d'artillerie que le 21 au soir.

De Marche à Jodoigne, il n'y a pas loin de 100 kilomètres; les routes étaient couvertes de convois, en sorte
que le représentant de Hausen n'arriva que tard dans la
soirée. Ne fut-il pas reçu aussitôt? Remit-on la conférence au lendemain? On n'en sait rien. Toujours est-il que
le 21 août, à 8 h. 15, parvenait à Marche un radio de la

II° armée annonçant qu'elle avait l'intention d'ouvrir le passage de la Meuse à la III° armée et de pousser à cet effet le jour même à 11 heures le X° C. A. sur Tamines et la Garde sur Jemeppe.

Cette communication ne manquait pas d'une bonne dose d'hypocrisie. Bülow en effet se souciait fort peu d'aplanir la voie à la III° armée, qui ne lui demandait d'ailleurs rien, mais il souhaitait vivement de la voir accélérer son allure et prendre le plus tôt possible l'offensive sur la Meuse. Le message était fort habilement rédigé, car si Hausen ne pressait pas son entrée en action, il encourrait le reproche de n'avoir pas soutenu un collègue qui s'était jeté dans la bataille afin de lui rendre service.

Bülow avait à peine expédié cet insidieux télégramme qu'il se ravisa, soit qu'il jugeât que ses deux corps d'armée se trouveraient isolés et trop en flèche, soit que l'envoyé de Hausen l'eût convaincu de l'impossibilité où serait ce jour-là la III° armée de lui fournir le moindre appui, quelque diligence qu'elle fît pour le satisfaire. Une heure et demie après son premier message à la III° armée, Bülow lui en envoya un second le contremandant eu ces termes : « II° armée n'attaquera pas aujourd'hui. » Renonçant à son idée primitive de lancer au delà de la Sambre ses corps d'armée à mesure qu'ils arriveraient, il se résignait à monter une attaque toutes forces réunies et en prévint Hausen :

« Le X° C. A. et le C. A. de la Garde, lui écrivait-il, avanceront aujourd'hui, comme il vous en a déjà été fait part, jusqu'à la Sambre. On n'attaquera cependant pas aujourd'hui. J'ai au contraire l'intention de faire continuer le mouvement de conversion des I° et II° armées vers le sud, de manière à donner le maximum de cohésion à l'offensive contre les forces ennemies signalées au sud de la Sambre et à l'ouest de la Meuse, de concert avec la III° armée. Le jour de l'attaque sera déterminé d'après les

informations ultérieures qu'on recueillera sur l'ennemi ; la
III° armée en sera certainement prévenue en temps utile. »

Dans la soirée, Bülow arrête la date du 23 et télégraphie
à Hausen : « Attaque II° armée sur Sambre aura lieu
23 août matin ; aile gauche par Jemeppe-Mettet. »

En même temps partent les ordres pour les I° et
II° armées : « La II° armée gagnera le 22 août la ligne Binche,
Fontaine-l'Evêque, rive nord de la Sambre, et franchira
la Sambre dans la matinée du 23 afin de faciliter à la
III° armée le passage de la Meuse.

La I° armée, tout en se gardant vers Anvers et en assurant l'occupation de Bruxelles, se conformera à ce mouvement de manière à être en mesure d'investir les fronts nord
et nord-est de Maubeuge et d'agir par l'ouest de cette place
pour soutenir la II° armée. »

On notera que Bülow ne tient aucun compte de l'intervention possible de l'ennemi, Français ou Britaniques, au
nord de la Sambre. Dans sa communication à la III° armée
il ne mentionne que des forces adverses opérant « au sud
de la Sambre et à l'ouest de la Meuse ». L'action commune,
telle qu'il l'a réglée, vise moins à faciliter, comme il le
proclame, le passage de la Meuse à la III° armée que celui
de la Sambre à la II°. En effet il attire vers celle-ci Gallwitz d'un côté, Kluck de l'autre, tandis que Hausen fera
diversion dans le flanc droit de l'ennemi. Tout le dispositif
tend à s'incurver en une ligne sinueuse, dense, serrée, qui
doit plaquer sur les deux cours d'eau de Givet à Namur,
puis de Namur par Charleroi jusqu'au delà de Maubeuge.

Que devient dans tout cela la manœuvre de Schlieffen,
la grande idée directrice? C'est ce qu'on se demande, à la
I° armée, avec anxiété et presque avec colère. Kluck est
le seul qui paraisse encore s'en souvenir. Depuis la dispa-
rition de l'armée belge le 19 août, il n'a plus qu'une pensée,

trouver le flanc de l'adversaire principal et éviter de lui
présenter le sien. Avant tout il faut savoir jusqu'où s'étend
l'aile gauche de l'ennemi. Son chef ne lui fournit aucun
renseignement [1] ; il s'informe par ses propres moyens. Le
20, les journaux saisis à Bruxelles donnent l'impression que
les débarquements du corps expéditionnaire britannique
ont pris fin le 18 et cette impression est confirmée par un
coup de téléphone du préfet d'Aix-la-Chapelle, qui a reçu
la même nouvelle d'une source « qui semble digne de foi ».
Pendant cette même journée du 20 août, les aviateurs de
la Ire armée n'aperçoivent aucune colonne sur les routes
dans tout le nord-ouest de la Belgique jusqu'à Ostende.
D'autre part on trouve dans le courrier d'une division
belge des documents faisant allusion à une opération des
troupes britanniques en liaison avec elle.

En présence de ces indices contradictoires, Kluck estime
prudent de conserver une formation échelonnée lui per-
mettant de faire face à toutes les éventualités. Justement
le IIe C. A. est resté très en arrière, à Vilvorde. Il s'en féli-
cite et veut laisser ce corps d'armée dans une position analogue le lendemain par rapport à sa première ligne, alors
que Bülow lui prescrit de le porter à hauteur de ses trois
autres corps d'armée en le poussant jusqu'à Ninove. Heureusement Ludendorff, sous-chef d'état-major de la
IIe armée, est venu, dans cet après-midi du 20, en liaison à la
Ire armée. Kluck lui expose ses raisons et grâce à lui obtient
gain de cause ; il ne fait avancer le IIe C. A., le 21, que
jusqu'à Ganshoren, (banlieue nord-ouest de Bruxelles) pendant que les IVe, IIIe et IXe C. A. atteignent le front Castre,
Hal, Braine-le-Château. Par l'effet de ces dispositions on

---

1. Le bulletin de renseignements du 20 août du grand quartier général ne
parviendra à Kluck que le 21 au soir, tant les communications sont
défectueuses entre Coblence et Louvain, où le quartier général de la
Ire armée s'est installé le 19 août.

peut encore s'orienter soit vers l'ouest, soit vers le sud-ouest, soit vers le sud.

La journée du 21 libère la I<sup>re</sup> armée de ses inquiétudes. On y prend d'abord connaissance d'un article du colonel Repington, le critique militaire anglais bien connu, paru dans le *Times* du 20, après la lecture duquel il ne peut subsister aucun doute sur la présence du corps expéditionnaire britannique en France. Les reconnaissances aériennes et la cavalerie signalent, comme la veille, que la boucle de l'Escaut est vide d'ennemis. On en déduit que les Anglais sont plus au sud, en liaison avec l'aile gauche française sans doute, et qu'on n'a plus à redouter de voir une offensive déboucher de Gand ou d'Audenarde dans le flanc de l'armée.

Pour être certain de déborder l'adversaire, Kluck veut marcher au sud-ouest en laissant Maubeuge à sa gauche. Il a déjà préparé en conséquence l'ordre d'opérations pour le lendemain 22, lorsque lui parvient celui de Bülow, qui aiguille la I<sup>re</sup> armée beaucoup plus à l'est. Kluck prévoit aussitôt que cette fausse direction fera manquer la manœuvre débordante, si, comme on doit s'y attendre, les Anglais vont prolonger la ligne française à l'ouest de Maubeuge. Il envoie en toute hâte un officier au quartier général de la II<sup>e</sup> armée pour exposer sa manière de voir et faire revenir Bülow sur sa décision. C'est en vain. Ludendorff, qui avait, la veille, pris le parti de la I<sup>re</sup> armée, n'est pas là pour défendre ses demandes[1]. L'émissaire de Kluck doit s'aboucher directement avec le chef d'état-major, Lauenstein, sur lequel ses objurgations n'ont aucune prise. « Si vous allez au sud-ouest, lui répond-il, vous vous écarterez trop de la II<sup>e</sup> armée pour pouvoir la

---

1. Ludendorff assistait ce jour-là à l'engagement de la Garde sur la Sambre. Il quittait d'ailleurs dès le lendemain matin le quartier général de la II<sup>e</sup> armée pour celui de la VIII<sup>e</sup> en Prusse Orientale.

soutenir. » C'est exactement le raisonnement étriqué que Schlieffen, dans ses études historiques, reprochait aux lieutenants de Moltke en 1866 et 1870. La mort dans l'âme, Kluck obéit et change la direction de ses colonnes.

Il nous reste à résumer, pour en finir avec la journée du 21 août, les mouvements des troupes et la situation à la tombée de la nuit.

Le II⁰ C. C., comme on l'a vu, a battu l'estrade dans la boucle de l'Escaut et va se rassembler le lendemain aux environs de Renaix. Du Iᵉʳ C. C., une division a passé la Meuse à Huy et bivouaque au nord de cette ville, l'autre est encore sur la rive sud.

La Iʳᵉ armée a son IIᵉ C. A. à Ganshoren, les IVᵉ, IIIᵉ et IXᵉ C. A. sur la ligne Castre, Braine-le-Château ; le IIIᵉ C. A. R. fait face à Anvers, le IVᵉ C. A. R. est à Louvain.

A la IIᵉ armée, le VIIᵉ C. A., suivi à une étape du VIIᵉ C. A. R., a avancé jusqu'à Nivelles, le Xᵉ C. A. R. jusqu'à Frasnes, d'où il oblige le corps Sordet à reculer après un court engagement. Le Xᵉ C. A. aborde la Sambre à 15 heures et force le passage à Roselies, défendu par des éléments du 3ᵉ C.A. français. De même la Garde s'est emparée de Tamines et d'Auvelais et a refoulé les avant-postes de notre 10ᵉ C.A. du fond de la vallée sur le plateau. En aval, les ponts restent entre les mains des Français.

Le détachement Gallwitz a commencé le bombardement des forts de Namur et des intervalles avec l'artillerie de gros calibre.

La IIIᵉ armée n'a pas progressé ; elle s'est contentée d'achever son déploiement sur le front atteint la veille, mettant toutes ses divisions en ligne, y compris celles du XIIᵉ C. A. R., qui a pris la place du XIᵉ C. A. à la droite de l'armée.

La IV° armée se rabat vers la Semoy ; le duc de Wurtemberg dirige une brigade mixte sur Beauraing afin de
maintenir quelque peu la liaison avec Hausen. La V° armée
poursuit son mouvement de la veille ; dans la soirée ses
avant-gardes se heurtent à celles de la 3° armée française
aux alentours de Longwy.

Chez les Alliés on a aussi marché de l'avant sur presque
tout le front.

A la droite, les 3° et 4° armées françaises ont franchi
la Chiers et la Semoy ; elles vont se trouver face à face,
le lendemain, avec les V° et IV° armées allemandes marchant au-devant d'elles. Ce sera une véritable bataille de
rencontre qui se livrera de la Woëvre à la Meuse.

Entre Meuse et Sambre, la 51° D. R. a commencé la
relève du 1° C. A. à Givet ; les 10° et 3° C. A., en position
sur le plateau au sud de la Sambre, ont vu leurs avant-
postes ramenés sur les gros. Le 18° C. A. arrive à Thuin,
suivi des 53° et 69° D. R. Le corps Sordet s'est replié sur
Merbes-le-Château.

L'armée britannique, quittant sa zone de concentration,
s'est mise en marche, précédée de sa cavalerie, qui tient,
dans la soirée la ligne du canal de Condé. Les deux corps
d'armée cantonnent aux abords nord du camp retranché
de Maubeuge, 1° à droite, 2° à gauche, la 19° brigade
(indépendante) à Valenciennes.


LA JOURNÉE DU 22 AOUT


Le 22 août, à dix heures, Bülow vint établir son poste
de commandement à Fleurus. On s'en explique mal la

raison, car l'offensive ne devait commencer que le lendemain. Peut-être subit-il l'attraction de ce lieu historique
où tant de batailles s'étaient livrées. Peut-être même crut-
il devenir un second Napoléon en y succédant au grand
empereur, qui y avait dirigé, du haut du clocher, la
bataille de Ligny. Mais de 1815 à 1914 les conditions du
commandement avaient changé. Quant on a sous ses
ordres treize corps d'armée étalés sur un front de plus de
cinquante kilomètres, on ne va pas se fourrer à cinq kilomètres de sa première ligne au point où elle fait le plus
saillie. On y risque de se laisser détourner de la marche
générale des opérations par le spectacle qu'on a sous les
yeux et de prendre des décisions d'ensemble dictées par
les péripéties d'une escarmouche d'avant-postes.

C'est ce qui arriva à Bülow. Peu après son arrivée à
Fleurus, il apprenait que les villages conquis la veille sur
la rive de la Sambre par la Garde et le X\u1d49 C. A. avaient
été attaqués de bonne heure dans la matinée par les Français. Les assaillants, en lignes denses et mal soutenus par
une maigre artillerie, avaient échoué partout devant les
lisières organisées des localités, puis, décimés par le feu
de mousqueterie et surtout par les mitrailleuses, s'étaient
retirés en assez grand désordre. Ces nouvelles firent
croire à Bülow que les Français ne se trouvaient pas
encore en grandes forces au sud de la Sambre; son idée
première se réveilla et se fortifia. Il prit de nouveau la
résolution de profiter des circonstances pour gagner le
plateau et battre successivement les corps ennemis.

A 12 h. 45 il donna à la II\u1d49 armée l'ordre d'atteindre
avant le soir la ligne Binche-Mettet.

Dans l'après-midi, la II\u1d49 D. I. de la Garde et le X\u1d49 C. A.
débouchent des fonds de la Sambre. D'abord arrêtés par
l'artillerie française, ils progressent bientôt en refoulant
notre infanterie. La Garde avance jusqu'à Fosse et Vitri-

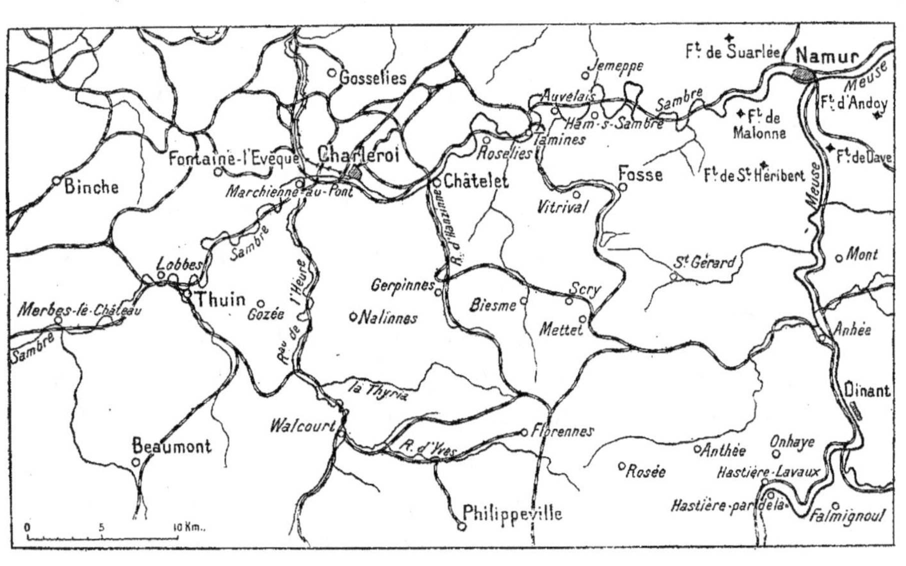


Gosselies
Ft. de Suarlée
Namur
Jemeppe
Auvelais
Sambre
Meuse
Ft. d'Andoy
Ham-s-Sambre
Ft. de Malonne
Tamines
Roselies
Fontaine-l'Evêque
Charleroi
Châtelet
Fosse
Ft. de St. Héribert
Ft. de Dave
Binche
Marchienne-au-Pont
Vitrival
Meuse
R. Biesme P. R.
Sambre
Mont
Lobbes
Sambre
St. Gérard
Thuin
Gerpinnes
Scry
Anhée
Merbes-le-Château
R. de l'Heure
Gozée
Nalinnes
Biesme
Mettet
Sambre
Dinant
la Thyria
Beaumont
Walcourt
Florennes
Onhaye
R. d'Yves
Anthée
Rosée
Hastière-Lavaux
0    5    10 Km.
Philippeville
Hastière-par-delà
Falmignoul

val ; le X° C. A., dont le succès est plus disputé, réussit néanmoins à prendre pied sur le plateau. Plus à droite, sur la rive nord, le reste de la II° armée ne rencontre pas l'ennemi ; le X° C. A. R. et le VII° C. A., celui-ci s'échelonnant à droite pour se couvrir du côté de Maubeuge, se préparent à passer la Sambre le lendemain. La ligne du général Lanrezac, commandant la 5° armée, s'est repliée en fin de journée sur le front Saint-Gérard, Biesme (10° C. A.), Gerpinnes, Nalinnes (3° C. A.), Gozée, Thuin (18° C. A.), Merbes-le-Château (corps Sordet) ; les 53° et 69° D. R. sont arrivées à mi-chemin entre Avesnes et Beaumont ; la 51° D. R. a fini de relever sur la Meuse le 1er C. A., qui se rassemble au nord-est de Saint-Gérard.

Après avoir donné un peu avant 13 heures l'ordre d'attaque à son aile gauche, Bülow voulut s'assurer le concours immédiat de la III° armée et lui télégraphia : « Prière instante III° armée intervenir rapidement aile droite sur Mettet. Forces ennemies au sud de la Sambre paraissent ne comprendre jusqu'ici que trois divisions de cavalerie et faibles éléments infanterie. II° armée continue mouvement jusque ligne Binche-Mettet. »

Ce message ne parvint à destination que vers 23 heures. Hausen n'y comprenait rien. En vue de l'offensive fixée d'un commun accord au lendemain, il avait passé la journée à ranger ses troupes et à masser ses batteries devant la Meuse. Il venait d'expédier des ordres détaillés pour l'action qui devait commencer de bon matin et voilà que tout à coup, à cette heure tardive, on veut lui faire tout bouleverser sans motif explicable. Pourquoi Bülow revient-il sur les dispositions au sujet desquelles on a eu tant de mal à s'entendre et précipite-t-il le mouvement ? Pourtant son radio ne mentionne aucune attaque ennemie. Comment alors interpréter l'appel de la II° armée et surtout son ton pressant ? Après mûre réflexion, Hausen juge qu'il n'est plus temps de contremander ses instructions; il se contente de prescrire aux troupes qui font face au point de passage d'Hastière (8 kilomètres en amont de Dinant) de prendre pied avant le jour sur la rive gauche de la Meuse.

Cependant la I<sup>re</sup> armée, se conformant aux directions données la veille par Bülow, avait infléchi la marche de ses colonnes vers le sud. Dans la soirée les IV<sup>e</sup>, III<sup>e</sup>, IX<sup>e</sup> C. A. se trouvaient respectivement à Silly, Soignies, Mignault, le II<sup>e</sup> C. A., toujours en échelon, à Ninove, le IV<sup>e</sup> C. A. R. un peu au delà de Bruxelles; le III<sup>e</sup> C. A. R. restait déployé face à Anvers et devait y rester jusqu'à sa relève par le IX<sup>e</sup> C. A. R., encore concentré alors entre Hambourg et Kiel.

Pendant la journée, le quartier général de la I<sup>re</sup> armée s'était transporté à Hal. D'utiles renseignements l'y attendaient. Les uns annonçaient, comme les jours précédents, que tout le pays à l'ouest et au nord-ouest était libre; les autres signalaient, dans la direction du front, des partis britanniques nombreux sur le canal de Condé à Mons et d'importantes concentrations plus au sud. La présence du corps expéditionnaire du maréchal French au nord de la Sambre ne faisait donc plus de doute, mais on n'était pas encore fixé sur son dispositif, notamment sur l'extension de sa ligne vers l'ouest. A la I<sup>re</sup> armée on croyait que son front allait de Maubeuge à Valenciennes, alors que, dans la réalité, les gros s'organisaient plus en avant à hauteur de Mons.

En tous cas l'opinion de la II<sup>e</sup> armée, selon laquelle l'ennemi n'avait nulle part dépassé la Sambre, se trouvait en défaut et ses instructions de la veille se révélaient maintenant inopérantes, si l'on voulait déborder l'adversaire. Il ne fallait plus, pour la I<sup>re</sup> armée, continuer dans la direction du sud, mais se redresser de nouveau vers le

sud-ouest, tant qu'on n'aurait pas déterminé le point d'appui
de la gauche britannique.

Kluck se répétait que depuis sa subordination à Bülow
celui-ci n'avait cessé de le brider et cela pour l'empêcher
d'agir suivant l'esprit du plan de campagne dont il était,
par sa situation à l'aile marchante, le principal exécutant.
Or la directive de Coblence du 17 août avait dit que la
I⁰ armée relèverait de la II° pour la durée des opérations *au
nord* de la Meuse et on était arrivé *à l'ouest* du fleuve.
Kluck essaya d'exploiter cet argument pour se soustraire
à une tutelle qu'il estimait néfaste. Il réussit à se mettre
en relation par téléphone avec le grand quartier général,
grâce à un relai que celui-ci avait établi à Liége. La réponse
fut négative. Non seulement Moltke fit savoir que la I⁰
armée continuerait jusqu'à nouvel ordre à dépendre de la
II°, mais encore qu'il approuvait pleinement les dispositions de Bülow et qu'on ne chercherait à s'étendre à droite
qu'après avoir défait l'ennemi. Conception singulière!
Livrer bataille de front et tourner ensuite l'armée opposée
au moment où elle se dérobe, c'est vouloir jouer la difficulté, c'est surtout méconnaître les préceptes de Schlieffen, le principe de la victoire d'anéantissement par écrasement du flanc. Ce principe, que Moltke représentait
encore comme impératif le 17 août, il est conduit cinq
jours plus tard, de dérogation en dérogation, à le renier
complètement. D'où pouvait provenir ce revirement? On
n'y voit qu'une explication plausible. Moltke, enivré par
les premiers succès remportés à Liége, sur la Gette, en
Lorraine avait acquis la conviction que l'armée allemande
était supérieure à ses adversaires au point de pouvoir
considérer toute précaution, toute manœuvre comme superflue. Il suffirait, comme l'avait fait son oncle à Sedan, de
courir sus à ces mauvaises troupes, de les « attaquer partout
où on les rencontrerait » pour les disperser ou les détruire.

Kluck ne partageait pas cet optimisme. C'était le plus
tenace des hommes. N'ayant pu obtenir gain de cause
chez Moltke, il tenta encore une fois la fortune auprès de
Bülow et lui adressa un officier de son état-major qui fut
reçu, comme celui chargé la veille de la même mission,
par le général von Lauenstein. L'envoyé de la I$^{re}$ armée
exposa la situation telle qu'elle résultait de l'entrée en
ligne des Anglais entre Maubeuge et Mons, puis essaya de
convaincre son interlocuteur de la nécessité de faire obli-
quer l'aile marchante vers la droite. Il n'obtint pas grand
chose. Lauenstein autorisa la I$^{re}$ armée à ne pas investir
complètement les fronts nord-est et nord de Maubeuge,
mais elle devait diriger son corps de gauche sur Givry,
localité située précisément au nord-est du camp retranché.
On ne gagnait pour ainsi dire rien à ce changement de
formule. Il semblait désormais probable que la I$^{re}$ armée
se heurterait uniquement de front à la ligne britannique,
car pour la déborder il eût fallu au moins l'appoint de la
cavalerie de Marwitz et Bülow l'avait aiguillée sur Courtrai,
le dos tourné au champ de bataille.

Tandis qu'au centre et à la droite de la masse allemande
on n'en était resté qu'au prologue, la gauche se trouvait
engagée depuis le matin dans une action générale, dans
l'Ardenne belge, où elle se heurta à l'offensive des 4$^e$ et
3$^e$ armées françaises. Notre attaque n'y eut pas meilleure
fortune qu'en Lorraine. Entachée des mêmes erreurs, elle
échoua de la même manière. Mal éclairés, sans liaison
entre eux, nos corps d'armée se laissèrent surprendre
presque tous; puis, à peine rétablie de sa commotion première, l'infanterie se lança en avant avec précipitation, en
aveugle, peu ou point soutenue par l'artillerie. Elle se
vit rapidement ramenée par les retours offensifs des
Allemands. A la 4$^e$ armée, le C. A. colonial ne put se
retirer qu'au prix de pertes graves en personnel et en

canons. Les unités qui se maintinrent sur leurs positions de combat durent céder dans la nuit au recul qui entraîna l'armée entière derrière le Semoy. A la 3ᵉ armée la portée du mouvement rétrograde fut moins prononcée. La journée ne s'en terminait pas moins par un succès complet des IVᵉ et Vᵉ armées allemandes.

## LA JOURNÉE DU 23 AOUT

Le 23 août devait voir se produire la décision entre la Sambre et la Meuse.

Bülow avait prescrit à la IIᵉ armée de reprendre le mouvement en avant à 8 heures sur toute la ligne et s'était porté de sa personne quelques minutes plus tôt à Auvelais, sur la rive droite de la Sambre. Là, on lui remit l'ordre d'opérations du général Lanrezac, trouvé sur le corps d'un officier français ; il apprit ainsi que toute la 5ᵉ armée lui faisait face et s'apprêtait à le contre-attaquer. Cette révélation est sans doute pour beaucoup dans la circonspection extrême avec laquelle la IIᵉ armée mena le combat. Pendant toute la matinée ses progrès demeurèrent à peu près nuls. A droite le VIIᵉ C. A. ne réussit pas à passer la Sambre entre Merbes-le-Château et Thuin, sauf en un seul point, à Lobbes, d'où il ne put déboucher ; le Xᵉ C. A. R., qui opérait entre Thuin et la route de Charleroi à Philippeville n'avança que lentement à travers les bois qui couvraient la droite du 18ᵉ C. A. et la gauche du 3ᵉ C. A. Le Xᵉ C. A. parvint à atteindre la ligne Biesme-Scry. La IIᵉ D. I. de la Garde réalisa aussi des gains de terrain entre

Fosse et Saint-Gérard[1], mais en présentant son flanc gauche sans protection au 1ᵉʳ C. A., déployé au nord-ouest de Saint-Gérard. Le général Franchet d'Esperey, qui commandait le 1ᵉʳ C. A. se préparait à attaquer l'aile exposée de l'ennemi qu'il débordait complètement; son artillerie était en place, il allait donner le signal de l'offensive lorsqu'il apprit que des troupes saxonnes avaient traversé la Meuse sur ses derrières et occupé le village d'Onhaye. C'était le détachement placé devant Hastière, qui, après avoir combattu presque toute la nuit, s'était rendu maître du passage dans la matinée, avait gagné péniblement deux kilomètres jusqu'à Onhaye et pris cette localité, située sur la route de Dinant à Philippeville.

Le général Franchet d'Esperey suspendit aussitôt l'offensive de son corps d'armée et en détacha les éléments les plus à portée d'intervenir pour reprendre Onhaye. De ce côté, à la droite de la ligne française, la fin de la journée ne fut marquée par aucun autre incident et les deux partis conservèrent à peu près leurs positions. Il n'en fut pas de même au centre, où le Xᵉ C. A. R., utilisant habilement les cheminements de la vallée boisée de l'Heure, s'infiltra entre les 18ᵉ et 3ᵉ C. A., se rabattit sur la gauche de celui-ci et le rejeta vivement dans la direction de Philippeville. Le 3ᵉ C. A. recula de près de six kilomètres et ne se rallia tant bien que mal que dans la soirée aux environs de Walcourt. Ce repli obligea le 18ᵉ C. A. à ramener son aile droite. Les Allemands ne poussèrent que mollement. Pourtant, à la tombée de la nuit, leur ligne s'enfonçait comme un coin au milieu de la nôtre.

Dès lors la situation de la 5ᵉ armée française est devenue fort critique. Son front figure un angle très aigu, dont le

---

1. La Iʳᵉ D. I. de la Garde était restée sur la rive gauche de la Sambre avec le VIIᵉ C. A. R. pour couvrir l'armée contre le front nord-ouest de Namur.

côté gauche s'incurve dangereusement au centre; le côté droit tient encore sur la Meuse, le mouvement des Saxons sur Onhaye ayant été promptement enrayé, mais le sommet, Namur, est sur le point de céder. Gallwitz a enlevé les forts du front septentrional et la division belge qui occupe le camp retranché commence à évacuer la ville et à refluer dans les lignes françaises. D'autre part, le général Lanrezac a appris qu'à sa droite la 4ᵉ armée est en retraite vers le front Mézières-Verdun et qu'à sa gauche le maréchal French a devant lui des forces considérables.

D'offensive il ne saurait plus être question pour la 5ᵉ armée. Se défendre sur place en saillant, entre Sambre et Meuse, n'offre plus aucune chance d'une heureuse issue. Le seul parti à prendre est d'aller se rétablir à l'arrière pendant qu'on en a encore le temps, sur un front rectiligne, homogène, où on sera mieux à même de recevoir le choc. Le général Lanrezac s'y résigne et donne l'ordre à son armée de se retirer pendant la nuit sur la ligne Givet-Maubeuge.

Pendant toute la journée du 23, la IIIᵉ armée s'était épuisée en vains efforts devant la Meuse, où, sauf les quelques bataillons qui s'emparèrent d'Onhaye, les troupes saxonnes furent partout arrêtées. D'ailleurs l'attaque méthodique et montée à loisir, dont Hausen se promettait de si brillants résultats, avait été contrariée dans une certaine mesure par des instructions de Coblence, parvenues un peu après 8 heures.

On se rappelle que le grand quartier général avait été renseigné dès le 17 août sur l'organisation de la défense française le long de la Meuse; il savait que de Namur à Givet étaient alignées des forces relativement sérieuses, tandis qu'au contraire en amont de Givet il n'y avait presque personne. Malgré quoi il ordonnait, le 20 août, à Hausen, d'attaquer entre Namur et Givet. Cette attaque venait de commencer et c'était le moment que choisissait Moltke, avec l'esprit d'à-propos qui caractérisait depuis quelque temps toutes ses décisions, pour « recommander à la IIIe armée de faire passer la Meuse à ses unités disponibles au sud de Givet, afin de couper la retraite à l'ennemi ».

Hausen courut à son aile gauche, où les premières lignes du XIXe C. A. étaient déjà en train de descendre dans les fonds de la Meuse. Il fit appel aux réserves encores rassemblées sur les hauteurs, réunit 10 bataillons, leur adjoignit 9 batteries, 3 escadrons, pour constituer une division de marche, qu'il dirigea aussitôt vers le sud par la rive droite de la Meuse. Privé de ses soutiens, le XIXe C. A. ne put ni élargir sa tête de pont d'Onhaye, ni traverser la vallée sur les autres points d'attaque. Les deux autres corps d'armée saxons, quoique disposant de toutes leurs unités, furent encore moins heureux ; pas une compagnie ne toucha la rive gauche. Cet échec des Saxons s'explique par les difficultés du terrain et aussi par la longueur de leurs préparatifs. L'artillerie n'ouvrit le feu qu'à 6 heures, à cause de la brume ; l'infanterie mit toute la matinée à se déployer. La lenteur de Hausen exaspérait Bülow qui lui répétait à 18 heures son télégramme de la veille : « Prière instante à la IIIe armée de franchir aujourd'hui encore la Meuse ».

De son côté, la 1re armée s'était mise en marche dans la direction dictée par Bülow. L'ordre donné par Kluck portait que les trois corps de tête passeraient la ligne Ath-Roeulx à 8 h 30 et s'empareraient dans la journée des hauteurs situées au sud du canal de Condé à Mons (canal du Centre). Le IIe C. A. se rendrait à la Hamaide, le IVe C. A. R. à Bierghes. Q. G. de l'armée à Soignies à partir de 11 heures.

L'état-major de la I$^{re}$ armée allait quitter Hal pour Soignies à 9 heures 30, lorsqu'il reçut de Marwitz un message rendant compte d'importants débarquements ennemis qui s'effectuaient à Tournai. Kluck préoccupé de son flanc droit, arrêta ses colonnes et demanda des éclaircissements à la cavalerie. La ligne britannique s'étendait-elle jusqu'à Tournai ou s'agissai-il d'autres troupes? En arrivant à Soignies vers 11 heures on trouva la réponse de Marwitz, d'après laquelle le groupe ennemi aperçu à Tournai n'était qu'une brigade territoriale française qu'on avait refoulée vers Lille. La marche de la I$^{re}$ armée reprit aussitôt.

Dans l'après-midi, les trois corps d'armée de première ligne se présentèrent successivement de la gauche à la droite devant le canal du Centre entre Obourg et les abords est de Condé, le IX$^e$ C. A. vers midi d'Obourg à Mons, le III$^e$ C. A. un peu après 13 heures entre Jemappes et Saint-Ghislain, le IV$^e$ beaucoup plus tard à l'ouest de Saint-Ghislain jusqu'à la frontière franco-belge.

Le 2$^e$ C. A. britannique (général Smith Dorrien) tenait le canal entre Condé et Obourg, d'où la droite de sa ligne s'infléchissait en crochet défensif jusqu'à Villers-Saint-Gislain. Le 1$^{er}$ C. A. (général Haig), en échelon refusé à droite, était rassemblé dans les environs de Givry. La cavalerie du général Allenby soutenait la gauche du dispositif à Condé, moins une brigade postée à Binche pour maintenir la liaison avec la gauche de l'armée Lanrezac. A Valenciennes débarquait la 19$^e$ brigade et en avant de la ville se tenait la 84$^e$ division territoriale française[1].

---

1. Cette division avec les 81$^e$, 82$^e$, 88$^e$, constituait un groupement chargé de surveiller la frontière de l'Escaut à Dunkerque, sous les ordres du général d'Amade.

Malgré les obstacles du terrain très coupé et la vigoureuse résistance des troupes britanniques, les IX⁰ et III⁰

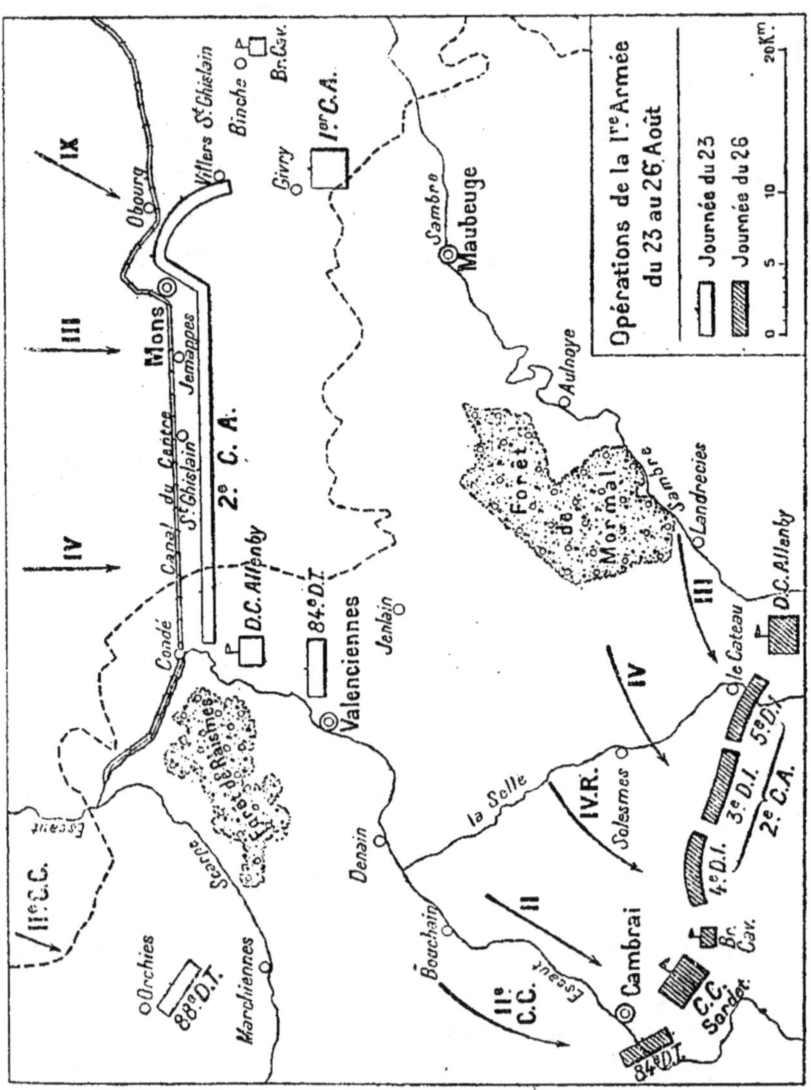


C. A. conquirent les passages du canal avant la nuit;
seul le IV⁰ C. A. n'en eut pas le temps et resta sur la rive
nord. Ainsi la Iʳᵉ armée, comme les autres, s'était heurtée de front à l'ennemi. Aucun mouvement débordant

n'avait pu être exécuté, ni même ébauché ce jour-là par l'aile droite allemande.

Dans la soirée, Bülow, en dépit des progrès sensibles de la II⁰ armée accompli sous ses yeux était loin de se croire vainqueur. Nous avons cité l'appel au secours qu'il expédiait, vers 18 heures, à la III⁰ armée. Peu après il lui envoyait un officier en automobile pour renouveler sa démarche et la persuader d'attaquer le 24 sur Mettet. Enfin un autre message demandait à Kluck l'appui immédiat du IX⁰ C. A. et, pour hâter les choses, Bülow s'adressait directement au commandant de ce corps d'armée, fort empêché de soutenir ses voisins puisque toute son unité se trouvait en plein combat avec les Anglais au sud de Mons.

LA JOURNÉE DU 24 AOUT

Le 24, au matin, la situation s'éclaircit. Entre Meuse et Sambre, l'armée Lanrezac avait disparu; il ne restait qu'à la poursuivre. Le 2⁰ C. A. britannique s'était replié à environ 5 kilomètres au sud du canal sur les hauteurs. Le maréchal French avait prescrit pour la nuit du 24 au 25 un nouveau repli sur une position reconnue à l'avance entre Jenlain (au sud-est de Valenciennes) et Maubeuge; le 1er C. A. à droite, la cavalerie et la 19⁰ brigade à gauche devaient protéger le mouvement rétrograde du 2⁰ C. A.

De son côté, Kluck, furieux de ne pas avoir trouvé le flanc de l'ennemi dans la journée du 23, prétendait réussir mieux le lendemain. Les seules unités encore en mesure de servir son dessein étaient le corps de cavalerie Marwitz et le II⁰ C. A., parvenu dans la soirée à la Hamaide, localité située à 25 kilomètres du champ de bataille; quant au IV⁰ C. A. R. il était à Bierghes, trop loin pour agir; on avait même, sur l'ordre de Moltke, dû faire rebrousser chemin à une de ses brigades destinée à former la garnison de Bruxelles. Kluck déploya son énergie habituelle afin de ne pas laisser échapper la dernière chance qui lui restait d'envelopper l'aile gauche de l'adversaire. A force d'insistance, il obtint du commandement suprême que le corps de cavalerie Marwitz fût placé sous ses ordres et le dirigea aussitôt sur Denain. Il fit serrer le II⁰ C. A. sur Condé par une marche de nuit et prescrivit la reprise de l'offensive le long du canal du Centre pour le 24 à 5 heures; le IV⁰ C. A. R. devait se porter de Bierghes à Ligne en réserve générale. Kluck espérait, grâce à ces dispositions, couper la retraite de l'armée britannique et la refouler sur Maubeuge, comme Alvensleben avait refoulé Bazaine sur Metz le 16 août 1870.

Il échoua. Les arrière-gardes de Smith Dorrien, appuyées par Haig et Allenby, opérèrent aisément leur repli. French, qui avait deviné l'intention de l'ennemi, s'écarta de Maubeuge et orienta ses colonnes vers le sud-ouest avant que la pression du II⁰ C. A. allemand eût pu se faire sentir. Marwitz, retardé à Orchies par les territoriaux du général d'Amade, ne dépassa pas Marchiennes. Dans la soirée du 24, l'armée britannique s'était soustraite, momentanément du moins, à l'étreinte qui la menaçait.

Les II⁰ et III⁰ armées avaient suivi les troupes du général Lanrezac d'assez loin, la II⁰ jusqu'à la hauteur de Beaumont, la III⁰ jusqu'à Florennes et Rosée. Plus à l'est, la IV⁰ armée eut à combattre, entre Semoy et Meuse, les arrière-gardes de la 4⁰ armée française et les refoula. La gauche de la 3⁰ armée française se conforma au mouvement de la 4<sup>e</sup> ; son centre s'établit au sud de Longuyon. En Woëvre, les divisions de réserve du général Pol Durand (54<sup>e</sup>, 55<sup>e</sup>, 56<sup>e</sup> D. R.), opérant à droite de la 3<sup>e</sup> armée, remportèrent un avantage marqué sur une division de réserve et des unités de landwehr, qui, de Metz s'étaient imprudemment aventurées et dont l'ordre d'opérations avait été pris par une de nos reconnaissances de cavalerie. Ces forces allemandes, destinées à couvrir la gauche et les derrières de la V<sup>e</sup> armée, se virent attaquées à l'improviste en tête et en flanc, près d'Etain. Elles furent rejetées en désordre vers le nord dans la soirée du 24 et poursuivies vigoureusement le lendemain, mais ce succès local et tardif de nos armes ne pouvait plus exercer aucune influence sur l'ensemble des événements.

La bataille de Belgique finissait le 24 août comme celle de Lorraine le 20. Les Alliés reculaient sur toute la ligne de combat de Longwy à Condé ; les Allemands envahissaient notre territoire à la poursuite de leurs adversaires défaits. Mais, de même qu'en Lorraine nos armées n'avaient pas été broyées entre les branches d'une tenaille, de même en Belgique notre aile gauche ne s'était pas vue prise de flanc, écrasée, ses débris rejetés sur le centre. Nos troupes rétrogradaient avec des pertes sérieuses, mais en ordre, malgré la déception cruelle et la fatigue qui les éprouvaient. La bataille d'anéantissement, le nouveau Cannes n'avait pas eu lieu.

On a si souvent répété, depuis 1914, que le plan de campagne allemand a échoué sur la Marne qu'on a fini par le croire. On se trompe. C'est en Lorraine et en Belgique, du 20 au 24 août qu'il s'est effondré. Le plus grave pour Moltke était qu'il ne s'en doutait pas et se figurait avoir brisé définitivement notre résistance.

# CHAPITRE VIII

# MESURES PRISES APRÈS LA BATAILLE DE BELGIQUE

### PRÉLÈVEMENT D'UNITÉS SUR LE FRONT OCCIDENTAL

Qu'il me soit permis de rappeler ici un souvenir personnel.

Le 22 août, j'appartenais à l'unité de gauche du 6e corps, qui s'engageait pour la première fois contre l'ennemi devant Longwy. Débordés dans l'après-midi sur notre flanc droit, où la liaison avait été perdue avec le reste de notre division, nous reculions, non sans éprouver des pertes sérieuses, pour nous rétablir plus au sud en reprenant le contact avec nos voisins. Les Allemands ne nous suivant pas, le combat cessa un peu avant la chute du jour.

Je fus envoyé alors sur le terrain que l'on venait de quitter afin de rechercher certains éléments dont nous n'avions plus de nouvelles. Ma mission accomplie, je revenais par la zone vide qui s'était créée entre les deux armées. Jamais je n'oublierai l'impression que produisait ce champ de bataille éclairé encore par les derniers rayons du soleil. Après le fracas de la journée, un calme absolu y régnait. Le canon s'était tu; à peine percevait-on l'écho d'une fusillade lointaine; rien ne bougeait. En sortant d'un village, on voyait une de nos batteries, abandonnée, ses pièces alignées en position de tir, le corps d'un officier gisant en travers de la crosse de l'une d'elles. Çà et là des cadavres d'artilleurs et de fantassins. Dans un chemin creux, une grappe compacte de morts, surpris par une rafale de 150. Sur la route de Longwy à Longuyon, des équipages brisés, des chevaux tués, une motocyclette en miettes à côté du cadavre d'un médecin-major, le crâne ouvert; puis des équipements, quelques fusils, une file de sacs, non pas jetés au hasard, mais rangés soigneusement, comme pour la halte horaire. Au-delà de la route, encore des canons, du 5ᵉ corps ceux-là, à côté d'un tas de pelles et de pioches toutes neuves. C'était la cruelle image de la défaite. J'en ressentais sur le moment moins de tristesse que de rage en songeant à la joie des Allemands quand ils passeraient le lendemain devant ces témoignages matériels de leur victoire.

Un temps de galop me fit rejoindre nos troupes qui s'étaient formées en colonne pour gagner les points de bivouac désignés. Elles marchaient dans le meilleur ordre. Les rangs de l'infanterie étaient éclaircis sans doute, mais chacun s'y tenait à sa place et montait allègrement la forte côte donnant accès au plateau de Revêmont. Nulle part on n'observait le morne silence qui pèse sur les armées battues. Au contraire, les hommes causaient avec animation, presque gaiement des péripéties de la bataille; ils étaient contents de se retrouver, de se sentir les uns près des autres après les épreuves et les dangers de cette rude journée.

Je longeai ensuite l'artillerie. Elle révélait un état d'esprit différent, déception, colère même de n'avoir pas trouvé d'objectifs, de s'être vue prise sous le tir des obusiers à grande portée avant d'avoir pu ouvrir le feu. Les servants de la batterie perdue, à pied, devançaient le régiment, se relayant pour porter les culasses et les appareils de pointage enlevés aux pièces. Chez eux, comme chez les fantassins, aucun signe de découragement.

Quel contraste entre les deux scènes qui venaient de se dérouler successivement sous mes yeux! Après les vues de mort, de destruction, quel réconfort apporté par cette puissance vivante et moralement intacte! Ma pensée se reportait vers l'ennemi. Lui ne verrait que le premier tableau. Il allait être convaincu, me disais-je, de notre déroute complète, de notre incapacité à remonter le courant.

Ce spectacle qui s'offrit aux vainqueurs de Longwy dans la matinée du 23 août, leurs camarades des autres armées allemandes le goûtèrent au moins autant qu'eux dans les Ardennes et jusqu'à l'Escaut, ce jour-là ou les jours suivants. Sur l'immense front de combat ce fut un enthousiasme délirant, qui trouva aussitôt son expression dans les comptes rendus adressés à Coblence. On n'y fournissait, il est vrai, aucun renseignement précis, sauf la IIe armée, qui seule énuméra le total de ses prises : 4.000 hommes, 35 canons, 57 mitrailleuses, 50 voitures. C'est en somme fort peu de chose quand on vise l'anéantissement de l'ennemi. Au lieu de considérer froidement ces chiffres et d'en tirer la conclusion qu'ils comportaient, le grand quartier général se laissa entraîner par le ton triomphant des messages qui lui arrivaient de toutes parts. Le chef de la section des opérations, Tappen, en a fait la confession : « Les « nouvelles extrêmement satisfaisantes qui nous parvinrent « quotidiennement jusqu'au 26 août, dit-il, s'ajoutant à la

« grande victoire remportée par les VI$^e$ et VII$^e$ armées en
« Lorraine du 20 au 23 août, firent naître au grand quar-
« tier général la conviction que la grande bataille décisive
« d'Occident était terminée en notre faveur ».

Ces succès arrivèrent à propos, car la situation sur le
front russe causait de vives inquiétudes. La VIII$^e$ armée
allemande, opérant en Prusse Orientale sous les ordres du
général von Prittwitz, avait devant elle l'armée russe du
Niémen (général Rennenkampf) et sur son flanc droit celle
de la Narew (général Samsonof). Une première affaire,
dans la région de Gumbinnen, avait tourné au désavantage
des Allemands, qui durent rétrograder en laissant
quelques canons sur le terrain. Prittwitz, perdant la tête,
ne parlait de rien moins que de se replier sans combattre
derrière la Vistule. Le 22 août, on le remplaça par Hindenburg.

En recevant, en 1906, le plan de campagne des mains de
Schlieffen, Moltke n'avait pu se résoudre, comme lui, à
abandonner les pays annexés, mais il paraissait alors
résigné à sacrifier la Prusse orientale. Se croyant maintenant vainqueur sur le front occidental, il ne put supporter l'idée de laisser les provinces de l'est insuffisamment défendues. Il se prépara à y envoyer six corps
d'armée et une division de cavalerie, prélevés sur les
armées opérant en France, en prenant deux corps d'armée
à l'aile gauche, deux au centre, deux à l'aile droite. Ces
derniers étaient les plus faciles à dégager ; le C. A. R. de
la Garde et le XI$^e$ C. A. venaient en effet, le 25 août,
d'achever à peu de frais la conquête de Namur et se trouvaient très en arrière du front ; ils pouvaient ainsi faire
demi-tour sans apporter la moindre perturbation dans la
marche des armées auxquelles ils appartenaient.

Le 26 août, un peu après 3 heures, les II$^e$ et III$^e$ armées
recevaient l'ordre de faire rebrousser chemin à ces deux

corps et de les diriger par étapes respectivement sur Aix-la-Chapelle et Saint-Vith, où ils devaient s'embarquer. Des instructions analogues étaient destinées aux armées du centre et de l'aile gauche.

Entre temps, on recevait au grand quartier général des nouvelles de Lorraine, faites pour inspirer des doutes sur la déconfiture totale de l'ennemi, telle qu'on se la représentait depuis deux jours.

Du 21 au 24 août, les VI° et VII° armées avaient marché vers le sud sans trouver d'autre résistance que celle opposée momentanément par les arrière-gardes françaises. Le 21, les Allemands avaient franchi la frontière ; le lendemain leur XXI° C. A. s'était emparé de Lunéville, puis avait passé la Meurthe. Le Donon était tombé ; on prenait l'un après l'autre les cols des Vosges. Le 24, le centre allemand poussait jusqu'au delà de la Mortagne, s'avançant en pointe vers la trouée de Charmes.

Dans l'après-midi du 24, une attaque française débouche brusquement du Grand Couronné ; les flanc-gardes bavaroises se voient délogées d'Erbéviller, de Réméréville, de Courbessaux par la 70° D. R. et les deux brigades du 9° C. A. restées en Lorraine. Plus au sud, notre 20° C. A. reprend pied sur les hauteurs de Flainval. Le lendemain, 25 août, tout le III° C. A. Bavarois fait face à droite pour s'opposer à cette agression inattendue. Il réussit à l'enrayer après des combats acharnés et à reconquérir la plus grande partie du terrain perdu. Mais sur la rive gauche de la Mortagne, après un premier avantage remporté sur notre 8° C. A., la situation ne tarde pas à se gâter pour le centre allemand, qui se trouve très en flèche. Contenu en tête par la cavalerie française et le 8° C. A. qui fait front de nouveau, attaqué sur sa droite par les 16° et 15° C. A. entre le ruisseau de l'Euron et la Meurthe, il s'arrête, puis commence à plier.

Le 26, l'échec allemand s'accentue devant tout le front de notre 2ᵉ armée. La droite évacue de nouveau Réméréville et Courbessaux. Maixe et la forêt de Vitrimont tombent entre nos mains. Toute la rive gauche de la Mortagne est évacuée. L'élan de la VIᵉ armée est brisé. La trouée de Charmes, menacée le 24, se trouve complètement dégagée. Peu importe que la VIIᵉ armée continue à progresser dans les Vosges ; il est désormais évident qu'elle sera incapable, livrée à ses seules forces, de rompre notre résistance, étayée par le camp retranché d'Epinal.

Ainsi l'espérance que le grand quartier général avait placée dans son groupe de gauche ne se réalise pas. Toutes les ressources des armées de Lorraine leur sont nécessaires pour continuer la lutte et ne pas perdre pied. Moltke en est avisé au moment où il reçoit un message rassurant d'Hindenburg. Dès le 26, celui-ci lui annonce qu'il croit tenir à sa merci l'armée de Samsonof et le lendemain qu'il a déjà culbuté la gauche russe et que sa manœuvre se développe dans les meilleures conditions.

C'est sous cette impression que Moltke décide, le 27 août, de réduire les prélèvements sur le front occidental. En outre de la division de cavalerie saxonne, seuls le C. A. R. de la Garde, le XIᵉ C. A. — déjà revenus à hauteur de Huy — et le Vᵉ C. A. (de la Vᵉ armée), dirigé sur le point d'embarquement de Thionville, doivent continuer leurs mouvements vers l'est [1].

---

1. Peu après, lorsqu'on apprit toute l'étendue de l'écrasante victoire de Tannenberg, le Vᵉ C. A. reçut contre-ordre et fut rendu à la Vᵉ armée.

## L'INSTRUCTION GÉNÉRALE DU 27 AOUT

Le 27 août, une instruction générale pour toutes les armées opérant en France est rédigée à Coblence. C'est la première depuis celle du 20 août. Après la grande bataille de Belgique, les exécutants sont restés sans ordres pendant trois jours et ont continué à opérer pour leur propre compte. Le grand quartier général a estimé sans doute que cela valait compensation et leur adresse l'interminable document que voici :

« Les forces adverses, réparties en trois groupes, ont tenté de faire échouer l'offensive allemande. A l'aile nord, devant nos I^{re}, II^e et III^e armées, soutenues par l'armée anglaise et une partie de l'armée belge, elles ont observé une attitude généralement défensive entre Maubeuge, Namur et Dinant. Leur projet de déborder l'aile droite allemande a été déjoué grâce au mouvement à grande envergure de notre I^{re} armée.

Entre Mézières et Verdun a opéré le groupe central de l'ennemi. Son aile gauche a pris l'offensive et a marché au devant de notre IV^e armée après avoir franchi la Semoy. Après l'échec de cette offensive, le groupe central a essayé, par une attaque lancée de Verdun, de couper de Metz l'aile gauche de notre V^e armée. Cette tentative a aussi échoué.

Un troisième groupe important s'est efforcé de pénétrer en Lorraine et dans la haute vallée du Rhin, pour atteindre, en passant au nord et au sud de Strasbourg, le Rhin et le cours inférieur du Mein. Nos VI^e et VII^e armées ont réussi, après de durs combats, à repousser l'adversaire.

Tous les corps d'armée actifs français, y compris les 44e et 45e D. I. de nouvelle formation [1], ont déjà été engagés et ont subi des pertes appréciables. La majorité des divisions de réserve a aussi combattu et est très éprouvée. On ne peut encore se rendre compte du degré de résistance actuelle de l'armée anglo-française. L'armée belge est désorganisée et ne saurait songer à prendre l'offensive en rase campagne. Il peut y avoir une centaine de mille hommes de troupes de campagne et de forteresse à Anvers, fortement éprouvés et peu capables d'entreprises offensives.

Les Français se trouvent — au moins en ce qui concerne les groupes du nord et du centre — en pleine retraite dans la direction du sud-ouest et de l'ouest, c'est-à-dire sur Paris. Il est à prévoir qu'en cours de route, ils opposeront de nouveau une résistance acharnée. Toutes les nouvelles provenant de France confirment qu'on combat pour gagner du temps, pour fixer la plus grande partie des forces allemandes sur le front français afin de faciliter une offensive des Russes.

Les groupes du nord et du centre des Anglo-Français peuvent, après la perte de la ligne de la Meuse, opposer une nouvelle résistance derrière l'Aisne, avec l'extrême gauche poussée peut-être en avant jusqu'à Saint-Quentin, la Fère, Laon, l'aile droite à l'ouest de l'Argonne vers Sainte-Ménehould. La ligne suivante serait probablement celle de la Marne, le flanc gauche appuyé à Paris. Il est aussi possible que des forces se concentrent sur le cours inférieur de la Seine. La situation de l'aile sud est encore imprécise. Il n'est pas impossible que l'adversaire, afin de soulager son aile nord et son centre, reprenne l'offensive en Lorraine. Si cette aile du dispositif français recule, elle

---

1. Cette affirmation est inexacte en ce qui concerne la 45e D. I., formée à Oran, et qui ne devait paraître sur le front qu'à la bataille de la Marne.

entreprendra constamment, en s'appuyant au triangle fortifié Langres, Dijon, Besançon, de déborder les armées allemandes par le sud ou de préparer des forces pour une nouvelle offensive.

Il y a lieu de compter avec de nouvelles formations et la reconstitution des unités existantes de l'armée française. Si elle ne dispose pour le moment, en dehors de faibles dépôts, que du contingent de recrues de cette année, il faut cependant admettre qu'elle fera appel à la prochaine classe et se renforcera de toutes les unités disponibles de l'Afrique du Nord et de troupes de marine. La formation de bandes de francs-tireurs sera sans doute bientôt prescrite par le gouvernement français.

L'Angleterre s'évertue aussi avec ardeur à constituer une nouvelle armée de volontaires et de territoriaux. Il est vrai qu'on ne peut envisager son intervention avant quatre ou six mois.

Il importe, par la marche rapide de l'armée allemande sur Paris, de ne pas laisser de répit à l'armée française, d'empêcher la constitution de formations nouvelles et d'enlever au pays le plus possible de moyens de combattre.

La Belgique va devenir un gouvernement général, soumis à l'administration allemande. Elle servira de zone de l'arrière pour le ravitaillement des Ire, IIe et IIIe armées ; la ligne de communications de notre aile droite sera ainsi notablement raccourcie.

Sa Majesté prescrit la marche de l'armée allemande dans la direction de Paris.

La Ire armée [1], à laquelle le IIe C. C. est subordonné, marchera à l'ouest de l'Oise vers le cours inférieur de la Seine. Elle devra être prête à intervenir dans les combats

_______

1. Le grand quartier général avait fait connaître le 27 août, dans la matinée, que la Ire armée n'était plus sous les ordres de la IIe.

que livrera la II<sup>e</sup> armée. Elle sera chargée en outre de la protection du flanc de l'ensemble de la ligne. Elle devra empêcher la constitution de nouvelles formations adverses dans sa zone d'opérations. Les unités laissées devant Anvers (III<sup>e</sup> et IX<sup>e</sup> C. A. R.) relèveront directement du commandement suprême. Le IV<sup>e</sup> C. A. R. est remis à la disposition de l'armée.

La II<sup>e</sup> armée, à laquelle le I<sup>er</sup> C. C. est subordonné, marchera sur Paris par la ligne la Fère-Laon. Elle est chargée d'investir et de prendre Maubeuge, puis la Fère ainsi que Laon, cette dernière place de concert avec la III<sup>e</sup> armée. Le I<sup>er</sup> C. C. reconnaîtra le terrain devant le front de marche des II<sup>e</sup> et III<sup>e</sup> armées et fournira des renseignements à celle-ci.

La III<sup>e</sup> armée poursuivra sa marche par la ligne Laon-Guignicourt, à l'ouest de Neufchâtel, sur Château-Thierry. Elle s'emparera d'Hirson ainsi que de Laon et du fort de Condé de concert avec la II<sup>e</sup> armée. Le I<sup>er</sup> C. C., qui opère devant les fronts de marche des II<sup>e</sup> et III<sup>e</sup> armées, fournira des renseignements à celle-ci.

La IV<sup>e</sup> armée marchera par Reims sur Épernay. Le IV<sup>e</sup> C. C., subordonné à la V<sup>e</sup> armée, fournira aussi des renseignements à la IV<sup>e</sup> armée. Le matériel de siège nécessaire à la prise de Reims sera mis en temps utile à la disposition de l'armée. Le VI<sup>e</sup> C. A. est rattaché à la V<sup>e</sup> armée.

La V<sup>e</sup> armée, à laquelle le VI<sup>e</sup> C. A. est rattaché, se dirigera vers la ligne Châlons-sur-Marne, Vitry-le-François. Elle s'échelonnera en arrière et à gauche pour couvrir le flanc du dispositif général, jusqu'au moment où la VI<sup>e</sup> armée, parvenue à l'est de la Meuse, pourra s'en charger. Le IV<sup>e</sup> C. C. reste subordonné à la V<sup>e</sup> armée; il devra reconnaître le terrain devant le front de marche des IV<sup>e</sup> et V<sup>e</sup> armées et fournir des renseignements à la

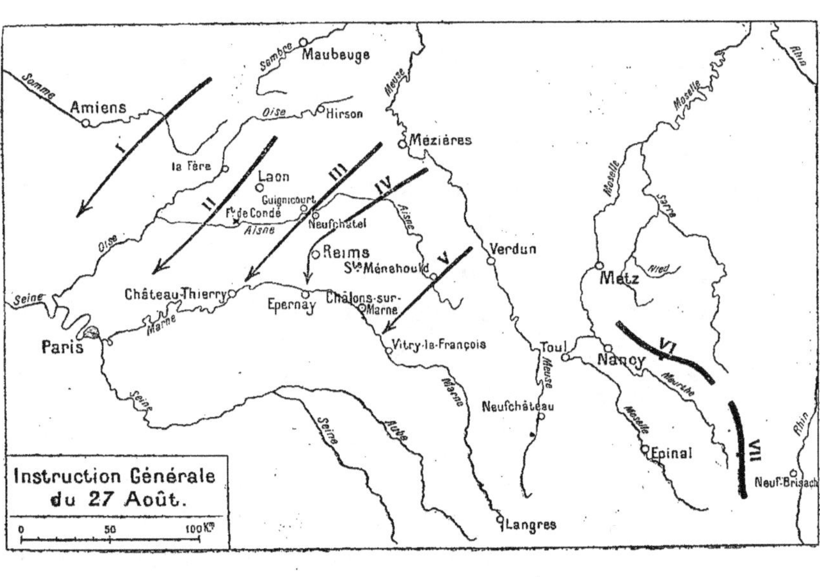
Somme
Amiens
I
Maubeuge
Sambre
Oise
Hirson
Mézières
Meuse
Moselle
Moselle
Rhin
la Fère
Laon
Guignicourt
F. de Condé
Aisne
Neufchâtel
II
III
IV
Aisne
Verdun
Moselle
Sarre
Nied
Reims
Ste-Ménehould
V
Metz
Oise
Seine
Château-Thierry
Marne
Epernay
Châlons-sur-Marne
Paris
Vitry-le-François
Toul
Meuse
Nancy
VI
Meurthe
Seine
Aisne
Marne
Neufchâteau
Moselle
Rhin
Epinal
VII
Langres
Neuf-Brisach
Instruction Générale
du 27 Août.
0    50    100 Km

IV<sup>e</sup> armée. On investira Verdun. En outre des cinq brigades de landwehr de la position de la Nied, les X<sup>e</sup> et VIII<sup>e</sup> divisions d'ersatz seront rattachées à la V<sup>e</sup> armée, dès que la VI<sup>e</sup> armée n'en aura plus besoin.

Les VI<sup>e</sup> et VII<sup>e</sup> armées, ainsi que le III<sup>e</sup> C. C., tout en conservant le contact avec Metz, auront pour première mission d'empêcher que l'adversaire ne pénètre en Lorraine et en Haute-Alsace. La place de Metz est mise sous les ordres de la VI<sup>e</sup> armée. Si l'adversaire se retire, la VI<sup>e</sup> armée franchira, avec le III<sup>e</sup> C. C., qui lui est subordonné, la Moselle entre Toul et Épinal, dans la direction générale de Neufchâteau. Elle sera alors chargée de la protection du flanc gauche du dispositif. On investira Nancy et Toul; on masquera Épinal avec des forces suffisantes. Dans ce cas la VI<sup>e</sup> armée sera renforcée par une partie de la VII<sup>e</sup> (XIV<sup>e</sup>, XV<sup>e</sup> C. A. et une division d'ersatz), mais passera les X<sup>e</sup> et VIII<sup>e</sup> divisions d'ersatz à la V<sup>e</sup> armée. La VII<sup>e</sup> armée deviendra alors indépendante.

La VII<sup>e</sup> armée reste provisoirement subordonnée à la VI<sup>e</sup>. Si celle-ci franchit la Moselle, la VII<sup>e</sup> armée deviendra indépendante. La forteresse de Strasbourg et les places du Haut-Rhin avec leurs garnisons restent sous ses ordres. L'armée interdira alors à l'ennemi toute irruption entre Épinal et la frontière suisse. Il lui est recommandé de fortifier solidement le terrain devant Épinal, dans la montagne et dans la vallée du Rhin jusqu'à Neuf-Brisach, ainsi que de masser la plus grande partie de ses forces derrière son aile droite. Les XIV<sup>e</sup>, XV<sup>e</sup> C. A. et une division d'ersatz passeront alors à la VI<sup>e</sup> armée.

Toutes les armées devront opérer d'accord et se soutenir réciproquement au cours des combats qu'elles auront à livrer devant les lignes successives qu'occupera l'ennemi. Il y aura peut-être lieu pour les armées de changer de direction du sud-ouest au sud, si elles se heurtent à une résistance sérieuse sur l'Aisne et ensuite sur la Marne.

Il est de toute urgence d'entamer au plus tôt la marche en avant, afin de ne pas laisser aux Français le temps de se regrouper et d'opposer une solide résistance. Les armées rendront compte du moment où elles seront en mesure de commencer leur mouvement. »

Ce qui frappe d'abord dans cette longue élucubration, c'est la confiance extrême qui l'anime. Le commandement suprême y montre clairement le peu de cas qu'il fait de l'armée française. Il semble persuadé qu'elle est devenue incapable de tenir en rase campagne, qu'elle ne peut plus que s'accrocher passagèrement aux lignes de défense naturelles et aux places fortes. Il parle bien de résistance acharnée sur l'Aisne et la Marne, mais ajoute que c'est uniquement pour gagner du temps et permettre à l'offensive russe de se produire. Donc, par elles-mêmes, les troupes françaises n'ont pour ainsi dire plus aucune valeur. Les avertissements du 24 août en Woëvre et du 25 en Lorraine paraissent n'avoir produit aucune impression sur le chef des armées allemandes. Aussi son instruction est-elle un ordre de poursuite et de poursuite d'un ennemi en déroute. En marchant vite on l'empêchera de se reconstituer et de se renforcer ; toute autre précaution est superflue.

On n'est pas moins surpris des contradictions que l'on relève dans l'instruction du 27 août au sujet de la direction de marche des armées. Moltke prescrit d'abord très nettement celle du sud-ouest, puis, comme s'il regrettait de s'être montré trop catégorique, il dit un peu plus loin : « Il y aura peut-être lieu pour les armées de changer de direction du sud-ouest au sud, si elles se heurtent à une résistance sérieuse sur l'Aisne et ensuite sur la Marne. » Cette phrase détruit ou du moins affaiblit l'idée primitive et ne peut que jeter le trouble dans l'esprit des exécutants. Elle n'était pas faite en tous cas pour leur donner l'impression que Moltke désirait reprendre fermement en main la conduite des opérations qu'il avait volontairement abandonnée à la veille de la bataille de Belgique. Le sens de la discipline allait fatalement s'émousser chez eux en présence de cette autorité défaillante et incapable de se ressaisir.

Troisième remarque. Moltke affirme expressément dans son instruction que la gauche et le centre des Alliés se retiraient sur Paris. Rien, cependant, ne l'indiquait et, en fait, c'était inexact. D'autre part, nous voyons que la I$^{re}$ armée reçoit l'ordre de marcher vers la basse Seine. On retrouve là un souvenir des projets formulés autrefois par Schlieffen. Celui-ci, en effet, dans l'hypothèse où les Français, n'acceptant pas la bataille à la frontière, se repliaient derrière l'Aisne et le cours inférieur de l'Oise en appuyant leur aile gauche à la capitale, voulait déborder leur ligne en contournant le camp retranché de Paris par l'ouest et le sud, puis déboucher sur leurs derrières par Melun et Auxerre. On est amené à se demander si Moltke, ayant constaté qu'il n'avait pas réussi à exécuter le plan de son prédécesseur en enveloppant notre aile gauche à la première rencontre, ne désirait pas maintenant se « repêcher » en appliquant la recette de Schlieffen pour la suite des opérations et si, tout à cette pensée, il n'assignait pas de sa propre autorité aux Français la direction de repli qui convenait le mieux à cette solution. Les phénomènes d'auto-suggestion de ce genre sont fréquents à la guerre.

Quoiqu'il en soit, la mise en œuvre des dispositions conseillées jadis par Schlieffen n'était pas possible dans les circonstances où se trouvait Moltke, parce que les effectifs de sa masse principale et surtout de son aile droite n'y suffisaient plus. Schlieffen, on s'en souvient, confiait la manœuvre autour de Paris à une armée forte de sept corps ; celle de Kluck n'en comptait que cinq. En outre, pour masquer pendant la marche de ces sept corps les fronts ouest et sud du camp retranché devant lesquels ils devaient défiler, le plan de 1905 recourait à toutes les unités d'ersatz disponibles, unités qui jusque-là auraient suivi les corps de première ligne de l'aile droite. Mais où était l'ersatz présentement? Moltke en avait envoyé une partie à la frontière russe et tout le reste à sa gauche, en Alsace-Lorraine. Enfin il venait de s'affaiblir, le 26, et précisément à son aile droite du C. A. R. de la Garde et du XI<sup>e</sup> C. A. au profit d'Hindenburg. De toutes les fautes qu'avait accumulées depuis l'entrée en campagne le commandement suprême aucune n'était plus lourde ni plus grosse de conséquences que celle-là.

Dans ces conditions, la manœuvre par l'ouest de Paris devenait impraticable, à moins soit d'étirer la ligne entière à tel point qu'elle risquait d'être crevée par l'ennemi du premier choc s'il reprenait l'offensive, soit d'abandonner le pivot de Metz-Thionville sur lequel s'était appuyé le mouvement de conversion générale. Moltke choisissait ce dernier parti, mais il le conduisait à imposer à l'armée de gauche, la V<sup>e</sup>, une tâche au-dessus de ses forces. Elle devait, en même temps, porter son gros sur la Marne, de Châlons à Vitry-le-François, échelonner des unités depuis ce point jusqu'à Verdun et enfin investir ce camp retranché, le plus important, le mieux défendu de tous ceux que nous possédions. Même avec l'appoint de 3 corps d'armée, de 2 divisions d'ersatz et de 5 brigades de landwehr, la V<sup>e</sup> armée ne pourrait évidemment s'acquitter de ces obligations surhumaines, à moins que l'ennemi ne la regardât faire sans bouger. Il n'en était pas encore là.

Les événements allaient bientôt se charger d'annuler automatiquement le programme du 27 août.

Alors qu'il fallut près de trois jours à Moltke pour produire une instruction inexécutable, son adversaire, en moins de 24 heures, en avait mis une sur pied qui répondait parfaitement aux exigences de la situation fâcheuse où se trouvaient les Alliés. Le général Joffre s'était rendu compte de la gravité du péril auquel son aile gauche venait de se dérober par une prompte retraite, mais qui allait la menacer de nouveau dès que l'ennemi reprendrait le contact. Il ne pouvait y avoir de salut que dans le renforcement de cette aile gauche par des troupes prises à la droite de la ligne de bataille. Si on parvenait à transporter ces troupes au bon endroit en temps utile et en nombre suffisant, il serait possible, non seulement de parer au mouvement enveloppant des Allemands, mais encore de les envelopper eux-mêmes. Mais pour y réussir, il était indispensable de maintenir la cohésion du front pendant que s'exécutaient ces mouvements de rocade derrière lui. Il fallait donc exécuter un large repli tout en conservant la liaison des armées entre elles, la 3ᵉ armée restant appuyée à Verdun, devenu le pivot de la manœuvre. Ainsi notre ligne allait se déplacer ves le sud, non vers le sud-ouest et l'ouest comme le disait Moltke à ses lieutenants.

Voici d'ailleurs la première partie de l'instruction du général Joffre : « La manœuvre offensive projetée n'ayant pas pu être exécutée, les opérations ultérieures seront réglées de manière à reconstituer à notre gauche, par la jonction des 4ᵉ et 5ᵉ armées, de l'armée anglaise et de forces nouvelles prélevées dans la région de l'Est, une masse capable de reprendre l'offensive pendant que les autres armées contiendront, le temps nécessaire, les efforts de l'ennemi. »

Cette instruction est du 25 août, celle de Moltke du 27. La compraison de ces deux documents n'est certes pas a l'avantage du haut commandement allemand.

———

# CHAPITRE IX

# DE LA SAMBRE A L'AISNE

———

## LES OPÉRATIONS JUSQU'AU 28 AOUT

Il nous faut maintenant revenir de quelques jours en arrière et examiner les opérations à partir du 25 août.

Les commandants d'armée n'avaient pas attendu d'ordres de Moltke pour continuer leur action offensive à la poursuite de l'ennemi. Faute d'instructions chacun s'y employa suivant son tempérament et en s'inspirant de la situation particulière où il se trouvait.

A gauche, la V⁰ armée, sous l'impression du coup de boutoir que nous lui donnions en Woëvre, arrêta d'abord tout mouvement en avant. Le contact fut perdu avec la 3ᵉ armée française, à tel point que celle-ci put se replier le 25 août en plein jour vers la Meuse sans être aucunement inquiétée. Presque en même temps nos divisions de réserve qui attaquaient en Woëvre reçurent l'ordre de rompre le combat. Le général Maunoury[1], qui les commandait, devait constituer dans le plus bref délai sur la Somme une nouvelle armée, la 6e; deux de ces divisions, les 55e et 56e D. R., désignées pour en faire partie, avaient l'ordre de se diriger aussitôt sur leurs gares d'embarquement. Quoique voyant ainsi son front entièrement dégagé, la Ve armée n'avança qu'avec la plus grande lenteur, laissant à nos troupes le temps de s'installer derrière la Meuse, où certaines d'entre elles restèrent jusqu'au 29 août avant de recevoir le premier projectile allemand.

La IVe armée agit plus vigoureusement. Dès le 26, elle abordait la Meuse en aval de Stenay, jusqu'au delà de Sedan et forçait le passage d'abord à Donchery, puis sur plusieurs autres points. Elle se vit contre-attaquée sur la rive gauche par notre 4e armée; pendant plusieurs jours son aile droite fut immobilisée et son aile gauche dut même être ramenée en arrière.

La IIIe armée, marchant vers le sud, ne rencontra d'abord aucune résistance; le 26, ses avant-gardes étaient au sud de Rocroi et trouvaient devant elles les avant-postes du 9e C. A., porté dans la vallée de la Sormonne par la 4e armée, dont il devait couvrir le flanc gauche[2]. La division de marche constituée par Hausen le 24 août au matin pour couper la retraite de l'armée Lanrezac en débouchant par Fumay, était partie sans équipage de pont; elle erra long-temps dans les bois de la rive droite de la Meuse sans trouver de passage et dut attendre que le XIXe C. A. lui envoyât les moyens de franchir le fleuve. Elle ne rallia le

---

1. Le général Maunoury venait de recevoir le commandement de plusieurs divisions de réserve dans la région de Verdun, groupées sous le nom d'Armée de Lorraine. Le groupe du général Pol Durand en faisait partie.

2. Le 9e C. A. qui avait laissé deux brigades en Lorraine avait constitué une division provisoire avec les deux autres; la division du Maroc le complétait.

reste de l'armée sur la rive gauche que le 27, ayant complètement échoué dans sa mission. D'autre part, le 26 août, on détacha une division entière du XII<sup>e</sup> C. A. R. pour investir la vieille place de Givet. Le 28 août, la III<sup>e</sup> armée, réduite à deux corps d'armée et demi, après avoir refoulé les avant-postes du 9<sup>e</sup> C. A. au delà de la Sormonne, était en marche dans la direction générale de Launois, lorsqu'elle se vit violemment attaquée par le gros de notre 9<sup>e</sup> C. A. dans la région de Signy-l'Abbaye.

A l'aile droite, Bülow s'était enfin aperçu de l'erreur qu'il avait commise en attirant vers le sud la I<sup>re</sup> armée, grâce à quoi la gauche alliée prise à partie de front seulement s'était dégagée à temps. Il espérait pouvoir la gagner encore de vitesse en obliquant vers le sud-ouest, non seulement avec la I<sup>re</sup> armée, mais encore avec la II<sup>e</sup>. Il porta en conséquence le 25 août le I<sup>er</sup> C. C. et le VII<sup>e</sup> C. A. vers Aulnoye par le sud de Maubeuge ; le reste de la II<sup>e</sup> armée appuyait dans la même direction, sa gauche marchant sur Ohain. C'était bien tard.

Kluck, de son côté, ne songeait naturellement qu'à rattraper les Anglais, mais la journée du 25 allait lui apporter encore une déconvenue. Dans la soirée du 24, il venait d'envoyer l'ordre de reprendre l'attaque le lendemain matin en enveloppant la gauche britannique par la forêt de Raismes, quand des renseignements d'aviation lui apportèrent la nouvelle que des colonnes ennemies avaient été aperçues à la fin de l'après-midi en retraite sur Maubeuge. Il donna immédiatement contre-ordre, redressant l'axe du mouvement du sud-ouest vers le sud. Le 25, à 10 heures, les informations des reconnaissances aériennes indiquèrent toutes qu'on s'était mépris la veille, que l'adversaire n'avait aucunement obliqué sur Maubeuge, mais qu'il se repliait vers le sud-ouest en évitant au contraire le camp retranché. Il fallut changer encore les dispositions prises dans la nuit et déjà en voie d'exécution. On parvint non sans peine et avec une perte de temps sensible à ramener les unités de la I⁼ armée dans la direction initiale. On ne put rejoindre l'ennemi au cours de la journée. Le soir, les avant-gardes du IV⁰ et du III⁰ C. A. trouvaient Solesmes et Landrecies encore occupées et de vifs combats s'y engagèrent. A Solesmes on réussit à retarder quelque peu une brigade anglaise, mais à Landrecies les Allemands surpris en formations denses par des mitrailleuses subirent de grosses pertes sans aucun profit[1].

Le 26, la I⁼ armée persévéra dans sa tentative d'accrocher et de détruire le corps expéditionnaire britannique, n'épargnant aucun effort, aucune fatigue pour arriver à ses fins; le dernier élément réservé, le IV⁰ C. A. R. fut amené en première ligne, entre les II⁰ et IV⁰ C. A., par une marche forcée, puis toute la masse s'ébranla vers le front Cambrai-le-Cateau, précédée par la cavalerie de Marwitz.

Le maréchal French avait donné à son armée l'ordre de continuer son repli sur Saint-Quentin. Le 1⁰ʳ C. A. l'exécuta, mais le général Smith Dorrien, commandant le 2⁰ C. A., estima que ses troupes étaient trop épuisées pour se remettre en marche et préféra attendre sur place les événements. Ils ne tardèrent pas à se présenter sous la forme de la cavalerie allemande, bientôt suivie du IV⁰ C. A. L'affaire prit aussitôt une fâcheuse tournure pour les troupes britanniques, malgré l'action, près de Cambrai, d'une de nos divisions territoriales et du corps de cavalerie Sordet, passé la veille à travers la zone de marche des colonnes anglaises pour se porter à leur gauche. Ces faibles éléments français attirèrent sur eux le corps Marwitz et le II⁰ C. A. en entier. Cependant la pression sur la

1. Voir le croquis page 141.

ligne de nos alliés s'accentuait à mesure que de nouvelles unités allemandes paraissaient sur le champ de
bataille. Smith Dorrien dut donner l'ordre de retraite en
plein combat et en plein jour. Ses divisions ne se dégagè-
rent qu'au prix de cruels sacrifices, mais sans subir le
désastre auquel l'impéritie de leur chef semblait les avoir
vouées.

La victoire du Cateau, si brillante qu'elle fût du point de
vue tactique, ne réalisait pourtant pas l'espoir de Kluck;
la gauche ennemie se dérobait encore. La faute du 22 août
n'avait point été réparée. Mais le commandant de la
I<sup>re</sup> armée n'était pas homme à renoncer. Il appuya encore
davantage vers l'ouest, toujours en vue d'atteindre le flanc
du dispositif britannique. Tandis que sa gauche se dirigeait
sur Vermand, sa droite (II<sup>e</sup> C. A.) passait au delà de
Péronne. Une surprise l'y attendait. Jusque-là, à la gauche
de la ligne britannique, on n'avait rencontré, comme
troupes françaises, que de la cavalerie et des formations
territoriales de très médiocre valeur. Le 27, sur le plateau
de Combles, on vit surgir deux divisions de réserve, que
d'ailleurs, on bouscula sans peine [1]. La présence d'unités
fraîches à cet endroit révélait la volonté du commandement
français de prendre des mesures pour parer au danger
que courait son aile gauche. Le 28, la I<sup>re</sup> armée atteignait
la Somme.

Entre temps un nouveau conflit avait envenimé les relations déjà fort peu cordiales entre Kluck et Bülow. Le 26,
celui-ci détachait deux de ses divisions pour préparer l'in-
vestissement des fronts est et sud de Maubeuge en attendant que le VII<sup>e</sup> C. A. R., qui marchait en seconde ligne,
fût en mesure d'assiéger la place; il envoya l'ordre à Kluck
de charger de la même mission sur le front ouest une divi-

_______________

1. Les 61<sup>e</sup> et 62<sup>e</sup> D. R. appartenant à la garnison de Paris.

sion de la I<sup>re</sup> armée. Kluck n'y voulut point consentir et en référa au grand quartier général. Moltke répondit que la I<sup>re</sup> armée n'était plus sous les ordres de la II<sup>e</sup> et que celle-ci devait mener les opérations contre Maubeuge avec ses propres moyens.

Cependant la II<sup>e</sup> armée continuait à s'infléchir vers le sud-ouest, ce qui l'écartait de la III<sup>e</sup>, en marche vers le sud. Si l'on persévérait dans ces directions divergentes, le vide entre ces deux armées s'élargirait de jour en jour. Bülow en rendit compte dès le 26 août et c'est peut-être cet avis qui dicta à Moltke son instruction générale du 27. L'intention de Bülow, le 27 au soir, était de laisser reposer son armée le lendemain sur la ligne de l'Iron qu'elle venait d'atteindre, mais, en apprenant que Kluck ne s'arrêtait pas, il résolut de faire avancer sa droite (VII<sup>e</sup> C. A. et X<sup>e</sup> C. A. R.) vers Saint-Quentin, de manière à conserver avec son voisin de droite la liaison qu'il avait perdue avec celui de gauche. Dans la matinée du 28, à la nouvelle qu'un bataillon d'arrière-garde anglais venait d'être détruit et que la III<sup>e</sup> armée allait manœuvrer pour se rapprocher de lui, il mit aussi en marche sa gauche (X<sup>e</sup> C. A. et Garde) pour lui faire franchir, entre Guise et Etréaupont, le cours supérieur de l'Oise, dont il croyait les passages inoccupés par les Français.

## LES HÉSITATIONS DE LA III<sup>e</sup> ARMÉE

Ainsi le 28 août, au moment où l'instruction générale de Moltke parvenait aux exécutants — l'un d'eux ne la reçut que dans la soirée — la masse principale allemande était complètement désarticulée.

A gauche, un groupe formé des IV<sup>e</sup> et V<sup>e</sup> armées se trouvait ou était sur le point de se trouver aux prises avec l'ennemi sur la Meuse. A droite, un autre groupe composé des I<sup>e</sup> et II<sup>e</sup> armées marchait depuis trois jours vers le sud-ouest, presque vers l'ouest, et progressait rapidement : ce faisant, il avait devancé les intentions de Moltke. Entre ces deux groupes, la III<sup>e</sup> armée se voyait fort embarrassée ; elle ne savait comment rester en liaison avec ses voisins et paraissait incliner à se rapprocher tantôt de l'un, tantôt de l'autre. Si elle marchait vers le sud-ouest, comme le prescrivait la première partie de l'instruction générale du 27, elle s'écartait de la IV<sup>e</sup> armée et ne pouvait se conformer à la deuxième partie de la même instruction, où il était recommandé aux armées de soutenir leurs voisines engagées au combat.

Dès le 27, de pressants appels lui parvenaient de la IV<sup>e</sup> armée, qui prétendait que sa gauche était accablée par l'artillerie française en position au sud de Mézières. Or la III<sup>e</sup> armée ne pouvait aider la IV<sup>e</sup> qu'en avançant vers le sud-est, c'est-à-dire dans une direction formant un angle droit avec celle que lui prescrivait Moltke. De son côté, Bülow, alarmé de sentir sa gauche en l'air, avait demandé à Hausen, le même jour, d'appuyer vers lui. Attiré à droite par l'ordre ambigu de Moltke et les sollicitations de Bülow, à gauche par les supplications du duc de Wurtemberg, Hausen, se voyant aux prises lui-même avec un parti peu nombreux, mais très mordant, ne savait trop à quel saint se vouer. Il changea plusieurs fois d'avis et finit par appliquer le vieux principe des guerres passées : marcher au canon. Il aiguilla la majeure partie de ses forces vers le sud-est, en direction générale de Vendresse. En prenant cette détermination, le commandant de la III<sup>e</sup> armée n'était peut-être pas poussé par un mobile tout à fait désintéressé. Certain passage de ses mémoires laisse penser qu'il craignait, au cas où la IV<sup>e</sup> armée eût été rejetée sur la rive droite de la Meuse, d'être pris en flanc par les forces françaises. Tant il est vrai que les chefs les plus consciencieux, s'ils ne sont pas guidés avec fermeté, se laissant toujours entraîner par leur propre intérêt.

Le 29 août, la III<sup>e</sup> armée, après avoir refoulé le 9<sup>e</sup> C. A. français, courait au secours de la IV<sup>e</sup>, lorsque vers 16 heures, Bülow lui faisait savoir que, engagé contre des forces supérieures, il avait besoin d'être soutenu sur sa gauche, à Vervins; Hausen venait de répondre à cette demande par une fin de non-recevoir, lorsque la IV<sup>e</sup> armée lui annonça que l'ennemi se repliait devant elle dans la direction de l'Aisne. La IV<sup>e</sup> armée libérée, il semblait que rien ne s'opposât plus à l'exécution des ordres de Moltke, à la marche prescrite sur Laon et Guignicourt; mais quand un subordonné a commencé à en prendre à l'aise avec les instructions de son chef, l'habitude s'en implante vite. Le 29 au soir, la III<sup>e</sup> armée n'était plus qu'à une vingtaine de kilomètres de l'Aisne. Hausen se souvenait de la difficulté qu'il avait éprouvée six jours auparavant à passer la Meuse; il ne résista pas à la tentation de mettre la main sur les passages de la rivière avant que l'ennemi n'eût trouvé le temps de les mettre en état de défense. Il porta ses corps d'armée droit au sud sur Château-Porcien, Rethel et Attigny. Le mouvement s'exécuta le 30 août, mais seulement après de durs combats contre la 9<sup>e</sup> D. C. et la gauche de la 4<sup>e</sup> armée française, qui exécutèrent une brillante contre-offensive et infligèrent des pertes sérieuses aux Saxons avant d'évacuer la rive droite de l'Aisne. Hausen s'est plaint amèrement du duc de Wurtemberg, qui refusa de le soutenir, malgré l'aide qu'on lui avait donnée les jours précédents.

Le commandement suprême, auquel il avait été rendu compte des opérations de la III<sup>e</sup> armée et de sa marche vers le sud, répondit dans la nuit du 30 au 31 : « Suis d'accord avec intention de III° armée de poursuivre en direction du sud. IV° armée devra conformer ses mouvements à ceux de III°. Aile gauche de II° armée prend direction générale de Reims. » Moltke continuait donc à laisser faire ses lieutenants, à sanctionner leurs infractions à ses ordres, leur prescrivant de s'entendre pour la continuation de leurs mouvements, sans prendre aucune mesure afin d'assigner à chacun une mission nettement définie, une orientation précise.

## BATAILLE DE GUISE ET SAINT-QUENTIN

Pendant que l'aile gauche et le centre de la masse allemande avaient combattu sur la Meuse et au sud de la Sormonne, la droite s'était aussi vue attaquée par toutes les forces françaises à portée d'intervenir. Il s'agissait pour le général Joffre d'enrayer promptement la poursuite de l'armée britannique, qui, à la suite de l'affaire du Cateau, donnait des signes de désagrégation. Le danger n'avait d'abord pas été très pressant, parce que Kluck au lieu de courir sus aux vaincus avec toutes ses forces par la voie la plus directe, c'est-à-dire par Saint-Quentin et la Fère, avait préféré reprendre sa manœuvre enveloppante en s'étendant au sud-ouest vers Péronne. Les Anglais bénéficièrent, de ce chef, d'un certain répit, mais il ne fallait pas alors tenir compte seulement de leur situation matérielle. Leur moral fléchissait. Sir John French se montrait extrêmement irrité de l'isolement où il prétendait qu'on l'avait laissé; il refusait de s'arrêter sur la Somme et ne voulait même pas s'engager à défendre la ligne de l'Oise. On pouvait craindre qu'il n'abandonnât la lutte si on ne mettait pas tout en œuvre, aussi vite et aussi énergiquement que possible, pour diminuer la pression que supportaient ses troupes. A la droite du corps expéditionnaire britannique, la 5ᵉ armée se trouvait en mesure de reprendre l'offensive dans la boucle de l'Oise ; à sa gauche, on disposait des divisions territoriales du général d'Amade et du corps de cavalerie Sordet, déjà fortement éprouvés, puis d'élé-ments nouveaux venant de Paris et de l'est pour constituer la 6ᵉ armée, mais dont le rassemblement n'était même pas encore ébauché. On se résigna à les employer sans délai, malgré les inconvénients que présente toujours l'engage-ment précipité d'unités disparates.

Le 28, le général Joffre donnait l'ordre à la 5ᵉ armée d'exécuter aussitôt une offensive vers l'ouest au delà de l'Oise sur Saint-Quentin. Cette offensive nécessitait un changement de front, car le gros de l'armée faisait face au nord ; l'attaque ne pouvait en conséquence commencer que le lendemain. Elle présentait d'assez bonnes chances de succès. Bülow, en effet, à la suite de rapports erronés de ses aviateurs, était persuadé que les Français conti-nuaient leur retraite, laissant la coupure de l'Oise en amont de Guise sans autres défenseurs que quelques arrière-gardes. Aussi avait-il donné l'ordre à sa droite (VIIᵉ C. A. et Xᵉ C. A. R.) d'aller s'assurer des passages du canal Crozat, au sud de Saint-Quentin. C'était un objec-tif très éloigné ; en s'efforçant de l'atteindre l'aile droite de la IIᵉ armée créerait une large solution de continuité entre elle et l'aile gauche, qui se préparait seulement à aborder la ligne de l'Oise en amont de Guise. L'offensive que pro-jetait le général Joffre devait donc soit prendre en flanc les colonnes allemandes en marche vers le canal Crozat, soit, si elle se produisait un peu plus tard, s'enfoncer dans le vide qui allait séparer les deux tronçons de l'armée Bülow. Mais, pour pouvoir donner à plein, il fallait que le flanc de l'attaque fût couvert vers le nord par les éléments qu'on maintiendrait dans la région de Guise. Le général Lanrezac, désireux de consacrer le maximum de ses forces à l'action offensive, n'y laissa que le 10° C. A., prolongé à l'est par la 51° D. R. et la 4° D. C. Tout le reste de l'armée, 53° et 68° D. R., 3° et 18° C. A., devait se porter à l'attaque à l'ouest de l'Oise entre Origny et Moy, le 1er C. A. formant réserve au sud de Guise, de manière à appuyer au besoin soit le front défensif du nord, soit le front offensif de l'ouest.

Le 29, de grand matin, les troupes françaises débouchent sur la rive ouest de l'Oise, mais presqu'aussitôt la Garde et le X° C. A. allemands, qui se sont emparés la veille des passages de la rivière entre Guise et Etréaupont, attaquent vivement notre 10° C. A. sur les hauteurs au sud de la vallée. Celui-ci perd du terrain et son recul expose le flanc du gros de l'armée en marche vers l'ouest. Il faut à tout prix rétablir la situation à Guise. Le général Lanrezac rappelle le 3° C. A., dont les avant-gardes avaient déjà passé l'Oise, et le lance avec sa réserve, le 1er C. A., au secours du 10° C. A. Ces forces, passant simultanément à l'offensive, délogent les Allemands des positions qu'ils ont conquises et les rejettent dans la vallée.

Entre temps, le 18° C. A. et les deux divisions de réserve, privés de la coopération du 3° C. A., ont assailli en flanc les colonnes allemandes en marche vers le sud. Celles-ci, un moment décontenancées, font face à l'est et contre-attaquent avec succès. Bülow, arrivé de sa personne à Homblières (6 kilomètres au nord-est de Saint-Quentin) est très ému de la réaction de la 5° armée, à laquelle il ne s'attendait pas. Il éprouve surtout de l'inquiétude en constatant le vide qui s'est creusé au milieu de son armée. Heureusement pour lui le 3° C. A., qui devait agir dans cette trouée, a fait demi-tour sur l'ordre du général Lanrezac. Les craintes de Bülow n'en sont pas moins vives. Il implore ses voisins, demande à la III$^e$ armée de marcher sur Vervins, à la I$^{re}$ de se rabattre sur Essigny-le-Grand. Comment le pourraient-elles? L'une et l'autre tournent presque le dos aux objectifs qu'on leur propose. A la I$^{re}$ armée, le IX$^e$ C. A. n'est pas loin de Saint-Quentin; Bülow s'adresse directement à son chef et finit par obtenir qu'une de ses divisions déboîte à l'est, sur Origny.

Le 30 au matin, le général Lanrezac, autorisé à reprendre son mouvement de retraite, se replie sur Laon. Bülow aussitôt bannit toute crainte et passant soudain d'un extrême à l'autre, envoie partout des messages de victoire, conviant la I$^{re}$ armée à converser sur la Fère et Laon pour donner le coup de grâce à l'ennemi qu'il vient de « battre complètement ». Pour lui, il s'occupe surtout de préparer le siège de la Fère, dont il ignore l'évacuation.

OPÉRATIONS DE LA I$^{re}$ ARMÉE JUSQU'AU PASSAGE DE L'OISE

La 5$^e$ armée, par ses attaques sur Saint-Quentin et Guise, avait arrêté pendant quelque temps la marche de Bülow. Les forces françaises opérant à l'extrême gauche du front s'efforcèrent d'obtenir le même résultat vis-à-vis de Kluck. Malheureusement l'urgence des circonstances les empêcha de se grouper pour agir; elles attaquèrent les unes après les autres et se firent battre en détail.

Nous avons vu comment les divisions territoriales, le corps Sordet, puis les 61$^e$ et 62$^e$ D. R. donnèrent successivement à Tournai, à Orchies, à Condé, à Cambrai, sur le plateau de Combles, du 23 au 27 août. Kluck se contenta, comme mesure de précaution à l'égard de ces unités, de retirer le IV<sup>e</sup> C. A. R. de la première ligne et de le remettre en échelon, en arrière de sa droite. Ce détachement devait suffire à tenir en respect les troupes françaises défaites les jours précédents.

Débarrassé de toute préoccupation pour son flanc, le commandant de la I<sup>re</sup> armée se décida dans l'après-midi du 28 à reprendre le lendemain la poursuite du corps expéditionnaire britannique, dont il avait perdu le contact depuis la bataille du Cateau et qui semblait s'être retiré derrière l'Oise, dans la région de la Fère. Il se proposait de le tourner par le sud en abordant la rivière entre Noyon et Compiègne, mais pour manœuvrer ainsi les Anglais, il fallait qu'on les fixât d'abord et seule la II<sup>e</sup> armée se trouvait en situation de le faire. A ce moment le commandement suprême n'avait pas encore donné signe de vie; il importait donc de s'entendre directement avec Bülow pour obtenir son concours. On le pria d'attaquer par sa droite la ligne de l'Oise en amont de Noyon, tandis que la I<sup>re</sup> armée la passerait en aval.

Ce projet, avant même d'être examiné par Bülow, devenait caduc, car dans la soirée on recevait aux armées l'instruction générale du commandement suprême, qui orientait Kluck vers la basse Seine. D'autre part, des événements inattendus et beaucoup plus impératifs que la directive de Moltke, détournaient provisoirement l'aile droite allemande de la poursuite des Anglais. C'étaient l'attaque de l'armée Lanrezac contre celle de Bülow et l'apparition de nouvelles forces françaises dans la zone d'opérations de Kluck.

Le 29, en effet, la I<sup>re</sup> armée allemande, après avoir passé la Somme, rencontrait à Proyart le 7<sup>e</sup> C. A. fran-

çais, puis, dans les environs de Nesle, la 55ᵉ D. R. [1]. Il
s'agissait là des premiers éléments de la 6ᵉ armée française. Jetés à la hâte contre le front solide de la Iʳᵉ armée
allemande, ils y brisèrent leur élan et refluèrent au sud
de l'Avre. Leur intervention, qui se produisait au moment
où Bülow appelait au secours, changeait brusquement la
situation. Kluck n'envoya qu'une division (du IXᵉ C. A.)
en renfort à son voisin et voulut employer le reste de ses
forces à disperser les Français, qui avaient surgi inopi-
nément devant lui. Son ordre pour la journée du 30 comportait l'attaque de la ligne de l'Avre entre Moreuil et
Roye. Le corps de Marwitz devait prolonger le front sur la
gauche de manière à pouvoir préserver le flanc de l'armée
d'une attaque éventuelle des Anglais débouchant de l'Oise.
Kluck enlevait ainsi la cavalerie de sa place naturelle à
l'aile marchante et se privait délibérément de tout moyen
de reconnaissance sur son flanc droit, tant il se sentait
en sûreté de ce côté.

Dans la journée du 30, l'horizon se dégagea. L'ennemi
n'accepta pas la bataille sur l'Avre et continua à rétrograder. Bülow signalait aussi que devant son front les
Français reculaient et demandait à son collègue, pour
exploiter à fond la « victoire complète » que venait de
remporter la IIᵉ armée, de se rabattre sur la Fère et Laon.

Déjà Kluck regrettait de n'avoir pas donné suite à son
projet du 28 août. Il lança son armée vers l'Oise, mais se
garda de la diriger sur Laon, comme le préconisait Bülow
et où la IIᵉ armée devait aussi se porter. Cela eût amené
sans doute possible l'encombrement fatal, contre lequel
Schlieffen avait si souvent mis ses élèves en garde. La

1. Le 7ᵉ C. A., venant de l'armée d'Alsace, se composait alors de la
14ᵉ D. I. et de la 63ᵉ D. R., celle-ci remplaçant la 41ᵉ D. I., restée dans
les Vosges méridionales. La 55ᵉ D. R. avait appartenu au 3ᵉ groupe de
divisions de réserve (Pol Durand) opérant en Woëvre en dernier lieu.

I$^{re}$ armée fut orientée plus au sud, entre Noyon et Compiègne, afin d'essayer de couper la retraite aux Anglais et peut-être aux troupes de Lanrezac. Dans son impatience de rattraper le temps perdu Kluck assignait à sa gauche des objectifs éloignés, Coucy-le-Château au IX$^e$ C. A., Bailly et Cuts au III$^e$ C. A., Soissons à la cavalerie. La droite marchait fortement échelonnée, le IV$^e$ C. A. sur Mareuil, le II$^e$ C. A. sur Tricot, le IV$^e$ C. A. R. sur Ailly.

Ces dispositions soulignent le dédain de Kluck pour les troupes françaises, dédain qui s'explique jusqu'à un certain point, par la physionomie des précédents combats. A Mons, la I$^{re}$ armée s'était mesurée à des divisions britanniques solides, dont elle ne vint à bout que difficilement, tandis que les territoriaux français opérant à leurs côtés n'avaient guère soutenu le choc. Puis la cavalerie du général Sordet, épuisée par de longues marches, s'était montrée incapable d'agir vigoureusement. Les divisions de réserve et même la division active du 7$^e$ C. A., rencontrées les jours suivants, ne produisirent guère meilleure impression sur leur adversaire. Celui-ci ne se rendit pas compte des circonstances particulières qui diminuaient temporairement la valeur de ces unités, fourvoyées dans la bataille à peine débarquées, sans avoir eu le loisir de se rassembler et de s'organiser en vue du combat. Il estima les troupes britanniques très supérieures au nôtre. Il en arriva peu à peu à englober dans un même et souverain mépris toute notre armée. Cette appréciation devait lui coûter cher quelques jours plus tard.

Pour le moment, la conversion de la I$^{re}$ armée sur l'Oise était un événement gros de conséquences, le plus important depuis la bataille de Belgique. C'en était fait de l'encerclement de Paris par l'ouest, qu'avait ordonné le commandement suprême ; Kluck le rendait désormais impossible. Pour avoir envoyé à ses lieutenants des instructions trop vagues, Moltke voyait, le même jour, deux d'entre eux, Kluck et Hausen, les interpréter dans le sens qui leur plaisait et en contradiction flagrante avec l'orientation générale qui en formait le fond. Il semble ne pas leur en avoir tenu rigueur et ratifia sur le champ cette désobéissance. Dès le soir du 30 août, partaient de Luxembourg, où le grand quartier général venait d'être transféré, des ordres particuliers à l'adresse des commandants d'armée, approuvant leur initiative, sans une observation, sans la moindre instruction supplémentaire au sujet de la conduite à tenir les jours suivants. Ces messages ne contenaient que la seule indication, pour la II° armée, de porter son aile gauche dans la direction approximative de Reims. Une fois de plus le commandemant suprême laissait ses subordonnés agir à leur guise, et, abandonnant le gouvernail, s'attachait à la remorque qu'on lui jetait.

Cette carence du haut commandement allemand produisit un singulier renversement des rôles. Après la bataille de Belgique, le général Joffre avait résolu de ressouder son front en le ramenant vers le sud, Moltke de déborder l'ennemi en poussant le sien vers le sud-ouest. Mais tandis que le chef français surveillait et coordonnait les mouvements de ses armées, son antagoniste ne s'occupait pas des siennes, qui subirent l'attraction de l'adversaire. On assista alors au spectacle étrange du vaincu, forcé partout à la retraite, imposant cependant sa volonté au vainqueur. La masse allemande, en dépit de ses succès, allait s'engouffrer malgré elle et sans même paraître s'en apercevoir, entre les camps retranchés de Paris et de Verdun, offrant ses deux flancs aux entreprises de l'ennemi. Cette armée à qui l'on ne cessait de répéter depuis si longtemps que le mouvement enveloppant est la meilleure garantie de la victoire, se mettait de plein gré dans l'impossibilité de l'exécuter et s'exposait au contraire à en devenir la victime.

# CHAPITRE X

## DE L'AISNE À LA MARNE



L'offensive des 5ᵉ et 6ᵉ armées avait obtenu le résultat cherché. Le 31 août, le corps expéditionnaire britannique était hors d'atteinte au sud de l'Aisne. Les troupes des généraux Maunoury et d'Amade se retiraient respectivement sur Paris et Rouen sans être inquiétées, l'ennemi n'ayant plus de cavalerie à l'ouest de l'Oise. Le repli de la 5ᵉ armée, restée en flèche au sud de Guise, s'annonçait au contraire comme difficile, car Kluck poussait rapidement le IIᵉ C. C. en travers de sa zone de marche. Heureusement les divisions de Marwitz se laissèrent amuser par quelques postes que les Anglais avaient maintenus sur l'Aisne. D'autre part Bülow, au lieu de presser les forces du général Lanrezac, suspendit pendant toute la journée du 31 la marche de son armée afin de préparer l'attaque de la Fère. En fin de compte la 5e armée se tira d'affaire sans autre perte que celles éprouvées par un régiment auquel l'ordre de repli n'avait pas été remis à temps ; cette unité, le 148e R. I., perdit une grande partie de son effectif qui tomba aux mains de l'ennemi ou se dispersa dans la forêt de Saint-Gobain ; plusieurs compagnies y restèrent longtemps cachées derrière les lignes allemandes.

Ce n'était certes pas par la faute de Kluck si les Alliés s'en étaient tirés ainsi à bon compte. Pendant toute la journée du 31 il ne cessa de stimuler ses corps de gauche, qui poussèrent bien au delà des objectifs fixés par l'ordre d'opérations. La division de tête du IXe C. A., partie le matin des environs de Nesle, passa par Guiscard, Quierzy et arriva dans la soirée à Vézaponin ; le IIIe C. A. atteignit l'Aisne à Attichy et Vic. Ces unités n'avaient pas fait moins de 50 kilomètres ce jour-là. A leur droite, les IVe et IIe C. A. bivouaquèrent à Mareuil-sur-Matz, Tricot, Maignelay, le IVe C. A. R. à Ailly.

Le 1er septembre, la poursuite fut menée avec la même énergie, mais sans plus de résultat. La droite de l'armée doubla l'étape pour se mettre à hauteur de la gauche sur le front Longpont, Villers-Cotterets, Crépy-en-Valois, Verberie ; le IVe C. A. R., restant en échelon, parvint jusqu'à Saint-Just-en-Chaussée. Il n'y eut que des combats d'arrière-garde. Seule une des divisions de Marwitz, la IVe D. C., fut engagée à fond près de Néry, où les Anglais la malmenèrent fortement et lui enlevèrent une partie de son artillerie ; coupée du gros du corps de cavalerie, elle se vit obligée de se réfugier dans la forêt d'Ermenonville, où elle resta cachée au milieu des colonnes ennemies.

Ce fâcheux incident, loin de calmer l'impétuosité de Kluck, l'encouragea à continuer son mouvement le 2 septembre, malgré l'avance qu'il avait prise sur les autres armées. Il venait d'ailleurs d'apprendre, par des documents saisis sur un cycliste anglais égaré, que les forces britanniques se trouvaient rassemblées à quelques kilomètres seulement de la ligne atteinte dans la soirée par la I^re armée. L'espoir, si souvent déçu, de rejoindre l'adversaire de Mons et du Cateau renaquit plus vif que jamais.

L'ordre d'opérations pour le 2 septembre prescrivait au gros de l'armée de franchir à 8 heures la ligne jalonnée par Verberie et Villers-Cotterets, tandis qu'à gauche le IX^e C. A. se mettrait en route dès 3 heures pour tourner l'aile droite britannique par l'est de la forêt de Villers-Cotterets et que la cavalerie agirait le long de l'Oise contre l'aile gauche ; le IV^e C. A. R. quitterait sa position en échelon pour se remettre en ligne avec les autres corps d'armée. Il fut rendu compte de ces dispositions au commandement suprême par ce message assez ambigu : « Présence de trois corps d'armée anglais reconnus juste en avant du front de I^re armée. Armée attaque demain par Creil et la Ferté-Milon pour se tenir prête, après avoir rejeté l'ennemi, à être employée à des opérations ultérieures ». On indiquait ainsi, paraît-il, qu'on attendait de nouvelles instructions.

Malgré toute la diligence de la I^re armée, elle arriva trop tard. Les corps d'armée britanniques s'étaient mis hors de portée en rompant de très bonne heure ; on ne les atteignit nulle part. En revanche, aux deux ailes, on tomba sur des unités françaises. A la droite, le IV^e C. A. R., après une longue marche, occupa Creil à la suite d'un petit engagement et le II^e C. A. délogea de Senlis une arrière-garde de la 56^e D. R., unité qu'on n'avait pas encore identifiée sur cette partie du théâtre des opérations[1]. A la gauche, le IX^e C. A. avait trouvé le vide devant lui. Il

_______

1. La 56^e D. R. provenait du 3^e groupe de divisions de réserve (Pol Durand) comme la 55^e et formait maintenant avec celle-ci le groupe du général de Lamaze.

s'apprêtait à franchir l'Ourcq au nord de Neuilly-Saint-Front, lorsqu'il fut informé, vers 9 heures, par un renseignement d'aviation, de la présence d'importantes colonnes entre la Vesle et la Marne se dirigeant du nord au sud vers les ponts situés entre Château-Thierry et Dormans. Il ne pouvait s'agir que de la 5e armée française. Le bouillant général von Quast, qui commandait le IXe C. A., résolut de profiter de cette occasion de surprendre l'ennemi au passage de la Marne. Il envoya un officier en auto au quartier général de l'armée à Compiègne pour en obtenir l'autorisation, mais, comme ce mandataire tardait à revenir, il mit ses troupes en marche vers Château-Thierry sous sa propre responsabilité. La division de tête du IXe C. A., en arrivant devant la ville fort tard dans la soirée, n'y trouva que quelques postes, les colonnes de la 5e armée ayant franchi la Marne en amont. Les Allemands s'emparèrent sans peine de la localité et du pont, insuffisamment détruit; celui de Chézy, à quelques kilomètres plus bas, tomba aussi entre leurs mains.

Quand l'officier d'état-major du IXe C. A. arriva à Compiègne et mit Kluck au courant de ce qui se passait, celui-ci en fut enchanté. Il venait d'apprendre que l'armée britannique lui avait échappé et s'était déjà repliée derrière la Marne entre Meaux et la Ferté-sous-Jouarre ; on lui offrait maintenant une compensation ; il ne voulut pas la perdre. Après avoir envoyé à 13 h. 15 au général von Quast un message l'autorisant à marcher sur Château-Thierry, il fit établir un ordre complet qui partit trois quarts d'heure plus tard. Le IIIe C. A. devait appuyer le IXe en se dirigeant vers le sud-est, le IVe C. A. pousser jusqu'au cours de la Thérouane, petit affluent de la Marne; le IIe C. A. resterait sur place pour couvrir la droite de l'armée de concert avec le IVe C. A. R. La fatigue des troupes ne leur permit pas d'avancer autant que le désirait leur chef.

Le IIIe C. A. ne put dépasser Crouy, le IVe C. A. Nanteuil-le-Haudoin, où bivouaqua aussi le gros de la cavalerie. Les deux corps de droite restèrent à Senlis et à Creil.

Pendant toute l'après-midi et le commencement de la soirée on ne reçut aucune nouvelle à Compiègne du général von Quast. Jusqu'où avait-il pu porter ses troupes? Avait-il rejoint et fixé l'ennemi dont il signalait le mouvement? On n'en savait rien encore à 21 heures. Il parut alors impossible de différer plus longtemps l'envoi de l'ordre d'opérations pour le 3 septembre. Force fut donc de le mettre sur pied sans connaître la situation du IXe corps et de tenir compte par conséquent de toutes les éventualités. Cet ordre fut distribué un peu avant 22 heures aux agents de liaison des corps d'armée. En voici les principaux paragraphes (allégés de quelques détails) :

« Le IXe C. A. continuera son attaque contre les Français qui se replient devant la IIe armée par Fère-en-Tardenois sur Château-Thierry. Le IIIe C. A. marchera au sud du IXe sur Château-Thierry. On dépêchera de la cavalerie, de l'artillerie, des mitrailleuses et de l'infanterie sur camions en avant du gros pour attaquer l'adversaire au passage de la Marne.

Les IIIe et IXe C. A. s'entendront au sujet de l'exécution de cette attaque. Si on ne parvient pas à rejoindre l'ennemi, ces deux corps d'armée dégageront sans tarder la route de Soissons à Château-Thierry (qui appartient au VIIe C. A., de la IIe armée) et se reporteront à l'ouest de cette route.

Le IVe C. A. se portera demain dans la région de Crouy, en se couvrant à droite vers Paris et Meaux. Le IIe C. A. chassera l'ennemi des bois au sud de Senlis et se portera dans la région de Nanteuil-le-Haudoin. Le IVe C. A. R. s'entendra avec le IIe C. A. pour coopérer avec lui dans sa mission de chasser l'ennemi des bois au sud de Senlis et se portera dans la région à l'est et au nord-est de Senlis ; il se couvrira par un détachement laissé à Creil et par des postes poussés à la lisière sud des bois de Chantilly et de Senlis. Le corps de cavalerie Marwitz, qui cantonne à l'ouest de la route de Crépy-en-Valois à Nanteuil-le-Haudoin, restera en place demain ».

En remettant l'ordre d'opérations aux agents de liaison, on leur donna quelques explications verbales : « Le commandement, leur dit-on, estime peu probable qu'on puisse franchir la Marne dans la journée. Le passage ne saurait être envisagé qu'au cas où des circonstances particulièrement favorables se présenteraient, par exemple si la IIᵉ armée, par une poursuite sans répit, obligeait les Français à refluer en désordre au delà de la rivière et qu'on réussisse à mettre la main sur les passages sans avoir à les disputer. »

On voit ici pour la première fois des scrupules poindre chez Kluck au sujet de sa position très en avant de l'alignement général. A se jeter en enfant perdu sur les talons des Anglais et des Français, il risquait de se mettre en situation aventurée et d'y entraîner toute la masse allemande. Depuis le passage de l'Oise il appuyait de plus en plus à gauche sans tenir compte de la 6ᵉ armée française, ni même ensuite de l'armée britannique, ni de la IIᵉ armée allemande. Alors qu'en Belgique il se plaignait sans cesse que Bülow l'attirât exagérément à lui, il en arrivait maintenant à serrer tellement de son côté qu'il empiétait sur sa zone de marche.

Nous avons laissé Bülow le 31 août perdant toute la journée devant la Fère. Il se sentit assez penaud de trouver la place évacuée et entreprit aussitôt de se remettre à hauteur de la Iʳᵉ armée, ce qui n'était pas facile au moment où celle-ci doublait les étapes. D'autres événements allaient contribuer à le retarder. La II<sup>e</sup> armée s'était remise, le 1<sup>er</sup> septembre, en marche vers le sud dans la direction générale de Laon, lorsqu'à 14 h. 30 le commandement suprême lui fit tenir le message suivant : « III<sup>e</sup>, IV<sup>e</sup> et V<sup>e</sup> armées engagées dans durs combats contre forces supérieures. Aile droite de III<sup>e</sup> armée près Château-Porcien sur l'Aisne. Il est urgent d'orienter de ce côté aile gauche de la II<sup>e</sup> armée en faisant si possible entrer cavalerie en action aujourd'hui même. Une division cavalerie ennemie reconnue à l'ouest de Château-Porcien ».

La situation de la gauche et du centre de la masse allemande n'était pas en réalité aussi critique que l'indiquait ce message. La V<sup>e</sup> armée, il est vrai, qui forçait ce jour-là le passage de la Meuse entre Consenvoye et Dun, éprouvait la plus grande peine à gravir les pentes donnant accès du fleuve au plateau de Montfaucon et y perdait beaucoup de monde, mais la IV<sup>e</sup> armée avançait presque sans combattre et la III<sup>e</sup>, au sud de l'Aisne, se heurtait à des effectifs notablement inférieurs aux siens. A quoi attribuer cette erreur d'appréciation que contenait le message du grand quartier général? Peut-être y était-on mal renseigné par des commandants d'armée trop nerveux. Peut-être aussi Moltke dramatisait-il intentionnellement les choses pour s'assurer qu'on exécuterait ses ordres. Les événements des derniers jours devaient, en effet, lui laisser peu d'illusions sur l'accueil que leur réservaient habituellement ses subordonnés.

Cette fois, Bülow s'empressa d'obtempérer. Le I<sup>er</sup> C. C. depuis le matin en marche sur Soissons, se trouvait trop loin pour intervenir, mais la Garde et le X<sup>e</sup> C. A. furent détournés de leurs objectifs vers le sud-est par Sissonne et Marchais, précédés de cyclistes et d'infanterie transportée sur camions. Peu après, la III<sup>e</sup> armée faisait savoir qu'elle n'avait plus besoin de secours. La gauche de Bülow reprit alors la direction du sud.

La IIe armée fournit ce jour-là un gros effort en atteignant le cours de l'Aisne tard dans la soirée. Le lendemain, 2 septembre, elle passa la Vesle et alla bivouaquer entre Noyant et Reims. La IIIe armée s'avança à même hauteur à l'est de Reims; la IVe la prolongea par Autry jusqu'à l'Argonne, où elle se reliait à la Ve, dont le gros, conversant autour de Verdun, approchait de Varennes et de Montfaucon.

MOUVEMENTS DES 3 ET 4 SEPTEMBRE

Au grand quartier général, la certitude d'avoir remporté la victoire décisive, finale, sur les frontières de France commençait à s'émousser. La poursuite ne prenait pas, comme on s'y attendait d'abord, la tournure d'une simple promenade militaire. Le 27 août, on avait voulu reprendre la manœuvre de Schlieffen en remettant les armées de Lorraine sur la défensive et en encerclant l'ennemi par un mouvement autour de Paris; le 30, il avait fallu y renoncer. Sur divers points les Français, en contre-attaquant vigoureusement, venaient de montrer que leur force de résistance n'était pas aussi complètement anéantie qu'on se plaisait à l'imaginer. Tout indiquait qu'on ne viendrait définitivement à bout de l'adversaire qu'au prix d'une nouvelle bataille.

Cette bataille, comment l'engager? Après trois jours de réflexion Moltke finit par prendre un parti. Puisque l'on ne pouvait pas déborder la ligne ennemie par l'ouest de

Paris, on le ferait par l'est, en masquant la capitale avec une partie de la Ire armée et en manœuvrant les forces du général Joffre vers le sud-est avec le reste de l'aile droite. C'était exactement ce qui s'était passé quand on s'était trouvé à hauteur d'Anvers. Mais Paris n'était pas Anvers. La forteresse de l'Escaut ne disposait que de quelques faibles divisions belges peu capables d'entreprendre une action sérieuse en rase campagne; isolée aux confins du territoire néerlandais, elle ne pouvait recevoir beaucoup de renforts. Paris, au contraire, conservait ses communications ouvertes dans presque toutes les directions. Les forces engagées à la fin d'août en Picardie, soit plus de 6 divisions d'infanterie et 3 de cavalerie — que les Allemands avaient toutes identifiées au cours des récents combats — s'y étaient retirées; rien n'empêchait l'arrivée d'autres troupes provenant de la partie orientale du front, des dépôts, de l'Afrique du Nord, voire d'Angleterre. A Anvers on savait exactement à qui l'on avait affaire; à Paris, on l'ignorait. D'autre part, les armées allemandes n'étaient plus dans le même état que lorsqu'elles traversaient la Belgique. Deux corps d'armée les avaient quittées pour le front oriental, un autre (VIIe C. A. R.) assiégeait Maubeuge; le IVe C. A. R., à l'extrême droite, c'est-à-dire au point le plus important, avait été amputé d'une brigade, laissée comme garnison à Bruxelles. Il ne restait aucune réserve à proximité du front. Et puis les unités de toute nature n'avaient pu être recomplétées ni en cadres, ni en hommes, ni en matériel comme la plupart de celles des Alliés qui reculaient sur leurs dépôts. Elles étaient éprouvées par d'âpres combats et des marches prodigieuses.

Moltke ne tint aucun compte de ces divers facteurs d'affaiblissement, pas plus que du voisinage du camp retranché de Paris à si courte distance de son aile marchante. Il pensait qu'il suffirait d'échelonner celle-ci pour se garantir de toute surprise désagréable. En conséquence, dans la nuit du 2 au 3 septembre, il envoya à Kluck et Bülow le message suivant : « Mon intention est de couper l'ennemi de Paris et de le rejeter vers le sud-est. La I$^{re}$ armée suivra la II$^e$ armée en s'échelonnant; elle est chargée en outre de protéger le flanc de l'ensemble de nos forces ». Cette instruction ne souffre, semble-t-il, aucune interprétation. Pour l'exécuter, la I$^{re}$ armée, qui se trouvait à une bonne étape en avant de la II$^e$, n'avait qu'à faire halte jusqu'à ce que celle-ci eût pris la tête du mouvement. Une journée de repos n'était certes pas superflue pour des troupes qui marchaient sans arrêt depuis le 13 août. Pourtant Kluck, après avoir reçu le message de Moltke, ne contremanda pas l'ordre qu'il venait de donner à ses corps d'armée. C'était un acte flagrant d'indiscipline que rien n'excusait. Le lendemain, il devait encore l'accentuer.

Dans la matinée du 3 septembre, le quartier général de la I$^{re}$ armée fut transféré de Compiègne à la Ferté-Milon, où il arriva vers 10 heures. On y apprit que le IX$^e$ C. A. avait passé la Marne à Château-Thierry et à Chézy; il se trouvait aux prises avec d'importantes fractions ennemies sur le plateau au sud de la rivière[1]. Ce mouvement, dû à l'initiative du général von Quast, mettait la I$^{re}$ armée dans une situation qui s'écartait encore bien davantage de celle que lui prescrivaient les instructions récentes du commandement suprême. Au lieu de faire faire demi-tour à son subordonné ou du moins de l'arrêter, Kluck résolut de le soutenir et de corser l'opération ainsi entamée en poussant d'autres unités au sud de la Marne. Il était impossible d'agir en contradiction plus formelle avec la lettre et

---

1. Ces fractions appartenaient au 18$^e$ C. A. (5$^e$ armée) et au corps de cavalerie Conneau, arrivé la veille de l'est.

l'esprit du message de Moltke. Mais, depuis le 27 août, le commandant de la I<sup>re</sup> armée avait coutume d'agir d'après son propre jugement et, depuis le 30, de le faire à l'encontre des ordres reçus. Poursuivant inlassablement un seul but, l'écrasement de l'aile gauche ennemie, chaque matin il avait cru l'atteindre et chaque soir avait constaté que ce but était manqué. Voilà qu'on venait enfin lui apprendre qu'on avait fixé l'aile gauche adverse. Il allait donc pouvoir, après tant de déceptions, après tant d'efforts stériles, réussir sa manœuvre. Maintenant qu'il tenait l'ennemi, ce n'était pas le moment de le lâcher. Les légers scrupules de la veille se dissipèrent à l'écho du canon qui tonnait de l'autre côté de la Marne.

Les dispositions furent vite prises. A 13 heures, partait l'ordre dont l'exécution devait, dans la pensée de Kluck, donner le coup fatal aux Alliés. Il portait les III<sup>e</sup> et IV<sup>e</sup> C. A. de l'autre côté de la Marne, le premier par Nogent-l'Artaud et Charly, le second par la Ferté-sous-Jouarre. On rendait compte au grand quartier général en ces termes : « La I<sup>re</sup> armée refoule les Français avec son aile gauche à Château-Thierry et à l'ouest de cette ville ; elle pousse son centre sur la Ferté-sous Jouarre et couvre le flanc droit avec le II<sup>e</sup> C. A. et le IV<sup>e</sup> C. A. R. dans la région de Nanteuil. Une partie des troupes ennemies donne des signes de désorganisation. On exploitera cette situation autant qu'il se pourra ». Les deux dernières phrases de ce message sont caractéristiques. L'appréciation portée sur l'état de l'ennemi ne reposait sur aucun fondement, mais elle fournissait une excuse à l'acte d'indiscipline qu'on commettait. En endormant d'avance les inquiétudes possibles de Moltke, on croyait éviter les récriminations et surtout un ordre ferme de rebrousser chemin.

Lancé dans une si bonne voie, Kluck ne devait plus s'arrêter. A 21 h. 15, il expédiait l'ordre d'opérations pour le 4 septembre, dont voici la partie essentielle :

« La 1<sup>re</sup> armée continuera demain à franchir la Marne pour refouler les Français vers l'est. On rejettera les forces anglaises qui tenteraient d'intervenir.

Le IX<sup>e</sup> C. A., après entente avec le VII<sup>e</sup>, se portera dans la direction de Montmirail par Chézy-sur-Marne, Rozoy-Bellevalle et par la route de Château-Thierry à Montmirail.

Le III<sup>e</sup> C. A., se portera par Bois-Martin, Sablonnières sur Saint-Barthélemy et par Vieils-Maisons sur Montolivet.

Le IV<sup>e</sup> C. A., franchira la Marne à la Ferté-sous-Jouarre et Saacy, puis se portera dans la direction générale de Rebais.

Le II<sup>e</sup> C. A., se couvrant vers Paris, atteindra demain la Marne à l'ouest de la Ferté-sous-Jouarre et poussera des éléments avancés jusqu'à la grand'route de Meaux à la Ferté-sous-Jouarre.

Le IV<sup>e</sup> C. A. R., après entente avec le II<sup>e</sup> C. A., se portera demain dans la région de Nanteuil-le-Haudoin et à l'est. Il sera chargé de la protection du flanc et des communications du côté de Paris et se tiendra prêt à se joindre, le 5 septembre, au mouvement de l'armée sur son flanc droit.

Le corps de cavalerie se mettra en marche avec deux divisions sur la Ferté-sous-Jouarre ; il laissera une division face au front nord-est de Paris. Cette division restera demain sur ses emplacements actuels et passera sous les ordres du général commandant le IV<sup>e</sup> C. A. R. »

Par ces dispositions téméraires, Kluck compromet davantage la situation et aggrave son cas. Le 3 septembre, la couverture face à Paris comprenait encore deux corps d'armée (II<sup>e</sup> C. A. et IV<sup>e</sup> C. A. R.) ainsi que le II<sup>e</sup> C. C. en entier, forces respectables. L'ordre pour le

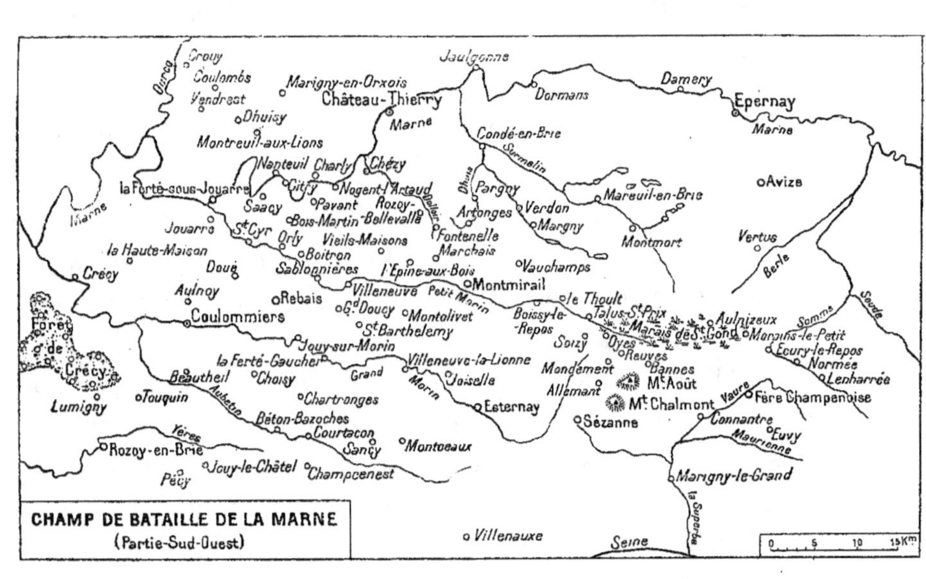
Crouy
Coulombs
Vendrest
Dhuisy
Marigny-en-Orxois
Château-Thierry
Marne
Jaulgonne
Dormans
Damery
Epernay
Condé-en-Brie
Marne
Sermelin
Montreuil-aux-Lions
Nanteuil
Charly
Chézy
la Ferté-sous-Jouarre
Citry
Nogent-l'Artaud
Pargny
Mareuil-en-Brie
Avize
Saacy
Pavant
Rozoy
Artonges
Verdon
Bois-Martin
Bellevallé
Margny
Jouarre
St Cyr
Orly
Vieils-Maisons
Fontenelle
Montmort
Vertus
la Haute-Maison
Boitron
Marchais
Berle
Doug
Sablonnières
l'Epine-aux-Bois
Montmirail
Vauchamps
Crécy
Aulnoy
Rebais
Villeneuve
Petit Morin
le Thoult
St Prix
Aulnizeux
Somme
Coulommiers
Gd Doucy
Montolivet
Boissy-le-Repos
Talus-St
Marais de St Gond
Mareuil-le-Petit
Forêt de Crécy
St Barthélemy
Soizy
Oyes
Ecury-le-Repos
Jouy-sur-Morin
Villeneuve-la-Lionne
Reuves
Normée
Lumigny
Touquin
la Ferté-Gaucher
Choisy
Grand
Joiselle
Morin
Mondément
Bannes
Mt Août
Lenharrée
Beautheil
Aubetin
Chartronges
Allemant
Mt Chalmont
Fère Champenoise
Béton-Bazoches
Esternay
Sézanne
Connantre
Euvy
Rozoy-en-Brie
Courtacon
Sancy
Monteaux
Maurienne
Vaure
Yères
Jouy-le-Châtel
Champcenest
Pécy
Marigny-le-Grand
la Superbe
Villenauxe
Seine
0  5  10  15 Km
CHAMP DE BATAILLE DE LA MARNE
(Partie-Sud-Ouest)
Ourcq
Marne
Dhuis
Soude

4 septembre la réduit à un corps d'armée et à une division
de cavalerie. Encore s'agit-il d'un corps d'armée incomplet, dépourvu d'artillerie lourde, et la division de cavalerie (la IV<sup>e</sup>) vient de subir un grave échec, ayant dû se disperser dans les forêts du Valois ; elle n'est parvenue à se
regrouper que la veille seulement.

Il est intéressant d'examiner les termes du compte
rendu que Kluck adresse par radio au grand quartier
général une heure après avoir expédié cet ordre d'opérations : « La I<sup>re</sup> armée, dit-il, a franchi la Marne entre la
Ferté et Château-Thierry avec ses éléments de tête. Les
Français ont conversé de manière à faire face à notre aile
est (gauche). Les Anglais sont au nord de Coulommiers.
La I<sup>re</sup> armée poursuivra son mouvement en avant, le
4 septembre, par Rebais et Montmirail. » Dans ce court
message, la phrase concernant les Français attire tout de
suite l'attention. Sa rédaction laisse supposer que la
gauche de notre 5<sup>e</sup> armée n'avait pu continuer son repli
vers le sud, mais s'était vue obligée de se rabattre vers le
sud-est ou vers l'est, ce qui devait évidemment creuser
un vide entre elle et le corps expéditionnaire britannique
en retraite sur Coulommiers. Quelle manœuvre pouvait
dès lors devenir plus fructueuse que de jeter le plus de
forces qu'on pouvait dans ce vide? On serait sûr ainsi
d'enfoncer le flanc gauche de la 5<sup>e</sup> armée et de la rejeter
vers le sud-est. N'était-ce pas précisément le désir du
commandement suprême?

La perspective était séduisante; elle n'avait qu'un
défaut, celui de ne répondre en rien à la réalité. Il est vrai
que, dans la journée du 3 septembre, quelques régiments
du 18<sup>e</sup> C. A. français, canonnés à grande distance par
l'artillerie de Quast au sud de Château-Thierry, firent un
crochet par Condé-en-Brie, c'est-à-dire vers le sud-est,
pour sortir de la zone battue, mais ils se redressèrent

aussitôt après et toute la 5ᵉ armée, ayant passé la Marne sans incident, marcha vers le sud, inclinant même vers le sud-ouest puisque sa gauche devait s'arrêter finalement entre Esternay et Courtacon. Le message de Kluck présentait donc la situation de l'ennemi très inexactement. S'est-il trompé de bonne foi? A-t-il sciemment altéré la vérité, comme il paraît l'avoir fait déjà dans son précédent radio? Les deux explications sont admissibles.

Malgré les précautions qu'il avait prises deux fois le 3 septembre pour se mettre à couvert, Kluck ne se sentait pas à l'aise le lendemain vis-à-vis de son chef. Comme bien des gens qui se savent en faute, il crut habile de ne pas attendre les remontrances du grand quartier général, mais de les prévenir. Il lui envoya, à cet effet, un bizarre factum, où les excuses alternent avec les récriminations et les conseils.

« La Iʳᵉ armée, y est-il dit, sollicite des renseignements sur la situation des autres armées, dont les comptes rendus de victoire décisive ont été suivis plusieurs fois d'appels au secours. La Iʳᵉ armée, en raison des durs combats qu'elle a livrés et des marches qu'elle a accomplies sans arrêt, est arrivée à la limite de ses efforts. C'est seulement à ce prix qu'elle a pu ouvrir le passage de la Marne aux autres armées et obliger l'ennemi à prolonger sa retraite. Le IXᵉ C. A. y a contribué par une initiative audacieuse et des plus méritoires. On peut espérer maintenant que le succès sera exploité. L'instruction du commandement suprême prescrivant à la Iʳᵉ armée de suivre la IIᵉ en formation échelonnée ne pouvait être exécutée dans ces circonstances. L'intention de couper l'ennemi de Paris et de le rejeter dans la direction du sud-est n'est réalisable que si la Iʳᵉ armée marche de l'avant. La nécessité de protéger le flanc diminue sa capacité offensive. Prière instante de renforcer rapidement l'aile droite par d'autres unités

(IIIe C. A. R. ou VIIe C. A. R). La Ire armée ne pourra assumer la lourde responsabilité des décisions qu'il lui faudra prendre en présence d'une situation changeant perpétuellement que si elle est renseignée de façon suivie sur la position des autres armées, dont le front semble en retrait par rapport au sien. La liaison avec la IIe armée a été constamment maintenue. »

On est assez surpris de voir le commandant de la Ire armée se plaindre de l'épuisement de ses troupes alors que son chef venait justement de lui donner l'occasion de les faire reposer. La demande de renforts, sous la forme où elle est présentée, n'est pas moins inattendue. Kluck savait parfaitement qu'il n'en existait pas à portée, puisque le VIIe C. A. R. se trouvait devant Maubeuge et le IIIe C. A. R. devant Anvers, soit respectivement à huit et douze étapes de la ligne atteinte par l'aile droite. Comment compter sur eux si on continuait à avancer?

La journée du 4 septembre devait révéler à quel point Kluck s'était trompé dans les informations qu'il avait fait parvenir à Luxembourg. Le IXe C. A. en se portant sur Montmirail, objectif fixé par l'ordre d'opérations, trouva au nord de la ville des troupes françaises qui lui opposèrent la plus vigoureuse résistance et l'empêchèrent de s'en emparer. Ceci prouvait deux choses, d'abord que les Français ne se retiraient pas vers le sud-est, ensuite qu'ils n'étaient nullement désorganisés, comme Kluck l'avait affirmé quelques heures auparavant.

Les autres corps de la Ire armée atteignirent la ligne prescrite sans qu'on la leur disputât. Ils constatèrent que les forces britanniques rétrogradaient en direction générale de Melun.

Sur le reste du front aucun événement important ne s'était produit depuis le 2 septembre. Les IIe et IIIe armées avaient détaché inutilement chacune une division[1] pour attaquer le camp retranché de Reims, qui n'était pas défendu. Le reste s'efforça de gagner la Marne le plus vite possible.

La IIe armée y arriva trop tard pour inquiéter la 5e armée au passage. Son chef s'en consola en télégraphiant le 3 septembre au grand quartier général : « L'armée a poursuivi aujourd'hui l'ennemi l'épée dans les reins jusqu'au delà de la Marne. L'ennemi reflue en complète désorganisation, même au sud de la Marne. » Le 4, en fin de journée, la IIe armée bivouaquait sur la ligne jalonnée par Pargny, Mareuil-en-Brie et Epernay.

La IIIe armée dut encore combattre des arrière-gardes avant d'atteindre la Marne, dont, le 4 au soir, elle tenait le cours de Tours-sur-Marne à Châlons. Le général von Hausen résolut de donner un jour de repos à ses troupes, tant pour les laisser se remettre de leurs fatigues que pour faire serrer les deux divisions de réserve retardées devant Givet et Reims; elles se trouvaient alors respectivement à Château-Porcien et Sillery. Il prescrivit aussi la formation d'une cavalerie d'armée avec les escadrons divisionnaires et quelques batteries montées et la chargea de reconnaître, le 5 septembre, le terrain entre la Marne et l'Aube, afin de conserver le contact avec l'ennemi.

A l'aile gauche, la Ve armée, après avoir conquis de haute lutte les pentes de la rive ouest de la Meuse dans les journées du 1er et du 2 septembre, constata le 3 au matin que l'ennemi s'était retiré pendant la nuit en pivotant autour de Verdun; elle le suivit sans hâte. Le Kronprinz, très impressionné par les pertes subies dans la dernière bataille, aurait voulu laisser souffler ses troupes, mais le commandement suprême lui en refusa l'autorisation et lui demanda au contraire de presser sa marche.

---

1. La IIe D. I. de la Garde et la XXIIIe D. R. (du XIIe C. A. R.)

Le 4, la $V^e$ armée conversa dans le même sens que la 3ᵉ armée française et aligna son gros entre l'Aisne et la Meuse, des environs de Sainte-Ménehould jusqu'à Forges.

La $IV^e$ armée se conforma au mouvement de sa voisine de gauche, faisant de plus en plus face au sud-est entre la Marne et l'Aisne. Cette orientation menaçait de produire une solution de continuité entre la droite de la $IV^e$ armée et la gauche de la $III^e$ si celle-ci continuait à marcher droit au sud.

## L'INSTRUCTION GÉNÉRALE DU 4 SEPTEMBRE

Depuis le 3 septembre, date de ses dernières instructions, le commandement suprême se trouvait plongé dans la plus grande perplexité. Les renseignements qui lui arrivaient devenaient extrêmement troublants par suite de leur caractère contradictoire. De source sûre on annonçait que les Français déplaçaient depuis plusieurs jours des unités de leur droite à leur gauche par chemin de fer. Or précisément devant la droite, qui se dégarnissait, les armées allemandes ne pouvaient avancer d'un pas, tandis que devant la gauche, qui se renforçait, elles signalaient que l'ennemi s'enfuyait à toutes jambes. C'était à n'y rien comprendre. On finit par se persuader qu'il n'y avait qu'une explication plausible à ce singulier état de choses, à savoir que les Alliés, à leur gauche, gagnaient en hâte une position de repli d'où ils voulaient reprendre l'offensive dans des conditions avantageuses. Sur la Somme ils avaient déjà essayé d'attaquer l'aile marchante germanique, mais s'étaient vus contraints d'engager leurs divisions l'une après l'autre en une action décousue, qui aboutit à un insuccès. Instruits par l'expérieuce, ils projetaient sans doute maintenant de ne pas se lancer dans une entreprise prématurée, mais d'attendre que leurs forces fussent groupées avant de l'entamer. Le camp retranché de Paris leur en donnait le moyen. Avec son vaste périmètre d'ouvrages et malgré la médiocrité avérée de ceux-ci, avec les multiples voies ferrées qui y convergeaient, cette région permettait mieux que toute autre la concentration rapide d'une armée en toute sécurité et avec un secret relatif, même à proximité immédiate de l'adversaire.

L'aile droite allemande, d'après la directive du 2 septembre, devait couper la ligne alliée de Paris et la rejeter vers le sud-est. Ceci l'obligeait à passer au ras des fortifications des secteurs nord-est et est du camp retranché, puis de leur tourner le dos ou presque. La formation échelonnée, prescrite à la I$^{re}$ armée, devenait insuffisante pour parer au danger que Paris recélait dans ses flancs. Il eût fallu, afin de continuer impunément le mouvement vers le sud-est, détacher plusieurs corps d'armée face à la capitale. En l'absence de toute réserve conservée par le commandant en chef, c'était aux armées d'aile droite qu'il appartenait de fournir ces détachements, mais elles ne possédaient plus assez d'effectifs pour pouvoir s'en démunir et poursuivre en même temps l'offensive.

Moltke reconnut un peu tard l'erreur qu'il avait commise en adoptant le principe du plan Schlieffen tout en voulant l'appliquer dans un esprit différent de celui de son auteur. L'affaiblissement progressif de l'aile droite se faisait maintenant cruellement sentir. On lui avait enlevé toutes les divisions d'ersatz pour les employer en Lorraine, puis trois corps d'armée occupés à masquer ou assiéger des places fortes, une brigade destinée à tenir garnison à Bruxelles, enfin deux autres corps d'armée envoyés sur le front oriental. Après toutes ces [saignées, l'élément de manœuvre ne gardait plus la vigueur nécessaire à la double tâche qui lui incombait.

Le plan Schlieffen avait échoué dès le 25 août, alors que la première bataille générale ne s'était pas terminée par l'enfoncement du flanc et l'extermination de l'adversaire. Depuis lors on vivait dans l'espoir d'obliger les Français à faire tête sur un terrain où on pourrait reprendre cette manœuvre d'encerclement. On n'y avait pas réussi. Les fautes multipliées depuis le début de la campagne se payaient en bloc. Le commandement suprême constatait avec effarement que son flanc s'était mis dans le cas d'être débordé à son tour. Moltke, si sûr de son triomphe après les batailles d'août, laissait voir à ses confidents le désarroi de son esprit. Le 4 septembre, il disait à Helfferich : « Il ne faut pas nous faire d'illusions. Nous avons remporté des succès, mais pas encore la victoire. La victoire, c'est la destruction de la force de résistance de l'ennemi. Quand des millions d'hommes sont en présence, le vainqueur fait des prisonniers. Où sont nos prisonniers? Quelque vingt mille à la bataille de Lorraine, ici dix mille autres et là peut-être encore vingt mille. Le petit nombre de canons dont nous nous sommes emparés me démontre aussi que les Français se sont retirés intentionnellement et en ordre. Le plus fort de l'ouvrage reste à faire. » Remarques justes, mais tardives.

Comment sortir de l'impasse? Il ne restait qu'un moyen de ressusciter le plan de campagne défunt : reprendre le projet du 27 août en essayant de manœuvrer par la basse Seine. Mais au point où on en était, toutes les forces allemandes engagées à l'est de Paris, il fallait, comme condition préalable constituer une nouvelle armée avec des corps prélevés sur le front; d'où la nécessité d'arrêter celui-ci, de le mettre sur la défensive dans une bonne position où on pourrait procéder au retrait des unités et les faire déboîter ensuite vers la droite en vue d'une nouvelle action d'enveloppement. Une telle opération eût été relativement facile si on l'avait entreprise à temps, quand on se trouvait à hauteur de la Somme ou même de l'Aisne, mais maintenant elle exigeait un long délai, car il fallait non seulement faire faire halte à toute la masse principale, mais même la ramener en arrière au nord de la ligne Paris-Verdun, où elle s'était imprudemment enfoncée. Ce recul aurait l'inconvénient de faire cesser la pression continue qu'on exerçait sur l'ennemi, lui rendrait sa liberté d'action et la possibilité de transporter, lui aussi, des troupes vers la basse Seine dans des conditions qui lui donneraient toutes chances d'y arriver avant les Allemands.

Moltke ne put se résigner à interrompre complètement son offensive; il préféra la limiter à une partie du front. Les renseignements recueillis sur l'ennemi indiquaient que celui-ci enlevait des corps d'armée à l'est pour les porter à l'ouest de la ligne. Le général en chef allemand fut conduit à penser qu'il lui serait plus facile d'atteindre son but en attaquant avec sa gauche qu'avec sa droite. Il résolut de donner à celle-ci une mission défensive et d'écraser avec ses autres armées la partie orientale du front de l'adversaire. Le prince de Bavière reprendrait son offensive vers le sud-ouest par la trouée de Charmes; les IV$^e$ et V$^e$ armées attaqueraient vers le sud-est par l'Argonne et plus au sud. Ces deux groupes marchant concentriquement se donneraient la main dans la région de Neufchâteau en prenant dans la nasse toutes les troupes françaises combattant entre Vitry-le-François et Nancy.

Mais, comme par une espèce de fatalité, Moltke ne pouvait jamais suivre une idée jusqu'au bout. Tant que son aile droite était l'élément de manœuvre chargé de provoquer la décision il l'avait anémiée à plaisir. Au moment précis où ce rôle passait à l'aile gauche il allait la priver d'une partie de ses forces pour leur faire rallier l'autre extrémité du champ de bataille, alors qu'on n'y prévoyait plus aucun mouvement offensif. Le 4 septembre, l'état-major de la VII⁰ armée, le XV⁰ C. A. et la VII⁰ D. C. étaient désignés pour s'embarquer en chemin de fer à destination de Saint-Quentin en passant par la Belgique.

On venait, quelques instants avant d'avoir pris cette décision, de mettre au point l'instruction générale réglant les opérations ultérieures, dont voici la teneur.

« L'adversaire s'est soustrait à l'offensive enveloppante des I⁰ et II⁰ armées et est parvenu à s'appuyer à Paris avec une partie de ses forces. En outre les comptes rendus des armées et des informations d'agents dignes de foi permettent de conclure au transport de troupes ennemies de la ligne Toul-Belfort vers l'ouest; des retraits d'unités s'effectuent aussi devant le front des III⁰, IV⁰ et V⁰ armées. Dans ces conditions, il n'est plus possible de refouler l'ensemble des forces françaises vers la Suisse dans la direction du sud-est. Au contraire, il y a lieu de tenir compte de ce que l'ennemi rassemble des forces importantes dans la région de Paris et y amène des unités de nouvelle formation afin de protéger la capitale et de menacer le flanc droit du dispositif allemand.

En conséquence, les I⁰ et II⁰ armées devront rester face au front est de Paris avec mission de s'opposer offensivement aux entreprises ennemies partant de la région de Paris; elles se soutiendront mutuellement dans l'accomplissement de cette tâche.

Les IV⁰ et V⁰ armées sont encore au contact d'importantes forces ennemies. Elles devront s'employer à les refouler par une action continue vers le sud-est, action qui aura aussi pour effet d'ouvrir le passage de la Moselle à la VI⁰ armée, entre Toul et Epinal. On ne peut encore prévoir dans quelle mesure cette opération, combinée avec celle des VI<sup>e</sup> et VII<sup>e</sup> armées, réussira à acculer des fractions adverses au territoire suisse.

Les VI<sup>e</sup> et VII<sup>e</sup> armées conserveront d'abord leur mission de fixer devant leur front les forces ennemies qui s'y trouvent. Elles passeront aussitôt que possible à l'offensive contre la ligne de la Moselle, entre Toul et Epinal, en se couvrant face à ces forteresses.

La III<sup>e</sup> armée marchera dans la direction Troyes-Vendeuvre. Elle sera employée selon les circonstances, soit à soutenir les II<sup>e</sup> et I<sup>re</sup> armées en se portant au delà de la Seine en direction de l'ouest, soit à prendre part aux combats de notre aile gauche en direction du sud et du sud-est.

En conséquence, Sa Majesté prescrit :

1. Les I<sup>re</sup> et II<sup>e</sup> armées resteront face au front est de Paris afin de s'opposer offensivement aux entreprises ennemies partant de Paris. La I<sup>re</sup> armée s'établira entre Oise et Marne et occupera les passages en aval de Château-Thierry pour assurer les mouvements d'une rive à l'autre. La II<sup>e</sup> armée s'établira entre Marne et Seine. La prise de possession des passages de la Seine entre Nogent et Méry est d'importance. Il est recommandé aux deux armées de tenir leur masse assez éloignée de Paris afin de conserver la liberté de mouvement pour leurs opérations. Le II<sup>e</sup> C. C. reste sous les ordres de la I<sup>re</sup> armée. Le I<sup>er</sup> C. C. reste sous les ordres de la II<sup>e</sup> armée, moins une division qui passe sous ceux de la III<sup>e</sup> armée.

Le II<sup>e</sup> C. C. a pour mission d'observer le front nord de Paris entre la Marne et la Seine en aval de la capitale, ainsi que de reconnaître la région comprise entre la Somme et la basse Seine jusqu'à la côte. La découverte lointaine sur Amiens, Lille, vers la côte sera confiée à l'aviation de la I<sup>re</sup> armée.

Le I$^{er}$ C. C. observera le front sud de Paris entre la Marne et la Seine en aval de Paris. Il poussera des reconnaissances sur Caen, Alençon, le Mans, Tours et Bourges. Des avions seront mis à sa disposition.

Les deux C. C. détruiront les voies ferrées conduisant à Paris jusque dans le voisinage le plus immédiat de la forteresse.

2. La III$^e$ armée marchera sur Troyes-Vendeuvre. Une division du I$^{er}$ C. C. lui est affectée. Reconnaissances jusqu'à la ligne Nevers-le Creusot. Des avions seront mis à sa disposition.

3. Les IV$^e$ et V$^e$ armées devront ouvrir le passage de la haute Moselle aux VI$^e$ et VII$^e$ armées en avançant sans arrêt dans la direction du sud-est, l'aile droite de la IV$^e$ armée par Vitry-le-François et Montier-en-Der, l'aile droite de la V$^e$ armée par Revigny, Stainville et Morley. La V$^e$ armée assurera avec son aile gauche la couverture contre les ouvrages de la Meuse ; elle s'emparera des forts de Troyon, des Paroches et du Camp des Romains. Le IV$^e$ C. C. reste subordonné à la V$^e$ armée. Il reconnaîtra le terrain devant le front des IV$^e$ et V$^e$ armées sur Dijon, Besançon et Belfort. Il adressera des comptes rendus à la IV$^e$ armée aussi bien qu'à la V$^e$.

4. La mission des VI$^e$ et VII$^e$ armées reste sans changement. »

Afin de ne pas perdre de temps, le commandement suprême fit précéder ce document détaillé, que devaient porter à destination des officiers de liaison voyageant en automobile, d'ordres préparatoires particuliers, transmis par radio. Celui qu'il adressa aux armées d'aile droite se réduisait à ces deux phrases : « I$^{re}$ et II$^e$ armées resteront en place face au front est de Paris, I$^{re}$ armée entre Oise et Marne, II$^e$ armée entre Marne et Seine, celle-ci occupant les passages de la Seine de Nogent à Méry.

Direction de marche de la III° armée sur Troyes et à
l'est. »

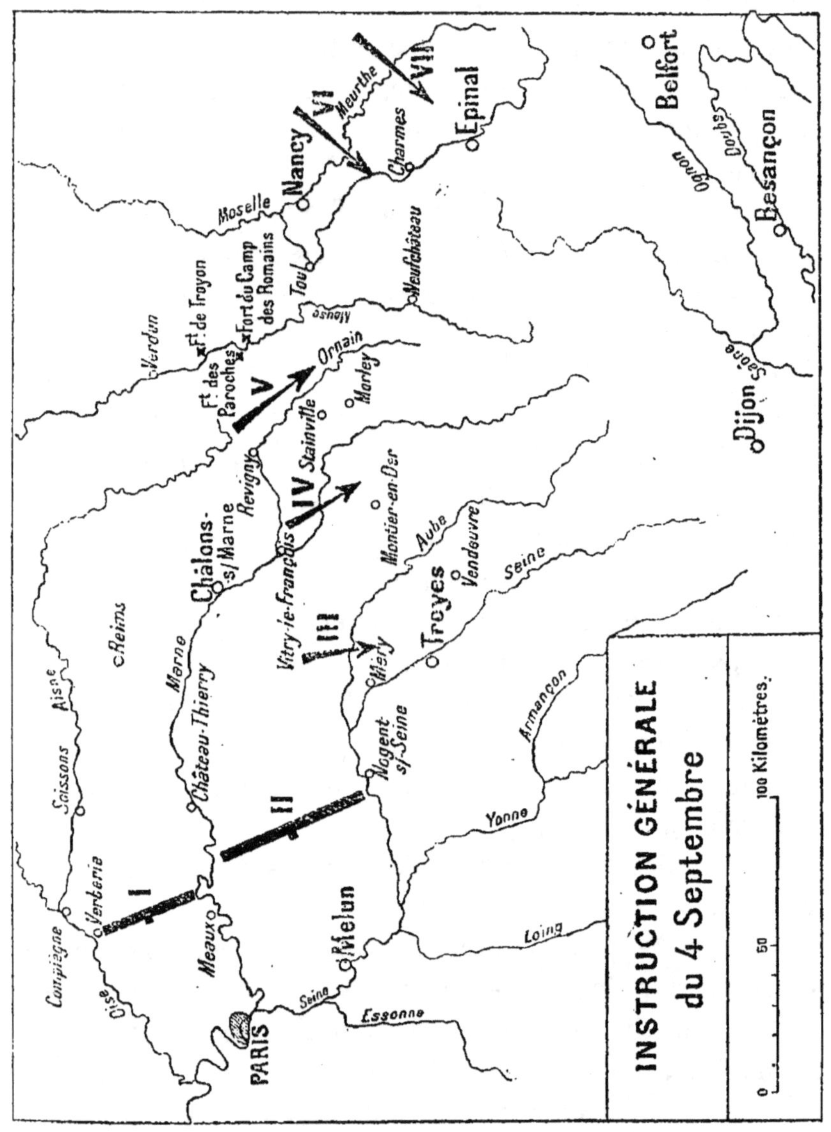

## NOUVEAUX ACTES D'INDISCIPLINE DE KLUCK

L'instruction générale du 4 septembre n'est pas moins critiquable que celle du 27 août. On y trouve une égale méconnaissance des possibilités d'extension du front. Le 4 septembre, les armées suffisaient à peine à tenir la ligne atteinte des abords de Paris à Verdun, et c'est le moment que choisit Moltke pour allonger cette ligne jusqu'à l'Oise à droite, la pousser au delà de l'Aube au centre, la faire attaquer dans une direction divergente à gauche. On remarquera aussi qu'une partie de la ligne (I$^{re}$ et II$^e$ armées) devait rester sur place tandis qu'une autre (IV$^e$ et V$^e$ armées) continuerait à marcher, il s'en suivrait forcément une rupture au centre, où la III$^e$ armée ne pourrait s'étirer à l'infini pour maintenir la liaison entre les deux tronçons de droite et de gauche [1]. On aboutissait ainsi à la dissociation du front, ce qui donnerait beau jeu à l'ennemi, à moins qu'il ne restât absolument passif.

On pourrait faire bien d'autres observations sur les dispositions de Moltke, mais à quoi bon épiloguer au sujet d'un ordre qui ne devait jamais être exécuté. Ce qu'il convient d'en retenir, c'est l'aveu nettement exprimé de l'échec du plan initial, car cet aveu était de nature à produire une vive impression sur les subordonnés de Moltke, à leur enlever le peu de confiance qui pouvait leur rester en leur chef. Schlieffen lui avait légué un plan que l'armée considérait comme infaillible, les troupes avaient accompli

---

1. Hausen a calculé qu'en arrivant sur la Seine et l'Aube, son armée, comptant trois corps d'armée seulement, aurait un front de 80 kilomètres.

magnifiquement tout ce qu'on avait exigé d'elles pour en assurer l'exécution. C'était donc la faute du commandement suprême si l'on se trouvait maintenant en si fâcheuse posture qu'il fallait en prendre le contre-pied.

Parmi les commandants d'armée, dont plusieurs avaient déjà souvent enfreint les ordres supérieurs, il s'en trouva un qui se refusa à exécuter les nouvelles instructions : ce fut Kluck. Depuis le 13 août, date à laquelle son armée s'était mise en route d'Aix-la-Chapelle, il n'avait visé qu'un but, celui que lui fixait le plan Schlieffen, enfoncer le flanc gauche de l'ennemi. Pas un jour il ne s'était arrêté sur l'immense trajet qui avait conduit ses troupes par Bruxelles et Amiens jusqu'au delà de la Marne; pas une heure il n'avait songé à autre chose qu'à remplir la mission qui devait faire de lui le principal artisan de la victoire, le grand triomphateur de la guerre. Ses régiments avaient fourni une suite d'étapes comme jamais on ne l'avait fait avant eux; partout où ils avaient rencontré l'ennemi, ils l'avaient battu de telle façon qu'on ne l'avait plus revu depuis, malgré la hâte mise à le rejoindre. La poursuite menée sans trêve ni merci, au prix de tant de fatigues, on lui demandait de l'abandonner sans que rien y obligeât. On était au contact des Anglais, de l'aile gauche française; on allait enfin pouvoir leur régler leur compte. Pourquoi reculer, pourquoi renoncer au succès certain? Lui, du moins, ne s'y prêterait pas.

Le 4, au soir, Kluck avait prescrit pour le lendemain la continuation des opérations dans le même esprit que la veille. L'armée, précédée du corps Marwitz, devait atteindre la ligne Esternay (IXe C. A.), Sancy (IIIe C. A.), Choisy (IVe C. A.), Coulommiers (IIe C. A.) Sur la rive droite de la Marne, il ne restait plus à la garde du flanc et des communications que le IVe C. A. R. et la IVe D. C., poussés jusqu'à la région immédiatement au nord de Meaux.

Ces dispositions étaient en voie d'exécution le 5 septembre, lorsque, à 7 heures, on reçut au quartier général de la I<sup>re</sup> armée l'ordre préparatoire de Moltke. Kluck, après en avoir pris connaissance, ne chercha que le moyen de l'éluder. Le commandement suprême, toujours en retard sur les événements, y prescrivait à la I<sup>re</sup> armée de *rester* entre l'Oise et la Marne, alors que la grande majorité de ses forces avait franchi depuis longtemps cette dernière rivière. L'occasion était belle. Kluck, s'en saisit et prit prétexte de cette contradiction matérielle entre la lettre de l'ordre et la réalité des faits. Non seulement il ne ramena pas son armée au nord de la Marne, mais il ne l'arrêta point et la laissa s'avancer vers le sud. Il marqua clairement son intention de persévérer dans cette direction en transférant dans la journée son quartier général à Rebais, localité située à 12 kilomètres au delà de la Marne.

Avant de quitter la Ferté-Milon, il crut se mettre à couvert en répondant au commandement suprême par un message tendancieux, plein d'affirmations erronées et de suppositions gratuites, sur un ton dont la désinvolture frise l'impertinence : « La I<sup>re</sup> armée, par suite des précédentes instructions du commandement suprême, est en marche sur Rebais et Montmirail vers la Seine. Elle est couverte face à Paris par deux corps d'armée sur les deux rives de la Marne. On est au contact immédiat d'environ trois divisions anglaises à Coulommiers et de l'aile ouest des Français à Montmirail. Ceux-ci opposent une vive résistance avec leurs arrière-gardes et subiraient sans doute des pertes sévères si on les poursuivait jusqu'à la Seine. Ils n'ont été jusqu'ici refoulés que de front et nullement mis hors de cause. Ils se retirent vers Nogent-sur-Seine. Si on exécute l'ordre reçu d'investir Paris, ces éléments ennemis reprendront leur liberté de manœuvre sur Troyes. A Paris il n'y a probablement de forces importantes qu'en voie de concen-

tration. On y dirigera certainement des parties des armées
de campagne, mais cela demandera du temps. Je tiens pour
une opération peu heureuse en ce moment celle qui consisterait à abandonner le contact avec un ennemi parfaitement
capable de combattre vigoureusement et à déplacer les I$^{re}$
et II$^e$ armées. Je propose de mener la poursuite jusqu'à la
Seine et d'investir ensuite Paris ».

Pendant toute la journée du 5 septembre, les comptes
rendus des corps d'armée ne signalèrent au quartier général de la I$^{re}$ armée aucun combat important. Sur tout le
front de marche l'ennemi avait encore reculé après échange
de quelques coups de canon. Un message du IV$^e$
C. A. R., reçu dans l'après-midi, portait qu'il avait
reconnu la présence à Dammartin d'éléments adverses
assez faibles mais qui restaient encore en position. Tout
paraissait donc aller pour le mieux.

Dans la soirée un officier de liaison du grand quartier
général vint apporter l'instruction générale rédigée la
veille à Luxembourg. On reçut en même tempe la visite du
lieutenant-colonel Hentsch, l'inspirateur favori de Moltke,
qui était chargé de mettre les exécutants au courant
de la situation générale et de leur faire comprendre les
nécessités de l'heure. Il finit par avoir raison des résis-
tances de Kluck et obtint qu'il ramenât son armée derrière
la Marne. « Prenez vos dispositions en toute tranquillité,
ajouta-t-il, rien ne presse. » Il ne savait pas qu'au moment
où il prononçait ces paroles, le IV$^e$ C. A. R. et la IV$^e$ D. C.,
seule couverture du dispositif allemand, se repliaient vers
l'Ourcq, après avoir livré pendant toute l'après-midi un violent combat à des forces supérieures en nombre sorties du
camp retranché de Paris.

# CHAPITRE XI

## LES PRÉLIMINAIRES
## DE LA BATAILLE DE LA MARNE

### SITUATION GÉNÉRALE DES ARMÉES ALLEMANDES

Dans la soirée du 5 septembre, le haut commandement allemand, aussi bien Moltke que les chefs d'armée, ne soupçonnait pas le moins du monde que la retraite des Alliés avait pris fin et que le lendemain ils passeraient à l'offensive sur tout le front de Paris à Verdun. Au grand quartier général, si on s'inquiétait des transports de troupes d'est en ouest signalés chez l'ennemi, on ne s'attendait toutefois qu'à une attaque partielle sur la droite, aucunement à une action d'ensemble. Encore cette attaque partielle ne paraissait-elle pas imminente à Moltke, comme le prouvent les recommandations de son envoyé Hentsch à Kluck, l'engageant à procéder sans hâte au regroupement de la 1ʳᵉ armée destiné à faire face entre la Marne et l'Oise aux entreprises éventuelles de l'adversaire.

Kluck croyait encore moins que son chef à un danger prochain. Toute son attitude les jours précédents et ce jour-là en fait foi. Cependant, à 23 heures, après son entrevue avec Hentsch, il consentait à expédier un ordre d'opérations comportant, pour le 6 septembre, un premier redressement de sa ligne face au sud-ouest par échelonnement de ses corps d'armée, de la gauche à la droite. A cet effet, le II<sup>e</sup> C. A. devait se porter dans la boucle de la Marne à l'est de Trilport, le IV<sup>e</sup> C. A. à Doué, le III<sup>e</sup> C. A. à la Ferté-Gaucher ; le IX<sup>e</sup> C. A. resterait sur place à Esternay. Ordre était donné de faire garder les ponts de la Marne et de renvoyer les parcs et convois au nord de la rivière. Au II<sup>e</sup> C. C. revenait la mission de masquer le mouvement de repli en s'avançant vers le sud-ouest par Lumigny et Rozoy. Le quartier général de l'armée était transféré de Rebais à Charly-sur Marne.

Au moment où il prenait ces dispositions, Kluck ignorait encore que le IV<sup>e</sup> C. A. R. se trouvait engagé depuis le commencement de l'après-midi au nord de Meaux. Il n'en fut prévenu que dans la nuit, à ce qu'il prétend, quoiqu'il n'y ait pas plus de 40 kilomètres entre Barcy, où se tenait le commandant du IV· C. A. R., et Rebais, quartier général de la I<sup>re</sup> armée.

A la II<sup>e</sup> armée on ne croyait pas non plus que les Français étaient en mesure de reprendre l'offensive. On était persuadé qu'ils ne cherchaient qu'à se réfugier au plus vite derrière la Seine. La nouvelle instruction générale du commandement suprême, prescrivant à la II<sup>e</sup> armée de s'établir entre la Seine et la Marne face à Paris fut remise le 5 septembre, à 8 h.30, à Bülow, à son quartier général de Dormans. Il arrêta aussitôt la marche de son aile droite, dont une partie, le VII<sup>e</sup> C. A. se trouvait d'ailleurs masquée par la gauche de la I<sup>re</sup> armée, qui s'était introduite devant elle dans sa zone d'opérations et bloquait notamment la grand' route au sud de Montmirail. Le commandant de la II<sup>e</sup> armée prescrivit seulement à sa gauche (C. A. de la Garde) de pousser jusqu'à Morains-le-Petit. Dans la soirée, cette localité restait aux mains d'une arrière-garde française, qui la défendit victorieusement. Les gros de la II<sup>e</sup> armée ne dépassèrent pas sensiblement la ligne Montmirail-Vertus.

Bülow avait l'intention de marcher, le 6, la gauche en avant, de manière à entamer le redressement face au sud-ouest prescrit par Moltke. Le VII<sup>e</sup> C. A. devait se placer entre la Marne et le Petit Morin, son centre à Artonges ; le reste de la ligne pivoterait autour de Montmirail pour s'aligner sur Sézanne et Marigny-le-Grand. Au cours de ce mouvement la gauche allait être complètement découverte par suite du retard de la III<sup>e</sup> armée, restée le 5 septembre sur la Marne, mais on s'en souciait peu. Les Français n'étaient-ils pas en pleine retraite ? La confiance des exécutants était telle que le général von Emmich, commandant le X<sup>e</sup> C. A., constituait, pour poursuivre l'ennemi, un détachement léger de cavalerie, de cyclistes et d'artillerie, auquel il donnait comme premier objectif Villenauxe, à plus de 30 kilomètres en avant du front. Le I<sup>er</sup> C. C., que Bülow avait orienté vers sa droite, était maintenant séparé de lui par l'aile gauche de la I<sup>re</sup> armée, la D. C. de la Garde à Chartronges, la V<sup>e</sup> D. C. à Montceaux.

La première ligne de la III<sup>e</sup> armée n'ayant pas bougé le 5 septembre, la XXIII<sup>e</sup> D. R., laissée devant Reims le 3 septembre, la rejoignit avec sa tête. Quant à la XXIV<sup>e</sup> D. R., chargée à la fin d'août de réduire Givet, elle venait seulement de passer l'Aisne. Dans l'après-midi, Hausen, transféra son quartier général à Châlons-sur-Marne, où des comptes rendus d'aviation lui apprirent que de nombreuses colonnes ennemies avaient été aperçues en marche vers la Seine. Par contre le détachement de cavalerie qu'il avait formé la veille s'était vu arrêté par des escadrons français supérieurs en nombre. Dans la soirée, on reçut à Châlons un radio contenant la substance de l'instruction générale aux termes de laquelle la III° armée devait continuer à marcher vers le sud, dans la direction générale de Troyes-Vendeuvre. Hausen donna en conséquence l'ordre à son armée de se porter le lendemain jusqu'à une ligne allant de l'est de Vertus jusqu'au nord de Vitry-le-François, à Loisy-sur-Marne.

Aux IV° et V° armées, l'instruction générale ne donnait aucune mission nouvelle; elle ne faisait qu'accentuer le caractère offensif de leur mouvement vers le sud-est. Le 5 au soir, la IV° armée avait son front au nord de l'Ornain et parallèle à ce cours d'eau qu'elle devait attaquer le lendemain. A la V° armée, le V° C. A., revenant de Thionville, se dirigeait vers la Woëvre, un rideau de troupes le reliait par le nord de Verdun au gros de l'armée, qui s'alignait à travers la vallée de l'Aire et l'Argonne jusqu'à l'Aisne.

En Lorraine, la situation n'avait guère changé pendant les derniers jours d'août et les premiers de septembre, ce qui s'explique par la mission défensive donnée aux deux partis en présence. On se rappelle que l'instruction générale du 27 août prescrivait au prince de Bavière de couvrir la Lorraine et la Haute Alsace contre toute attaque éventuelle et de ne se porter contre la ligne de la Moselle qu'en cas de retraite des Français. S'inspirant de cette directive et encore sous l'impression des revers essuyés par la VI° armée les 25 et 26 août, le prince Rupprecht était resté à peu près inactif, si bien que le général Joffre avait pu retirer de devant son front le 7° C. A. et la 8° D. C. avant la fin d'août, puis la 10° D. C. (1er septembre), le reste du 9° C. A. (2 septembre), les 15° et 21° C. A. (3 septembre).

Au commencement de septembre, le commandement suprême ne savait plus bien lui-même que faire des forces

14

considérables qu'il avait amassées en Lorraine. Tappen
l'avoue ingénument [1]. On hésita longuement, puis on
finit par décider de les renvoyer à l'attaque de la trouée
de Charmes, dans la direction générale de Neufchâteau.

Le prince de Bavière, instruit par son premier échec,
se rendait compte de l'impossibilité d'entreprendre une
action en pointe vers la Moselle avant d'avoir fait tomber
le bastion formé par le Grand Couronné de Nancy. En
conséquence, il prit cette position comme premier objectif de son offensive. L'opération fut confiée à des troupes
de la garnison de Metz dans le secteur nord, à un corps
d'ersatz mobile dans le secteur est, au III⁰ C. A. bavarois
plus au sud. On estimait avoir aisément raison des défenseurs assaillis de trois côtés en même temps. L'attaque
commença le 4 septembre et prit pied le lendemain dans
les lignes avancées françaises, mais en subissant de très
grosses pertes, qui paralysèrent son élan. Dès le 6, l'armée du général de Castelnau prononçait des contre-
attaques heureuses sur le front est du Grand Couronné et
enrayait définitivement les progrès des assaillants. L'affaire était manquée.

Telle était la situation générale des armées allemandes
au moment où les Alliés, changeant d'attitude, arrêtaient
leur retraite pour prendre l'offensive sur tout leur front
entre Paris et Verdun. La masse principale allemande qui
allait se mesurer à eux sur le vaste champ de bataille s'é-
tendant de l'une à l'autre de ces deux forteresses se trouvait quelque peu désunie par suite du manque de coordina-
tion de ses mouvements les jours précédents. Les I⁰, II⁰,
et III⁰ armées étaient échelonnées la droite en avant et
devaient exécuter, à partir du 6 septembre, des opérations

1. *Bis zur Marne*, p. 15.

en sens inverse, la I<sup>re</sup> armée ramenant ses corps d'armée
en arrière, en commençant par ceux de droite, la II<sup>e</sup> maintenant sa droite immobile tandis que son centre et sa
gauche continueraient à avancer, la III<sup>e</sup> armée se dirigeant en entier vers le sud. Au delà, les IV<sup>e</sup> et V<sup>e</sup> armées
formaient un groupe à part, orienté dans une direction
divergente au sud-est.

Ces divers mouvements représentaient pour ainsi dire
la traduction sur le terrain des flottements du commandement suprême. L'indécision du général en chef, qui s'était
affirmée en toute occasion depuis le commencement de la
campagne, avait appris aux commandants d'armée à agir
en toute indépendance sans se soucier des ordres supérieurs
ni de l'action des voisins. Ils en étaient arrivés à perdre
de vue complètement la manœuvre d'ensemble pour ne
plus s'occuper que de leur propre unités. Cette étroitesse
de vues, cet égoïsme, dont on a déjà vu des manifestations en Belgique, s'étaient maintenant aggravés et généralisés. Ils allaient constituer, du côté allemand, le
caractère dominant de la conduite des opérations à la
bataille de la Marne.

D'ailleurs, malgré les pertes éprouvées, la réduction des
effectifs et la fatigue des troupes, malgré le manque de
confiance dans le commandement suprême, le moral des
armées germaniques n'avait nullement faibli. La certitude
de vaincre y demeurait aussi absolue qu'au premier jour.
Ce sentiment se fondait sur la supériorité tactique qui
s'était révélée dans les rencontres du début, sur la
suite déjà longue des succès remportés, sur la retraite
rapide de l'ennemi, qui faisait croire à son découragement
et à son incapacité d'affronter une nouvelle action générale.

Ce mépris de l'adversaire était naturellement le plus accentué dans les corps qui avaient jusque-là rencontré le moins de résistance de sa part. Aussi allait-il en décroissant de la droite à la gauche de la ligne. Il était complet à la I$^{re}$ armée qui avait bousculé sans beaucoup de peine les Anglais à Mons et au Cateau, les Français à Combles, à Proyart et à Senlis. On le sentait déjà moins à la II$^e$ armée, qui se souvenait de Guise. La III$^e$ armée n'avait pour sa part jamais remporté de victoire nette à armes égales. Quant aux IV$^e$ et V$^e$ armées, les difficultés qu'elles avaient dû surmonter sur la Meuse leur dictaient une grande circonspection.

### LA RETRAITE DE L'AILE GAUCHE DES ALLIÉS

Passons maintenant dans le camp opposé, chez les Alliés. On a vu que le lendemain même de la défaite de Belgique, le 25 août, le général Joffre avait résolu de reprendre l'offensive dès qu'il le pourrait et en manœuvrant par sa gauche avec une nouvelle armée. Comme nous l'avons dit, on ne pouvait se procurer les éléments de cette nouvelle armée que dans l'est. Il fallait les relever dans les secteurs où ils étaient engagés, les acheminer vers les gares d'embarquement, les transporter d'un bout à l'autre du théâtre des opérations, enfin les grouper dans la région désignée pour leur concentration. Ces multiples mouvements exigeaient du temps et pendant ce temps il ne fallait pas, sur le front, se laisser accrocher par l'ennemi. Si tout allait bien, on espérait pouvoir repasser à l'attaque à hauteur de la Somme, le 2 septembre.

Malheureusement le lendemain du jour où ces dispositions avaient été arrêtées, l'accrochage se produisit et au point le plus dangereux, à l'extrême gauche, où le général Smith Dorrien fut rejoint entre le Cateau et Cambrai par les troupes de Kluck. Cette affaire eut des conséquences néfastes ; elle rendit très difficile la retraite ultérieure de l'aile exposée et nuisit à la cordialité des rapports entre Anglais et Français. Pour ramener la confiance chez nos Alliés, le général Joffre se vit contraint de faire intervenir prématurément les divisions qui devaient constituer la nouvelle armée de manœuvre, la 6ᵉ armée.

Le plan du 25 août se trouva déjà sérieusement compromis par ces événements. La marche rapide de la Iʳᵉ armée allemande fit le reste. Le 28 et le 29 août, notre 6ᵉ armée était dispersée avant même d'avoir achevé son rassemblement. Elle se vit obligée de se souder tant bien que mal en même temps qu'elle rétrogradait, dure épreuve qui allait fatalement exercer une fâcheuse influence sur sa valeur.

Le 31 août, par bonheur, Kluck abandonnait la poursuite des forces du général Maunoury et obliquait au sud-est. Cette orientation nouvelle des colonnes ennemies procurait à notre 6ᵉ armée un double avantage. D'abord elle lui donnait du répit, lui permettait de se ressaisir et de se reformer sans être talonnée à chaque instant ; ensuite elle la plaçait automatiquement en position débordante par rapport au front allemand et la mettait ainsi en mesure de jouer le rôle qui lui était dévolu dans le plan du 25 août. Le général Maunoury ne s'y trompa pas. Fort bien renseigné par ses reconnaissances sur le mouvement de l'adversaire, il en rendit aussitôt compte au général en chef et lui demanda s'il ne convenait pas d'en profiter pour attaquer en flanc l'aile droite allemande.

Une pareille manœuvre répondait parfaitement aux projets du général Joffre, mais, pour qu'elle réussît, il eût fallu qu'on reprît en même temps l'offensive sur tout le front jusqu'à la Meuse. En restant isolée, l'attaque de la 6ᵉ armée n'eût rien obtenu de décisif. Or, à ce moment, une action générale n'était pas possible à cause de la rapide retraite des Anglais, qui créait une brèche dans la ligne des Alliés. Aussi le général Joffre se vit-il obligé de remettre à plus tard l'exécution de son plan. Il en avisa son subordonné par la réponse suivante :

« Vous appréciez très nettement la situation. Mais, en raison de la distance qui vous sépare de la 5ᵉ armée, votre intervention risquerait d'être inefficace... Votre rôle consiste à couvrir Paris. En conséquence, repliez-vous sur la capitale et mettez-vous dès maintenant en relations avec le gouverneur militaire. »

D'ailleurs, dès le 1ᵉʳ septembre, l'occasion, entrevue la veille, se perdit. La Iʳᵉ armée allemande, après avoir traversé l'Oise, ne poussait plus au sud-est, mais reprenait sa marche vers le sud, qu'elle continua pendant toute la journée du 2. La 6ᵉ armée française, de son côté, exécutant les instructions du général en chef, s'était rapprochée de la capitale, le 7ᵉ C. A. restant encore sur la rive droite de l'Oise, tandis que le groupe Lamaze s'était porté sur la rive gauche, où il s'alignait de Creil à Senlis. Sa droite (56ᵉ D. R.) entra en contact à Senlis avec le IIᵉ C. A. allemand et eut quelque peine à rompre l'engagement.

A cette date du 2 septembre, la 6ᵉ armée fut incorporée dans les armées de Paris, commandées par le général Galliéni. Sur l'ordre de son nouveau chef, le général Maunoury déplaça ses troupes le lendemain de manière à préparer l'occupation du secteur qui lui était assigné pour la défense du camp retranché entre la route de Paris à Senlis et la Marne. Le 3, la 6ᵉ armée était articulée comme suit :

Brigade marocaine (Ditte) [1]     Dammartin.

---

1. La Brigade Marocaine se composait de 5 bataillons de fantassins marocains, alors que la Division du Maroc, qui faisait partie du 9ᵉ C. A., ne comprenait que des troupes françaises ou algériennes prélevées sur le corps expéditionnaire du Maroc.

56ᵉ D. R.                    Dammartin.
55ᵉ D. R.                    Moussy-le-Neuf.
14ᵉ D. I.                    Louvres.
63ᵉ D. R.                    Ecouen.

Le dispositif était ainsi complètement orienté vers le nord, face à la région boisée constituée par les forêts d'Ermenonville et de Chantilly, de laquelle on s'attendait à voir déboucher d'un instant à l'autre les masses ennemies. La droite française se trouvait très en l'air du fait du repli des Anglais derrière la Marne. Pour maintenir la liaison avec la gauche du maréchal French il eût fallu une nombreuse cavalerie. Or le corps Sordet (1ʳᵉ, 3ᵉ et 5ᵉ D. C.), primitivement rattaché à la 6ᵉ armée, avait été tellement épuisé pendant la retraite que, quelques jours auparavant, on l'avait ramené à l'arrière pour qu'il pût se refaire dans la région de Versailles ; il ne laissa sur le front qu'une division de cavalerie provisoire, formée de ses éléments les moins éprouvés et placée sous le commandement du général de Cornulier-Lucinière. En revanche, le général Galliéni avait renforcé la 6ᵉ armée d'une brigade de cavalerie prélevée sur la défense mobile de Paris (brigade Gillet); cette unité, composée de réservistes, couvrait la droite de la 6ᵉ armée.

Les premiers renseignements de la matinée du 3 septembre avaient d'abord fait croire que l'ennemi allait franchir la région boisée pour apparaître devant le secteur nord de Paris, mais la journée se passa sans qu'aucune troupe allemande se montrât au sud des forêts. Au contraire, les reconnaissances aériennes aussi bien que les patrouilles de cavalerie et des observateurs en automobile signalèrent la marche de fortes colonnes partant de la région à l'est de la forêt d'Ermenonville et se dirigeant sur la Marne en amont de Meaux.

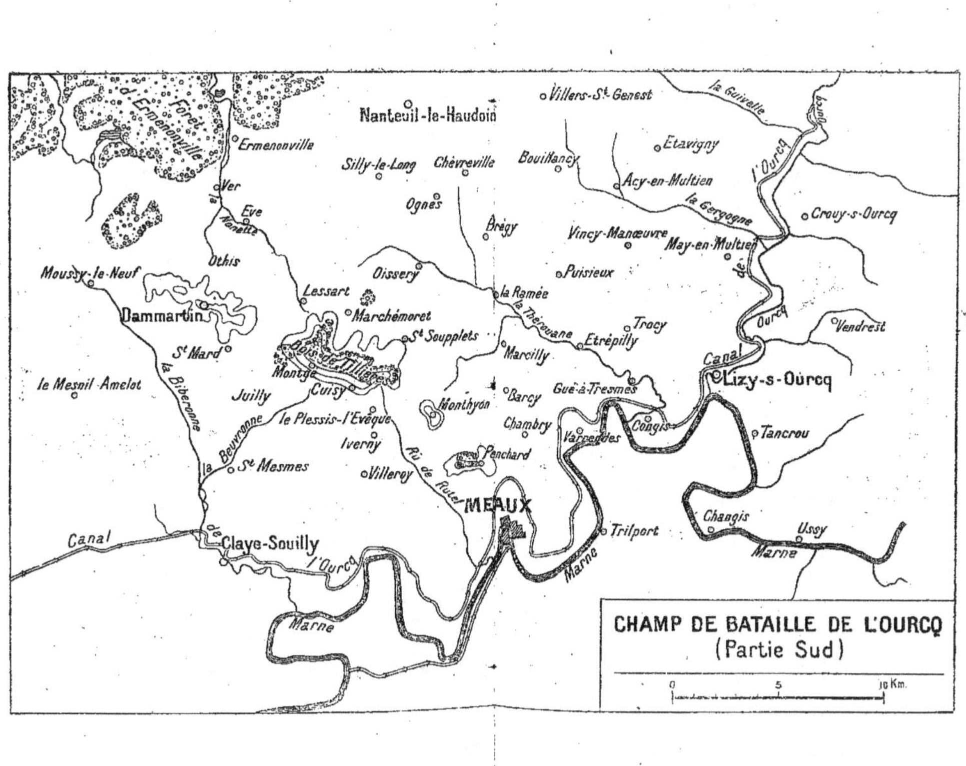

Forêt d'Ermenonville
Nanteuil-le-Haudoin
Villers-St-Genest
la Guivelle
Ermenonville
Etavigny
Ver
Silly-le-Long
Chèvreville
Bouillancy
Acy-en-Multien
l'Ourcq
Eve
la Nonette
Ognes
Brégy
Vincy-Manœuvre
May-en-Multien
la Gergogne
Crouy-s-Ourcq
Moussy-le-Neuf
Othis
Oissery
Puisieux
Ourcq
Dammartin
Lessart
Marchémoret
la Ramée
la Theirouane
Tracy
Vendrest
St Mard
Bois de Tillers
St Soupplets
Marcilly
Etrépilly
Canal
Lizy-s-Ourcq
le Mesnil-Amelot
la Biberonne
Montgé
Cuisy
Monthyon
Barcy
Gué-à-Tresmes
Congis
Tancrou
Juilly
le Plessis-l'Evêque
Chambry
Varreddes
la Beuvronne
Iverny
Ru de Rutel
Penchard
Changis
Ussy
la
St Mesmes
Villeroy
MEAUX
Marne
Canal
de l'Ourcq
Claye-Souilly
Trilport
Marne
Marne
CHAMP DE BATAILLE DE L'OURCQ
(Partie Sud)
0        5        10 Km.

## LE GÉNÉRAL JOFFRE FIXE L'OFFENSIVE AU 6 SEPTEMBRE

Le général Galliéni avait passé la première partie de l'après-midi du 3 septembre à rendre visite à ses lieutenants dans le secteur nord de Paris afin d'y activer les préparatifs de défense. Rentré à son quartier général du boulevard des Invalides à 18 h. 30, il y trouve les comptes rendus des reconnaissances de la matinée, et, avec la lucidité géniale des grands capitaines, discerne aussitôt le sens de la manœuvre de l'ennemi. Celui-ci cherche à couper de Paris le gros des forces du général Joffre, mais en visant ce but, en infléchissant la marche de ses colonnes vers le sud-est, il crée de nouveau la situation qui s'était présentée le 31 août. La 6ᵉ armée est placée pour la seconde fois en position débordante par rapport à la ligne adverse; elle n'a qu'à faire face à droite pour menacer le flanc de Kluck et même ses communications si le général allemand continue à avancer au delà de la Marne.

Jamais, depuis le 25 août, la situation de l'aile gauche française ne s'est mieux prêtée à l'application du plan du général Joffre. Le général Galliéni en a aussitôt la perception très nette et se rend pleinement compte du profit qu'on peut tirer de l'imprudence de l'adversaire. L'action de la 6ᵉ armée à l'est du camp retranché contre le flanc et les communications de la droite ennemie doit donner des résultats d'importance capitale si les autres armées attaquent en même temps.

Le peuvent-elles?

La retraite des 3ᵉ et 4ᵉ armées ainsi que du détachement

d'armée Foch[1] s'était accomplie dans d'assez bonnes conditions, mais la 5ᵉ armée, retardée devant Guise et Saint-Quentin le 30 août, avait effectué son repli d'autant plus péniblement que le corps expéditionnaire britannique, par la rapidité de son mouvement rétrograde, laissait constamment son flanc gauche découvert. Le général Joffre avait compris qu'il fallait encore abandonner du terrain avant de livrer bataille et, par son instruction générale nº 4, du 1ᵉʳ septembre, indiquait, comme limite du recul, la ligne de la Seine. L'instruction indiquait bien que cette limite ne devait pas forcément être atteinte, mais le lendemain, par une note adressée aux commandants d'armée, le général en chef précisait son intention de reporter la masse de ses forces jusqu'à la rive gauche du fleuve.

Le maréchal French, complètement découragé après l'affaire du Cateau, avait écrit à Lord Kitchener, ministre de la Guerre, qu'il se refusait à rester sur la ligne de bataille et qu'il envisageait l'éventualité du retrait de ses troupes sur leurs bases. Au reçu de cette surprenante communication, Kitchener avait passé le détroit pour conférer avec French et obtenu de lui l'assurance que le corps expéditionnaire n'abandonnerait pas son poste sur le front de combat. Le commandant en chef britannique n'en restait pas moins très peu enclin à opérer vigoureusement.

Bien des difficultés restaient donc à surmonter avant qu'on adoptât l'idée de manœuvre conçue le 3 septembre au soir par le général Galliéni.

Ne voulant s'engager qu'à coup sûr, le commandant des armées de Paris attend que les renseignements de la nuit viennent confirmer ceux qu'il a déjà recueillis. Le 4 au matin, toutes les informations recoupent celles de la veille;

---

1. Constitué le 29 août avec les éléments de gauche de la 4ᵉ armée 9ᵉ C. A., 52ᵉ et 60ᵉ D. R., 4ᵉ D. C.). Renforcé par la 42ᵉ D. I., prélevée sur le 6ᵉ C. A., il devient cinq jours plus tard la 9ᵉ armée.

aucun doute ne peut plus subsister. Le moment est venu.

Le premier soin du général Galliéni est d'orienter la 6ᵉ armée sur sa mission ; celle-ci était défensive, face au nord ; elle devient offensive, face à l'est. A 9 heures, il communique au général Maunoury un bulletin de renseignements résumant les données qu'on possède sur les mouvements de l'ennemi et un ordre visant les dispositions préliminaires à prendre :

« En raison du mouvement des armées allemandes, qui paraissent glisser en avant de notre front dans la direction du sud-est, j'ai l'intention de porter votre armée en avant dans leur flanc, c'est-à-dire dans la direction de l'est, en liaison avec les troupes anglaises.

Je vous indiquerai votre direction de marche, dès que je connaîtrai celle de l'armée anglaise. Mais prenez dès maintenant vos dispositions pour que vos troupes soient prêtes à marcher cet après-midi et à entamer demain un mouvement général dans l'est du camp retranché.

Poussez immédiatement des reconnaissances de cavalerie dans tout le secteur entre la route de Chantilly et la Marne.

Je mets la 45ᵉ division dès maintenant sous vos ordres[1].

Venez de votre personne me parler le plus tôt possible ».

Le général Maunoury arrive à 11 heures au boulevard des Invalides. Après un échange de vues au cours duquel on s'entend sur l'exécution de l'ordre donné le matin, les deux chefs partent pour Melun, quartier général britannique. Le maréchal French en est absent. Son chef d'état-major, qui le remplace, se montre très fermé ; après deux heures d'efforts pour lui faire admettre les avantages de

---

1. La 45ᵉ D. I. (Drude), formée à Oran, se trouvait depuis le 2 septembre entre Noisy-le-Sec et Vincennes. Ses régiments d'infanterie avaient des effectifs renforcés ; par contre l'artillerie ne comptait qu'un seul groupe de 75, au lieu de trois.

la manœuvre offensive, les généraux français repartent pour Paris sans avoir rien obtenu.

Vis-à-vis du général Joffre, le général Galliéni sera plus heureux. Il n'a cessé, bien entendu, de le tenir au courant des événements, et, avant de se rendre à Melun, il a fait téléphoner au grand quartier général, à Bar-sur-Aube, la teneur de l'ordre qu'il a adressé à la 6ᵉ armée, ordre à la suite duquel cette armée sera en situation d'attaquer vers l'est, soit par la rive droite, soit par la rive gauche de la Marne.

Le général Joffre hésite quelque temps. Repliera-t-il ses armées jusqu'à la Seine, comme il l'a prescrit par sa note du 2 septembre, ou leur fera-t-il prendre l'offensive sur le champ ? Il incline d'abord vers la première de ces solutions, ainsi qu'il résulte d'un message envoyé à Galliéni à 13 heures. Cependant, à la réflexion, les avantages de l'action immédiate se dégagent, se précisent dans l'esprit du chef, qui depuis si longtemps déjà, et le premier, a formé le projet d'envelopper l'aile droite de l'ennemi. Il voit maintenant l'occasion à sa portée. Mais pour se décider à la saisir, il faut d'abord savoir à quoi s'en tenir sur la capacité offensive de la 5ᵉ armée et de l'armée britannique. En conséquence il télégraphie au général Franchet d'Esperey, qui remplace depuis la veille le général Lanrezac à la tête de la 5ᵉ armée, pour lui demander si son armée est en état de « livrer bataille avec chance de réussite ». Justement le général Franchet d'Esperey, au moment où il reçoit ce message, est en conférence avec le général Wilson, délégué du maréchal French, qui lui a donné pleins pouvoirs. Il le lui communique et tous deux conviennent de répondre au général Joffre que leurs armées seront en état d'attaquer le 6 septembre.

L'accord est donc complet. Aussi, lorsque vers 19 heures le général Galliéni téléphone personnellement au commandant en chef pour plaider sa cause, il trouve la partie gagnée. L'offensive sera prise simultanément sur tout le front de Paris à Verdun le 6 septembre, la 6ᵉ armée attaquant par la rive droite de la Marne.

Dans la nuit du 4 au 5 part du grand quartier général l'ordre assignant leur tâche aux armées de la gauche et du centre :

« 1° Il convient de profiter de la situation aventurée de la Iʳᵉ armée allemande pour concentrer sur elle l'effort des armées alliées d'extrême gauche.

Toutes dispositions seront prises dans la journée du 5 septembre en vue de partir à l'attaque le 6.

Dispositif à réaliser pour le 5 septembre au soir :

*a*) Toutes les forces disponibles de la 6ᵉ armée au nord-est de Meaux, prêtes à franchir l'Ourcq entre Lizy-sur-Ourcq et May-en-Multien dans la direction générale de Château-Thierry. Les éléments disponibles du corps de cavalerie qui seront à proximité seront remis aux ordres du général Maunoury pour cette opération.

*b*) L'armée anglaise établie sur le front Changis-Coulommiers face à l'est, prête à attaquer dans la direction générale de Montmirail.

*c*) La 5ᵉ armée, se resserrant légèrement sur sa gauche, s'établira sur le front général Courtacon-Esternay-Sézanne, prête à attaquer dans la direction générale sud-nord, le corps de cavalerie Conneau assurant la liaison entre l'armée anglaise et la 5ᵉ armée.

2° La 9ᵉ armée (général Foch) couvrira la droite de la 5ᵉ armée en tenant les débouchés sud des marais de Saint-Gond et portant une partie de ses forces sur le plateau au nord de Sézanne.

3° L'offensive sera prise par ces différentes armées le 6 septembre, dès le matin.»

Cet ordre est complété, un peu plus tard, par des instruclions visant les 4ᵉ et 3ᵉ armées, la première devant faire tête à l'ennemi et lier son mouvement à celui de la seconde; celle-ci débouchera au nord de Revigny vers l'ouest pour attaquer le flanc gauche des forces ennemies qui marchent à l'ouest de l'Argonne.

Le général Galliéni n'a pas attendu de recevoir le texte intégral de l'ordre du commandant en chef pour prendre ses dispositions. La conversation téléphonique de 19 heures lui a suffi.

Dès 20 h. 30, il expédie au général Maunoury, un ordre d'opérations pour la journée du lendemain.

« I. — Tous les renseignements concordent à démontrer que les gros de la Iʳᵉ armée allemande, qui faisaient face jusqu'ici à la 6ᵉ armée, se sont orientés vers le sud-est. Des colonnes importantes ont été signalées hier soir se dirigeant sur la Marne pour la franchir entre la Ferté-sous-Jouarre et Château-Thierry. Ce mouvement paraît nettement dirigé contre la droite anglaise et la gauche de la 5ᵉ armée française. Une colonne allemande, qui paraît constituer la droite allemande, était aujourd'hui en marche de Nanteuil-le-Haudoin sur Meaux et Lizy-sur-Ourcq.

Dans ces conditions, Paris cessant d'être menacé, toutes les forces mobiles de l'Armée de Paris doivent manœuvrer de manière à conserver le contact avec l'armée allemande et à la suivre pour se tenir prêtes à participer à la bataille à prévoir.

L'armée anglaise a fait connaître qu'elle se prépare à agir dans le même sens.

II. — La 6ᵉ armée poussera des reconnaissances de cavalerie dans les directions de Chantilly, Senlis, Nanteuil-le-Haudoin, Meaux et Lizy-sur-Ourcq. Des dispositions sont prises pour renforcer la cavalerie de la 6ᵉ armée de tous les éléments disponibles.

III. — Demain la 6ᵉ armée se mettra en mouvement dans la direction de l'est en se maintenant sur la rive droite (nord) de la Marne de manière à amener son front à hauteur de Meaux et à être prête à attaquer le 6 au matin en liaison avec l'armée anglaise qui attaquera sur le front Coulommiers-Changis... »

La suite de l'ordre énumère les unités qui seront successivement acheminées dans le secteur nord-est de Paris pour renforcer la 6ᵉ armée. Ce sont : la 45ᵉ D. I. déjà placée depuis le matin à la disposition du général Maunoury, puis le 4ᵉ C. A., provenant de la 3ᵉ armée et dont la division de tête (8ᵉ D. I.) vient de débarquer à Asnières, enfin les 61ᵉ et 62ᵉ D. R. Celles-ci, ramenées avec beaucoup de peine dans la région parisienne après leur fâcheuse aventure en Picardie, cantonnent aux environs de Pontoise, où on les a groupées sous les ordres du général Ebener, qui s'efforce de les remettre en état de combattre; elles doivent se porter vers l'est, de manière à se rapprocher du théâtre des opérations actives; la moins éprouvée, la 61ᵉ, recevra l'ordre de gagner le Mesnil-Amelot le 6 septembre.

Dès qu'il a reçu cet ordre, le général Maunoury donne des instructions à ses unités pour les redresser face à l'est dans les conditions suivantes : groupe Lamaze et brigade marocaine déployés entre Saint-Mesmes et Saint-Mard, 7ᵉ C. A. entre Dammartin et Othis, la 45ᵉ D. I. rassemblée en seconde ligne derrière le centre, la cavalerie (D. C. provisoire et brigade Gillet) couvrant la droite jusqu'au cours de la Marne pour établir la liaison avec les Anglais.

L'exécution de ces dispositions n'a pas encore été entamée le 5 au matin quand l'ordre du grand quartier général, dont on ne connaissait encore le texte que par un message téléphonique, parvient *in extenso*. Il provoque de nouvelles dispositions du général Maunoury prescri-

vant au groupe Lamaze de pousser ses avant-gardes
jusqu'à Penchard et Saint-Soupplets et au 7ᵉ C. A. de
ne porter les siennes que sur la ligne Lessart-Eve-Ver,
ce qui doit amener l'aile gauche de la 6ᵉ armée sensiblement moins loin, dans la direction de l'est, que son
aile droite. Ce mouvement en avant de l'aile droite va
la conduire à se rencontrer, vers le milieu de la journée, avec la flanc-garde de la Iʳᵉ armée allemande. Ainsi
commencera la bataille de la Marne.

# CHAPITRE XII

---

## LA BATAILLE DE LA MARNE
## PREMIÈRE PÉRIODE (5 AU 7 SEPTEMBRE)

---

L'engagement du 5 septembre au nord-ouest de Meaux

Le détachement de flanc-garde constitué le 4 septembre par le général von Kluck pour couvrir sur la rive droite de la Marne le gros de ses forces en marche au sud de la rivière se composait de la IV<sup>e</sup> D. C. et du IV<sup>e</sup> C. A. R. réunis sous les ordres du commandant de cette dernière unité, le général von Gronau.

Le IV<sup>e</sup> C. A. R. comprenait les VII<sup>e</sup> et XXII<sup>e</sup> D. R., cette dernière diminuée d'une brigade, celle du général Lepel, laissée le 23 août à Bruxelles et qui n'avait quitté la capitale belge que le 31 pour rejoindre l'armée. De ce fait l'infanterie ne comptait plus que 19 bataillons, tous de réserve, avec 3 compagnies de mitrailleuses. L'artillerie ne disposait pas de batteries lourdes, comme celle des corps d'armée actifs, et seulement de 12 batteries légères.

Le corps d'armée n'avait été engagé dans aucune action très importante depuis le commencement de la campagne; ses pertes étaient minimes. En revanche il détenait le record du chemin parcouru par des unités allemandes depuis le passage de la frontière française, ayant décrit un vaste détour par Albert, Amiens et Creil.

La IVᵉ D. C. (général von Garnier), dispersée le 1ᵉʳ septembre à la suite du combat de Néry, n'avait pu être rassemblée de nouveau que le 3, à Droiselles, village situé à 3 kilomètres au nord de Nanteuil-le-Haudoin. Elle y reçut 4 canons pour compenser en partie la perte de 2 de ses batteries, qu'elle avait dû abandonner l'avant-veille sur le terrain de l'action.

Le général von Gronau, commandant l'ensemble du détachement, était un vieil officier d'artillerie, dont les débuts remontaient à la bataille de Rezonville. Il y servait comme lieutenant dans une batterie du fameux IIIᵉ corps d'armée, que le général von Alvensleben lança seul contre toute l'armée de Bazaine pour la fixer et l'obliger à suspendre sa retraite, ce qui permit au reste des armées de Frédéric-Charles et de Steinmetz de venir prendre part à la lutte. Cette première leçon ne devait pas être perdue pour Gronau, malgré les quarante-quatre années qui s'étaient écoulées depuis.

Dans la journée du 4 septembre, le IVᵉ C. A. R. venant de Senlis gagnait la région située immédiatement à l'est de Nanteuil-le-Haudoin et y passait la nuit; la IVᵉ D. C. restait à Droiselles. Il n'y avait eu aucune rencontre avec l'ennemi, mais les reconnaissances de cavalerie s'étaient heurtées dans la forêt d'Ermenonville à des postes français, qui les arrêtèrent; elles avaient aperçu un peu de cavalerie et de faibles éléments d'infanterie à Dammartin. Le général von Gronau croyait qu'il s'agissait des avant-postes de la garnison fixe du camp retranché de Paris et ne s'en soucia pas autrement. L'aviation de la I<sup>re</sup> armée n'avait, de son côté, remarqué aucun mouvement de troupes au nord et au nord-est de la capitale, ce qui le confirma dans son opinion.

L'ordre d'opérations du général von Kluck pour la journée du lendemain n'arriva qu'assez tard dans la soirée. Le paragraphe concernant le détachement Gronau était ainsi conçu :

« Le IV<sup>e</sup> C. A. R. se portera demain de la région de Nanteuil-le-Haudoin dans celle de Marcilly-Chambry au nord de Meaux. Il est chargé de la couverture au nord de la Marne contre le front nord-est de Paris. La IV<sup>e</sup> D. C., à l'aile droite, restera subordonnée demain au IV<sup>e</sup> C. A. R. »

En exécution de ces instructions, le IV<sup>e</sup> C. A. R. parti de grand matin le 5 septembre, avait marché en deux colonnes, XXII<sup>e</sup> D. R. à gauche par Bouillancy, Puisieux, sur Chambry, VII<sup>e</sup> D. R. à droite par Chèvreville, Brégy sur Barcy et Marcilly ; la IV<sup>e</sup> D. C. en échelon en arrière suivit l'itinéraire Nanteuil-le-Haudoin, Silly-le-Long, Ognes.

L'infanterie atteignit ses objectifs de marche entre 9 et 10 heures sans aucun incident. Elle venait d'y arriver quand la IV<sup>e</sup> D. C. signala que des escadrons français sortaient de Dammartin, de Saint-Mard, de Juilly et qu'elle s'attendait à être attaquée par une division de cavalerie ennemie. Cette nouvelle vint troubler la belle quiétude de l'état-major du IV<sup>e</sup> C. A. R., qui s'était installé à Barcy. Un peu avant midi, nouveau renseignement, beaucoup plus alarmant : une colonne d'infanterie française se dirigeait de Saint-Mard sur Montgé. Avait-on affaire à un simple soutien de cavalerie ou à une unité plus importante ? Que recélait la région de Dammartin restée impénétrable jusque-là ? La résolution du général von

Gronau fut prise aussitôt. Il était chargé de la protection du flanc des armées allemandes; un danger imprévu se révélait; il fallait le reconnaître au plus tôt et on ne pouvait le faire qu'en y allant voir : « Monsieur le lieutenant-colonel, dit-il à son chef d'état-major, nous n'avons qu'un parti à prendre, c'est d'attaquer », et il donna l'ordre suivant, à 12 h. 15 :

« Dans les bois de Montgé et de Cuisy, de la cavalerie ennemie interdit toute observation à la nôtre. En arrière de ces bois, on signale la présence d'autres éléments de cavalerie ennemie et de l'infanterie.

La VIIe D. R. se portera à l'attaque en plusieurs colonnes par Cuisy et Montgé sur Saint-Mard pour refouler l'ennemi.

La IVe D. C. participera à ce mouvement en se dirigeant par Marchémoret sur Dammartin.

La XXIIe D. R. se tiendra prête à marcher entre Barcy et Monthyon. »

Cet ordre devait naturellement provoquer la rencontre du IVe C. A. R. allemand marchant de l'est à l'ouest avec l'aile droite de la 6e armée française qui marchait d'ouest en est.

Le champ de bataille où cette rencontre allait se produire est coupé diagonalement du sud-est au nord-ouest par une suite de hauteurs : le mamelon boisé qui s'élève immédiatement à l'ouest de Penchard, celui sur lequel est construit le village de Monthyon, enfin la croupe allongée que couronne le bois de Tillières et dont les dernières pentes viennent mourir à l'est de Saint-Mard.

Le commandant de la VIIe D. R. ne se conforma pas exactement à l'ordre qu'il venait de recevoir. Au lieu de fractionner son unité en plusieurs colonnes, il la mit en mouvement en entier sur le chemin qui conduit de Barcy à Monthyon. De même la XXIIe D. R. ne resta pas en position d'attente, comme on le lui avait prescrit, mais elle alla

se saisir du mamelon de Penchard, sans doute pour prévenir l'ennemi sur ce point important ; son avant-garde le
dépassa et se trouva nez à nez avec la brigade marocaine.
Celle-ci s'engagea aussitôt très vigoureusement, refoula les
éléments ennemis qui étaient descendus dans la plaine,
puis se lança à l'assaut du mamelon, sans attendre d'être
soutenue et sans aucun appui d'artillerie. Sous le feu des
canons, des mitrailleuses et des fusils de l'adversaire établi sur cette position dominante, l'attaque échoua avec de
fortes pertes. L'infanterie allemande prit l'offensive à son
tour et rejeta les bataillons indigènes d'un seul élan jusqu'à Villeroy, où elle fut arrêtée par la 55ᵉ D. R.

Cette division s'était déployée sur la ligne Villeroy, Iverny,
le Plessis-l'Evêque, dont elle essaya de déboucher bientôt
après. Elle gagna d'abord un peu de terrain, mais fut vite
clouée au sol par un feu très vif et finalement ramenée sur
les villages qu'elle avait quittés par une puissante contre-
attaque. Le combat se stabilisa. Cependant, quoique l'artillerie française eût pris nettement la supériorité sur celle
de l'ennemi, l'infanterie de la 55ᵉ D. R. se replia à la fin de
l'après-midi un peu en arrière d'Iverny et du Plessis-
l'Evêque.

Plus au nord, l'avant-garde de la 56ᵉ D. R. avait traversé
le bois de Tillières et occupé Saint-Soupplets ; elle y fut
canonnée par les batteries de la IVᵉ D. C. en position sur
les hauteurs d'Oissery, évacua la localité et se replia dans
le bois, où elle se maintint, mais sans pouvoir empêcher
l'ennemi de s'établir à Saint-Soupplets, malgré les renforts
que lui envoyait le gros de la division.

La nuit approchait. Le général von Gronau avait engagé
tout son monde. Dès le début de l'action, en effet, la
XXIIᵉ D. R., désignée comme réserve, lui avait échappé en
se laissant entraîner au combat, à Penchard. Il avait repris
alors les unités de queue de la VIIᵉ D. R., mais s'était vu

contraint ensuite de les diriger sur Saint-Soupplets pour prolonger sa ligne. Quant à la IV* D. C. elle s'était trouvée aux prises avec une partie de la 56* D. R. qui s'avançait au nord du bois de Tillières sur Marchémoret. Vers le nord on constatait la présence de pointes ennemies, celles du 7* C. A.

Dans ces conditions le général von Gronau estima que sa mission était remplie et qu'en restant sur place il risquerait de se voir enveloppé le lendemain par sa droite et bousculé dans la Marne. Il décida de profiter de l'obscurité pour rompre le combat et se mettre hors de portée. L'ordre en fut donné sur le champ.

« La poursuite de l'adversaire battu ne sera pas poussée au delà de la ligne Cuisy-Iverny. A la tombée de la nuit le corps d'armée se repliera derrière la ligne de la Thérouane afin de se soustraire à l'enveloppement qui le menace par le nord et de se retirer hors de la zone d'action du camp retranché.

La VII* D. R. se portera de Saint-Soupplets à la Ramée et du Plessis-l'Évêque à l'ouest d'Etrépilly.

La XXII* D. R. se portera de la ligne Iverny-Penchard jusqu'à la ligne Etrépilly-Gué à Tresmes.

On renforcera les positions cette nuit même. Avant-postes sur la ligne de la Thérouane.

IV* D. C. à Brégy ».

Le repli s'exécuta d'autant plus facilement qu'il faisait un beau clair de lune et que l'armée française n'entreprit rien pour s'y opposer; elle se borna, après la nuit tombée, à occuper Saint-Soupplets, où on captura une poignée de fantassins prussiens qui s'étaient attardés dans le village.

Le général von Gronau avait fort judicieusement choisi, comme position de repli, la ligne de la Thérouane, coupure très apparente du terrain, afin d'éviter qu'on ne s'égarât dans l'obscurité. Il comptait, bien entendu, dès qu'il ferait jour, redresser son front, car en le laissant le long du cours d'eau, c'est-à-dire orienté la droite en avant, il se serait trouvé encore plus exposé que la veille à être tourné. Grâce à ce premier bond en arrière on avait gagné tout le temps voulu pour faire pivoter le lendemain la ligne en la ramenant face à l'ouest de manière à couvrir la vallée de l'Ourcq, axe de ravitaillement de la I$^{re}$ armée.

On a célébré à l'envi le combat du 5 septembre comme une brillante victoire de nos armes. Rien n'est moins exact. Ce fut en réalité une affaire des plus malencontreuses. Le succès tactique resta incontestablement aux Allemands. Dans la partie sud du champ de bataille, ils avaient partout refoulé nos troupes; dans la partie nord, notre infanterie avait devancé l'ennemi sur la croupe du bois de Tillières, mais elle ne sut pas profiter de cet avantage comme celui-ci à Monthyon et à Penchard. Le général von Gronau put en somme accomplir son dessein, qui était de reconnaître nos forces, puis se dérober à sa guise.

Notre échec était dû à la précipitation avec laquelle on avait lancé en avant le groupe Lamaze sans attendre que le 7$^e$ C. A. fût parvenu à sa hauteur et à la mission parfaitement superflue assignée à la D. C. Cornulier-Lucinière à Lagny, soit à plusieurs kilomètres en arrière des objectifs fixés aux 55$^e$ et 56$^e$ D. R. Il en résulta que la 6$^e$ armée, qui disposait sur l'adversaire d'une supériorité numérique considérable, n'en tira aucun parti. Toute sa cavalerie et la majeure partie de son infanterie, dont les deux seules divisions actives, n'intervinrent pas dans l'action, de sorte qu'on se mesura avec l'ennemi à effectifs presque égaux [1].

Au contraire, si on s'en était tenu au premier ordre, celui donné à minuit, qui maintenait l'aile droite de la

---

[1]. 29 bataillons français contre 20 bataillons et 26 escadrons allemands; 72 canons français contre 82 allemands.

6ᵉ armée sur la ligne Saint-Mesmes, Juilly, Saint-Mard, ou bien le détachement Gronau n'aurait pas attaqué et on l'aurait pris à partie le lendemain toutes forces réunies, ou bien il aurait dû, pour établir le contact qu'il cherchait, avancer de 8 kilomètres plus à l'ouest. Le choc se serait produit deux heures plus tard sur un terrain et à un moment tels que le 7ᵉ C. A. n'aurait eu aucune peine à déborder le flanc droit de l'adversaire, et à le mettre aussitôt dans une situation des plus critiques.

Les événements du 5 septembre auraient pu avoir une autre fâcheuse conséquence, celle de dévoiler à l'ennemi les projets du commandement français et de lui permettre de prendre des mesures pour parer les coups qui allaient lui être portés sur tout le front jusqu'à Verdun. Heureusement la première nouvelle n'en parvint à Kluck, par un coup de téléphone du IIᵉ C. A., que dans la nuit, après l'envoi de l'ordre d'opérations[1]. Celui-ci fut à peine modifié ; on se contenta de hâter le mouvement du IIᵉ C. A., qui devait se porter dans la boucle de la Marne à l'est de Meaux ; on lui prescrivit, à minuit, de se mettre en route aussitôt que possible pour soutenir le IVᵉ C. A. R.

Kluck ne crut pas à autre chose qu'à une attaque partielle contre son flanc droit. Peut-être ne jugea-t-il pas nécessaire d'en informer le commandement suprême et ses voisins plus rapidement qu'il ne l'avait été lui-même ;

---

1. C'est du moins ce que déclarent dans leurs ouvrages les généraux von Kluck et von Kuhl. Cette affirmation est bien difficile à admettre. Le général von Gronau avait envoyé le 5 au matin un message des plus rassurants : « L'ennemi, à Dammartin, disait-il, ne paraît pas être en forces, mais semble rester encore en position. » Comment expliquer que ce général, lorsqu'il apprit, avant midi, qu'une colonne adverse marchait contre lui et se décida à attaquer, n'en ait pas rendu compte, puisque, pendant toute la durée du combat, qui révélait d'heure en heure la présence d'effectifs croissants dans le camp opposé, il ait gardé un silence absolu ? Cette négligence est inimaginable de la part d'un chef aussi vigilant, qui précisément prenait l'offensive pour se procurer des renseignements et les aurait, après les avoir obtenus, conservés pour lui.

peut-être Moltke et les commandants d'armée furent-ils renseignés à temps, mais envisagèrent-ils la situation avec la même insouciance que la I<sup>re</sup> armée. Ce qui est certain c'est que notre offensive générale du lendemain surprit complètement l'ennemi d'un bout à l'autre de la ligne de bataille.

### DÉCISIONS DU GÉNÉRAL VON KLUCK LE 6 SEPTEMBRE

Le 6 septembre, à 6 heures, le général von Kluck transférait son quartier général à Charly, sur la Marne, et se portait de sa personne au delà de l'Ourcq. Le général von Gronau avait reporté sa VII<sup>e</sup> D. R. face à l'ouest sur la crête qui s'allonge d'Etrépilly à Vincy-Manœuvre, la XXII<sup>e</sup> D. R. restant sur la Thérouane entre Etrépilly et Gué à Tresmes. L'ennemi ne se montrait nulle part encore. Kluck rentra assez rassuré à Charly, car il espérait que le IV<sup>e</sup> C. A. R. pourrait se maintenir jusqu'à l'entrée en ligne du II<sup>e</sup> C. A., qui avait rompu à 3 h. 30 de la région de Coulommiers. La bonne impression recueillie sur l'Ourcq ne devait pas durer longtemps. De graves nouvelles arrivaient bientôt des points d'où on les attendait le moins, du centre et de la gauche de l'armée[1].

Dans la soirée du 5 septembre, ce centre et cette gauche avaient atteint sans incident le front jalonné par Coulommiers (II<sup>e</sup> C. A.), Choisy (IV<sup>e</sup> C. A.), Sancy et Montceaux (III<sup>e</sup> C. A.), Esternay (IX<sup>e</sup> C. A.). Le II<sup>e</sup> C. C., réduit à deux divisions, les avait poussées respectivement jusqu'à Beau-

1. Voir le croquis page 189.

theil (II⁰ D. C.) et Béton-Bazoches (IX⁰ D. C.). Quant au I⁰ʳ C. C., toujours rattaché à l'armée Bülow, il avait eu le plus grand mal à dépasser les colonnes de la Iʳ⁰ armée, qui se trouvaient devant lui et interceptaient les routes. Les escadrons de Richthofen se virent contraints de marcher à travers champs pour n'arriver, en fin de journée, qu'à hauteur des avant-postes d'infanterie à Chartronges (D. C. de la Garde) et à Sancy, où la V⁰ D. C. bivouaqua pêle-mêle avec les fantassins du III⁰ C. A.

Dans la nuit on reçut les instructions qui prescrivaient le repli échelonné des corps d'armée, le IX⁰ C. A. devant rester seul en place, à Esternay. Le II⁰ C. C. avait pour mission de se porter en avant sur Lumigny et Rozoy pour masquer le mouvement de repli, le I⁰ʳ C. C. de marcher vers la vallée de la Seine et d'y mettre la voie ferrée hors de service.

Dans la matinée du 6, les II⁰ et IX⁰ D. C. en se dirigeant à l'ouest, trouvèrent Touquin et Rozoy occupés par les Anglais et se mirent en devoir d'attaquer ces deux localités. L'ennemi, au lieu de se replier comme les jours précédents, résista sur place et se renforça en infanterie et en artillerie. Puis de la cavalerie parut sur le flanc gauche du corps Marwitz vers Pécy et Jouy-le-Châtel. Il fallut détacher deux régiments pour la contenir.

La D. C. de la Garde s'était, de son côté, heurtée aux environs de Courtacon à des escadrons français. La V⁰ D. C., quand elle voulut se porter au sud de Sancy, tomba sous de violentes rafales d'artillerie; elle mit ses pièces en batterie, mais le tir adverse devint si vif et si précis que les servants les abandonnèrent pour s'abriter. A l'extrême gauche de la Iʳ⁰ armée, les éléments avancés d'une des divisions du IX⁰ C. A. furent surpris dans les mêmes conditions et leurs canons réduits au silence.

Les aviateurs signalaient devant tout le front des III⁰ et

IX⁰ C. A. des colonnes remontant du sud au nord.

Il .s'agissait évidemment d'une offensive générale. La
Iʳᵉ armée se voyait attaquée en flagrant délit de manœuvre.
Après le IIᵉ C. A., parti dans la nuit, le IVᵉ C. A. s'était lui
aussi mis en mouvement pour repasser le Grand Morin.
Du IIIᵉ C. A., qui avait l'ordre de revenir à la Ferté-Gaucher,
seule la division qui avait passé la nuit à Sancy s'était
mise en marche; elle revint d'ailleurs sur ses pas à l'appel
du commandant du IXᵉ C. A. et reprit sa position à hauteur
de l'autre division du IIIᵉ C. A., restée à Montceaux.

Kluck voyait son aile gauche vivement pressée alors que
d'un instant à l'autre son aile droite allait être assaillie
par des forces au moins égales aux siennes, même après
l'intervention du IIᵉ C. A. Seul le centre, où il ne conservait
que de la cavalerie, ne paraissait pas devoir être pris à
partie immédiatement. Dès ce moment, de toute la Iʳᵉ armée,
il ne restait que le IVᵉ C. A. disponible, tout le reste était
engagé ou sur le point de l'être.

Quelle orientation fallait-il donner à la bataille? Devait-
on aller au secours de la droite, de la gauche, ou boucher
le trou qui se creusait au centre? Dans cette crise imprévue,
Kluck ne perdit rien de son calme et de sa ténacité; il resta
fidèle au seul principe qu'il admit, celui de Schlieffen. Au
milieu des dangers qui l'assaillaient soudain, il ne vit, il
ne voulut voir qu'une chose. En attaquant sur la rive droite
de la Marne, l'aile gauche de l'ennemi ne s'appuyait plus
à rien; si loin qu'elle s'étirât vers le nord, on pourrait
allonger la ligne allemande plus que la sienne, la déborder,
enfoncer son flanc. La hantise de la bataille d'anéantissement, du nouveau Sedan, du nouveau Cannes poursuivait
toujours le commandant de la Iʳᵉ armée.

Quelques heures auparavant, quand il avait fait rebrousser chemin au IIᵉ C. A., Kluck aurait bien voulu le porter
en entier à la droite de la ligne tenue par Gronau et

prendre aussitôt l'offensive dans le flanc gauche du général Maunoury. Mais de Coulommiers au plateau d'Etavigny, où cette offensive aurait dû se produire, il y a 40 kilomètres bien comptés. Mis en route à 3 h. 30, le II<sup>e</sup> C. A. n'y serait parvenu avec ses têtes de colonnes que dans l'après-midi et il aurait eu besoin encore de beaucoup de temps pour se déployer avant de commencer l'attaque. Il était peu probable que la ligne du IV<sup>e</sup> C. A. R., surtout sa gauche, très faiblement étayée, pût tenir jusque-là. Aussi Kluck avait-il dû, non sans regret, aiguiller une des divisions du II<sup>e</sup> C. A., la III<sup>e</sup>, par Varreddes sur le plateau qui sépare la Marne de la Thérouane, tandis que l'autre, la IV<sup>e</sup>, continuait à marcher vers le nord en défilant derrière le front de Gronau.

Kluck n'eut pas besoin d'attendre que la manœuvre de cette division se développât pour comprendre qu'elle manquerait de la puissance et du souffle nécessaire à l'accomplissement de son projet ; elle réussirait sans doute à tirer d'affaire le détachement Gronau, mais ne remporterait aucun avantage décisif sur un adversaire qu'on savait nombreux et qui pourrait encore se renforcer. D'autre part il considéra que la partie de son armée qui se trouvait encore face au sud trouverait, pour prolonger la défense, les coupures profondes du Grand Morin, du Petit Morin et de la Marne. Se fiant à la solidité de ses III<sup>e</sup> et IX<sup>e</sup> C. A., escomptant la lenteur des Anglais à profiter du vide qui se trouvait devant eux, il décida de jeter dans la bataille le corps d'armée encore disponible, le IV<sup>e</sup> C. A., au point qu'il estimait le plus important, à l'extrême droite, et grâce à lui, à écraser l'armée Maunoury avant que les Alliés eussent percé le front allemand au sud de la Marne. A 17 h. 30, il lui envoya l'ordre de ne pas s'arrêter à Doué, comme le comportaient ses précédentes instructions, mais de pousser jusqu'à la Ferté-sous-Jouarre. Dans la soirée, à 22 h. 30.

nouvel ordre, prescrivant au IV⁰ C. A. de continuer sa marche pendant la nuit de manière à arriver au point du jour derrière la droite de la ligne allemande combattant au nord de la Marne.

## LA 1ʳᵉ ARMÉE PENDANT LA JOURNÉE DU 6 SEPTEMBRE

Cependant, dans la matinée du 6 septembre, la 6ᵉ armée française s'était approchée, très lentement il est vrai, des positions ennemies qui lui barraient l'accès de la vallée de l'Ourcq. Après avoir dépassé la ligne des hauteurs de Penchard, Monthyon, Saint-Soupplets, le groupe Lamaze, quoique n'ayant eu affaire qu'à quelques patrouilles, n'arriva qu'à 9 heures sur la ligne Chambry-Barcy-Marcilly, tandis qu'à sa gauche le 7ᵉ C. A. s'étendait jusqu'au delà d'Oissery. A ce moment les premiers obus allemands commencèrent à tomber. L'artillerie française riposta. A gauche on se débarrassa assez vite des batteries de la IVᵉ D. C. en position près de Bouillancy, dont le commandant fut tué, mais au centre et à gauche la lutte d'artillerie se prolongea. Tandis que la division d'aile du 7ᵉ C. A., la 14ᵉ, gagnait du terrain vers l'est après avoir refoulé la IVᵉ D. C. et menaçait de déborder la ligne ennemie par le nord, tandis que le centre (63ᵉ et 56ᵉ D. R.) gagnait aussi un peu de terrain, la droite, composée des unités les plus éprouvées la veille (55ᵉ D. R. et brigade Ditte), s'immobilisait, quoique le terrain devant elle fût libre. Cet arrêt donna le temps à la IIIᵉ D. I. allemande de déboucher de Varreddes, de s'aligner sur les hauteurs qui couronnent la rive droite de la Marne, puis de prendre l'offensive.

L'attaque refoula d'abord un peu la droite française, mais, prise sous le feu des batteries établies au nord de Penchard, elle se disloqua, et, après un vif combat, la 6ᵉ armée conserva à peu près la ligne Chambry-Barcy-Marcilly, qu'on avait occupée le matin. Au centre le combat ne faisait aucun progrès. Plus au nord, la menace d'enveloppement de la 14ᵉ D. I. par la vallée de la Gergogne et le plateau d'Etavigny se précisait, lorsque la IVᵉ D. I., arrivant sur cette partie du champ de bataille, réussit, quoique très fatiguée par sa longue marche, à rétablir le combat.

Au cours de cette journée, la 6ᵉ armée française n'avait donc remporté aucun succès tactique, mais du moins elle fixait deux corps d'armée ennemis. A sa droite, l'armée britannique joua un rôle beaucoup plus effacé.

Le maréchal French avait consenti dès le 4 au soir à participer à l'offensive générale, mais il n'acceptait qu'avec répugnance l'idée de reprendre le combat et surtout de le reprendre au milieu de la ligne française. Il redoutait par dessus toute chose de dépasser les armées voisines, de se trouver en flèche, de faire face, isolé, à l'ennemi, comme à Mons. Aussi n'avait-il pas arrêté le mouvement de retraite le 5 septembre, quoiqu'il eût déjà une forte avance sur la 5ᵉ armée. Sous prétexte de se rapprocher de ses centres de ravitaillement, il ramena ses troupes bien au delà de la forêt de Crécy, s'éloignant considérablement de l'ennemi. Pour se reporter en avant le 6 septembre, il ne lui suffisait pas que l'attaque de la 6ᵉ armée se produisît, au nord de la Marne, très en avant par rapport à son front ; il exigea en outre qu'une division française vînt opérer à ses côtés au sud de la rivière.

C'est ainsi que la 8ᵉ D. I. (du 4ᵉ C. A.), destinée d'abord par le général Galliéni à être portée à la gauche de la 6ᵉ armée, pour accentuer son mouvement tournant, dut suivre sans profit pour personne la rive gauche de la

Marne à la remorque d'un corps d'armée britannique, placé lui-même en réserve de l'armée du général French.

Le 6, les avant-gardes anglaises ne marchèrent qu'avec hésitation, s'en laissèrent imposer par la cavalerie de Marwitz, qui n'était même pas soutenue par ses bataillons de chasseurs, restés près de Coulommiers. Personne, dans le haut commandement britannique, ne semble, ce jour-là, avoir manifesté la moindre velléité d'agir avec quelque énergie. Chacun ne songeait qu'à se garder d'une surprise, qu'à demeurer en arrière des Français. Grâce à cette attitude timide, les divisions de Marwitz purent tenir devant Touquin et Rozoy pendant toute la matinée et ne commencèrent à se replier, sans être aucunement inquiétées, qu'après 14 heures. Elles s'arrêtèrent le soir aux abords sud de Coulommiers.

Entre la droite du corps expéditionnaire britannique et la gauche de la 5e armée française, il subsistait un vide d'une vingtaine de kilomètres. Le corps de cavalerie Conneau (4e, 8e et 10e D. C.) y avait été placé pour assurer la liaison. A cette époque la plupart des unités chargées de missions de ce genre, se figuraient qu'elles pouvaient se borner à un rôle passif, sans participer aux offensives voisines, ni les appuyer en attaquant elles-mêmes. Le corps du général Conneau ne se singularisa pas en la circonstance. Ayant rencontré la D. C. de la Garde près de Courtacon, il lui céda sans grande résistance cette localité, puis celle de Champcenest, malgré sa supériorité numérique.

La 5e armée se distingua aussi par sa prudence. Elle était forte de treize divisions d'infanterie, dont dix se trouvaient directement opposées à la ligne allemande des IIIe et IXe C. A. qui comptaient quatre divisions d'infanterie, soutenues par une de cavalerie (Ve); les trois autres divisions de la 5e armée débordaient nettement la gauche de l'ennemi[1]. L'armée du général Franchet d'Esperey eut en outre l'avantage de prendre par surprise sous le feu de ses canons une partie de l'artillerie allemande et de la paralyser.

L'aile gauche de la I$^{re}$ armée allemande se serait ainsi trouvée dans une situation désespérée si l'attaque française s'était développée avec vigueur, d'autant plus que ses deux flancs pouvaient être aisément tournés. Mais après la longue et démoralisante retraite de la Sambre à la Seine, la 5$^e$ armée avait perdu son ardeur première. Elle songea surtout à ne pas se compromettre, s'échelonna en profondeur et n'engagea son infanterie qu'avec la plus extrême parcimonie. Les trois divisions du groupe Valabrègue, les deux divisions d'Afrique furent maintenues en réserve. Au 3$^e$ C. A., qui formait le centre de l'armée, la division de droite (Mangin) n'attaqua qu'avec une brigade, celle de gauche (Pétain) avec moins encore[2]. Ce corps d'armée ne mit guère que le quart de son effectif d'infanterie en ligne, alors qu'il y avait derrière lui les 53$^e$ et 69$^e$ D. R. prêtes à le soutenir.

On avait bien changé depuis l'époque où les fantassins se précipitaient en avant à la baïonnette dès qu'ils apercevaient l'ennemi. Maintenant on semblait compter sur l'artillerie seule pour remporter la victoire. Pendant qu'une mince chaîne d'infanterie s'avançait avec d'infinies précautions, la masse des bataillons restait l'arme au pied, ne prenant aucune part à la bataille. Pourtant l'occasion était belle. Le IX$^e$ C. A. allemand était entré sans s'en

---

1. La 5$^e$ armée se composait des mêmes unités qu'à la bataille de la Sambre : 1$^{er}$, 3$^e$, 10$^e$, 18$^e$ C. A. ; 37$^e$ et 38$^e$ D. I. d'Afrique, rattachées respectivement aux 3$^e$ et 18$^e$ C. A. ; groupe de D. R. Valabrègue (51$^e$, 53$^e$ et 69$^e$ D. R.).

2. S'il faut en croire un récit publié dans *La Bataille de la Marne*, de M. G. Hanotaux, la division Pétain n'aurait attaqué qu'avec trois bataillons sur douze.

apercevoir dans l'angle formé par les 1er et 10e C. A. français; ceux-ci n'avaient qu'à marcher droit devant eux pour le pincer entre les mâchoires d'un étau.

A droite de la ligne allemande, le IIIe C. A. n'était couvert que par un rideau de cavalerie, lui-même aux prises avec le corps du général Conneau. Il semble qu'on aurait dû employer au moins une partie des énormes réserves qu'on avait constituées, à tourner la droite de l'ennemi. On n'en fit rien et de ce côté notre corps de gauche, le 18e C. A., se heurta aux Allemands exclusivement de front.

Cette somme d'erreurs facilita la tâche de l'adversaire et l'aida à se tirer de la situation critique, d'où il ne serait pas sorti indemne, s'il avait eu affaire à un ennemi plus manœuvrier. Pendant toute la journée le IIIe C. A. se maintint sur le front Sancy-Montceaux. Le IXe C. A., beaucoup plus sérieusement compromis, était commandé par un homme résolu, l'énergique général von Quast. Dans ce péril extrême, il comprit que seule l'offensive lui donnerait le moyen de tromper l'assaillant sur sa faiblesse. Une première contre-attaque se brisa sous le feu des canons français, mais une seconde, lancée vers la fin de l'après-midi avec l'appui de trois groupes d'artillerie du VIIe C. A. (corps de droite de la IIe armée) accourus à toute allure de Montmirail, réussit à dégager complètement le IXe C. A. avant la nuit.

Le général von Kluck pouvait se féliciter de l'issue de la journée. Avec son centre dégarni, ses ailes isolées, exposées chacune à être tournée de deux côtés à la fois, la Ire armée avait échappé à une catastrophe qu'elle aurait dû subir par suite de la témérité et de l'imprévoyance de son chef. Dans la soirée, il se rendit compte de l'incapacité où il allait se trouver le lendemain de conduire à la fois la bataille face à l'ouest avec son groupe de droite (IVe C. A. R., IIe et IVe C. A.) et face au sud avec son groupe de gauche (III<sup>e</sup> et IX<sup>e</sup> C. A.). Il pria donc le général von Bülow de prendre le commandement de ce dernier groupe, auquel il donna l'ordre de se replier sur le Petit Morin, en aval de Montmirail, de manière à prolonger la droite de la II<sup>e</sup> armée.

Pour lui, il se préparait à porter son quartier général à Vendrest, sur la rive gauche de l'Ourcq, où il serait mieux placé pour diriger la lutte contre la 6<sup>e</sup> armée, « adversaire sur lequel, comme l'a fait remarquer fort justement Bülow, il porta désormais exclusivement son attention. »

Kluck mit le commandement suprême au courant des graves événements des 5 et 6 septembre par le message suivant :

« II<sup>e</sup> C. A. et IV<sup>e</sup> C. A. R. engagés au nord de la Marne dans de durs combats au sud-ouest de Crouy contre importantes forces ennemies s'avançant de Paris. Le IV<sup>e</sup> C. A. s'engagera demain de ce côté. III<sup>e</sup> et IX<sup>e</sup> C. A. couvrent, à l'ouest de Montmirail, le flanc de la II<sup>e</sup> armée, qui attaque dans la direction du sud, à l'est de cette localité, d'importantes forces ennemies. »

C'est tout. Aucun renseignement sur la physionomie du combat, ses résultats; pas un mot de ce qui se passe au centre, entre les deux tronçons de l'armée; pas une indication sur le sens de la manœuvre du lendemain, sur la conception générale qu'avait Kluck de la bataille. On ne rendait pas facile la tâche du commandant en chef à ce tournant de la campagne.

## LES AUTRES ARMÉES ALLEMANDES
### PENDANT LA JOURNÉE DU 6 SEPTEMBRE

La II armée, qui devait s'aligner au cours de la journée du 6 septembre sur le front Artonges, Montmirail, Marigny-le-Grand, croyait que les gros de l'adversaire s'étaient retirés au delà de la Seine et qu'elle ne rencontrerait plus que des arrière-gardes. Bülow recommanda en conséquence à ses unités de poursuivre ces arrière-gardes à outrance, de les anéantir et de lancer des partis jusqu'à la vallée de la Seine pour y détruire la voie ferrée. Le premier obstacle à franchir était constitué par le cours du Petit Morin et les marais de Saint-Gond, dont il est le déversoir.

La 9e armée du général Foch avait pris position au sud de cette dépression, la 42e D. I. derrière le Petit Morin, le 9e C. A. derrière le marais, avec des avant-gardes au nord; à droite le 11e C. A. tenait la ligne de la Somme à Ecury-le-Repos, Normée et Lenharrée. A l'est de cette localité un vide de 25 kilomètres séparait la 9e armée de la 4e, dont la gauche ne dépassait pas Sompuis. On y jeta la 9e D. C. du général de l'Espée.

C'est contre la ligne de la 9e armée que vinrent donner le centre et la gauche de Bülow. A l'ouest le Xe C. A. R. franchit le Petit Morin mais ne fit que très peu de progrès au delà. Le Xe C. A. et la Garde refoulèrent les avant-gardes du 9e C. A. au sud du marais; la Ire D. I. de la Garde réussit même à occuper Bannes, sur la rive gauche, mais, en essayant d'en déboucher, elle éprouva des pertes cruelles sous les feux croisés de la défense et dut se replier en toute hâte. Plus à l'est, la II° D. I. de la Garde, qui faisait face à Morains-le-Petit, dut attendre l'appui de la III° armée pour prendre l'offensive. Cet appui ne se fit sentir qu'assez tard dans la journée quand une division saxonne, la XXXII°, vint prolonger la ligne de la Garde, se porta à l'attaque de la ligne de la Somme et en délogea le 11° C. A., mais sans pouvoir s'emparer des hauteurs de la rive gauche.

La III° armée, ayant pris un jour de repos sur la Marne le 5 septembre, se trouvait, le 6 au matin, fort en arrière des II° et IV° armées, qui l'encadraient. Pour atteindre l'objectif que lui fixait le commandement suprême, la ligne Troyes-Vendeuvre, elle n'avait qu'à marcher droit au sud à travers une région qui n'offre aucune difficulté de terrain jusqu'à l'Aube et où l'ennemi n'était représenté que par une division de cavalerie. Mais une fatalité pesait sur la III° armée depuis le début de la campagne ; toujours les appels au secours de ses voisines venaient la distraire de sa mission. Il en fut encore ainsi en cette première journée de bataille.

Tout d'abord la division de cavalerie du I° C. C. que Moltke, toujours ignorant de ce qui se passait, promettait à la III° armée dans sa directive du 4, ne put naturellement pas la rejoindre, puisque ce corps se battait alors à Courtacon et à Sancy, où il couvrait péniblement le groupe de gauche de la I° armée. La III° armée se mit donc en marche n'ayant pour l'éclairer que le détachement qu'on venait de former avec les escadrons divisionnaires. Les deux corps actifs (XII° et XIX°) s'avançaient sur la même ligne, suivis de près par la XXIII° D. R.

La matinée ne s'était pas encore écoulée que le corps de la Garde demanda du secours, prétendant que sa gauche

était en danger. Comme on l'a vu plus haut, la XXXIIe D. I.
se porta sur la Somme en direction du sud-ouest[1]. Peu
après la IVe armée, dont le corps d'armée de droite (VIIIe)
combattait sur la rive gauche de la Marne au sud de Vitry-
le-François, attira à elle le XIXe C. A., de sorte que la
première ligne saxonne se trouva scindée en deux tronçons, orientés dans des directions divergentes, accolés à
d'autres armées et combattant avec elles ; la IIIe armée
cessait donc, pour l'instant, d'exister comme unité de
manœuvre. La XXIIIe D. I. avait été répartie en détachements mixtes dans l'intervalle qui séparait la XXXIIe D. I.
du XIXe C. A. Quant aux divisions de réserve, elles
atteignaient respectivement la région au sud d'Avize
(XXIIIe D. R.) et celle de Vitry-les-Reims (XXIVe D. R.)
dans la soirée du 6 septembre.

Aux termes de l'instruction générale du 4 septembre,
dans la masse principale des armées allemandes, les IVe et
V[e] armées étaient devenues le groupe de manœuvre, chargé
de poursuivre l'offensive sans arrêt vers le sud-est ; elles se
substituaient ainsi aux Ire et IIe armées, dont le rôle avait
été prépondérant jusqu'alors.

Cependant, sur le front d'attaque, de Vitry-le-François à
Verdun, les IVe et V[e] armées ne comptaient plus que huit
corps d'armée, car la Ve armée en employait un (Ve C. A. R.)
à observer les fronts nord-ouest, nord et nord-est de Verdun,
tandis qu'un autre, le Ve C. A., dirigé à la fin d'août sur
Thionville pour être embarqué à destination de la Prusse
Orientale, avait bien reçu contre-ordre, mais se trouvait
trop loin pour rejoindre le gros de son armée et descen-
dait dans la Woëvre, où son action ne pouvait se faire

---

1. Le XIIe C. A. comprenait les XXIIIe et XXXIIe D. I., le XIXe C. A.,
les XXIVe et XLe D. I.

sentir qu'un peu plus tard sur la ligne des forts des Hauts de Meuse.

Les IVe et V[e] armées, ainsi privées de la cinquième partie de leurs forces, allaient s'engager bien soudées l'une à l'autre, au centre, mais avec des ailes peu ou point appuyées. En effet, le corps d'armée de droite de la IVe armée (VIIIe C. A.), sur la rive gauche de la Marne à hauteur de Vitry-le-François, s'y trouvait en l'air par suite du retard de la IIIe armée et le corps de gauche du front d'attaque de la Ve armée (VIe C. A. R.), à mesure qu'il avancerait vers le sud-est, serait de plus en plus exposé à être pris à revers par une offensive débouchant de Verdun, dans des conditions analogues à celles de la droite de la Ire armée, défilant devant Paris.

Les deux armées du duc de Wurtemberg et du prince royal de Prusse allaient retrouver devant elles celles des généraux de Langle et Sarrail[1] avec lesquelles elles s'étaient déjà mesurées dans l'Ardenne et sur la Meuse. La ligne française présentait des caractéristiques exactement contraires de celles du front allemand. Les ailes, en effet, semblaient n'avoir pas grand chose à redouter, car l'une s'épaulait à Verdun et l'autre, quoique séparée de la 9e armée, était solidement constituée par les 17e et 12e C. A. ; en outre on annonçait la prochaine arrivée du 21e C. A., transporté des Vosges par voie ferrée et dont les premiers éléments seraient à portée dans l'après-midi du 7 septembre. En revanche, le centre était le point faible de la ligne française à cause de la liaison très mal établie entre les deux armées dans la région Sermaize-Revigny.

La 4e armée[2] française avait l'ordre de faire tête à l'adver-

---

1. Le général Sarrail avait remplacé le général Rufley à la tête de la 3e armée à la fin d'août.

2. La 4e armée ne comprenait plus, depuis la constitution du détachement d'armée Foch que quatre corps d'armée : 17e, 12e, Colonial, 2e.

saire et de se conformer au mouvement de la 3ᵉ armée[1] attaquant d'est en ouest. Ce mouvement prenait quelque peu d'écharpe la ligne du prince royal de Prusse qui marchait au sud-est; mais celle-ci se redressa rapidement, arrêta l'offensive française et gagna partout du terrain, sauf au nord, où la droite du groupe des divisions de réserve résista avec succès. A la gauche de la 3ᵉ armée, la situation se gâta tout à fait. Une division du 5ᵉ C. A. perdit Revigny et reflua jusqu'au delà de Laimont, découvrant complètement la droite de la 4ᵉ armée (2ᵉ C. A.).

De son côté, la 4ᵉ armée avait été attaquée sur tout son front, qui, de Vitry-le-François à Sermaize, utilisait la coupure de l'Ornain, doublée du canal de la Marne au Rhin. L'ennemi franchit les deux voies d'eau, mais ne put progresser au delà et ne réussit pas à s'infiltrer dans la trouée qui s'était formée entre Sermaize et Revigny par suite du recul du 5ᵉ C. A.

### SITUATION GÉNÉRALE DANS LA SOIRÉE DU 6 SEPTEMBRE

La journée du 6 septembre, qui avait vu s'engager la bataille sur tout le front, n'aboutissait à aucun résultat important. La manœuvre offensive allemande tendant à refouler la droite française vers le sud-est n'avait réalisé que des gains de terrain insignifiants. La manœuvre française cherchant à déborder l'armée Kluck par le nord avait aussi manqué son but. De part et d'autre on s'était

---

1. La 3ᵉ armée disposait des 5ᵉ et 6ᵉ C. A. (ce dernier diminué de la 42ᵉ D. I.), soutenus par les 65ᵉ, 75ᵉ, 67ᵉ, 72ᵉ, 54ᵉ D. R. et la 7ᵉ D. C.

usé dans des combats de front. Le retard de la IIIe armée du côté allemand, celui encore beaucoup plus marqué de l'armée britannique chez les Alliés, étaient pour beaucoup dans l'échec des combinaisons des généraux en chef.

Le développement du combat pendant ce premier jour donnait le moyen de distinguer, dans chacun des partis, les points faibles chez soi et chez l'adversaire, de chercher à renforcer les uns et à tirer parti des autres.

Dans le front français des brèches dangereuses séparaient la 9e et la 4e armée entre Sommesous et Sompuis, ainsi que la 4e et la 3e, à Revigny. De plus l'aile gauche de la 6e armée qui s'évertuait à déborder la ligne de Kluck, se trouvait elle-même en l'air et pouvait être débordée à son tour. Mais ces périls semblaient avoir été devinés par le commandant en chef, puisque, avant même que la bataille les eût révélés, des dispositions étaient prises pour y parer. Le 21e C. A. se disposait à intervenir dans la trouée de Sommesous, le 15e C. A. dans celle de Revigny ; le corps de cavalerie Sordet, ramené de Versailles, la 61e D. R., se dirigeaient déjà vers la gauche de la 6e armée, où le 4e C. A. (moins la 8e D. I.) devait les rejoindre plus tard.

Du côté allemand, la droite de l'armée Kluck n'avait dû son salut, le 5 septembre, qu'à l'habileté et l'énergie d'un commandant de corps d'armée ; le 6, le péril s'était renouvelé et ne put être conjuré qu'au détriment du centre de cette armée, où le vide s'élargissait à mesure qu'on en retirait des unités pour les porter à l'aile droite. Entre les IIe et IVe armées, la solution de continuité résultant du retard de la IIIe armée, fort gênante dans la matinée, s'était en partie comblée au cours de l'après-midi et devait être réduite encore davantage lorsque les divisions de réserve de Hausen arriveraient à hauteur de ses corps actifs.

Pour les Allemands, le danger n'était pas là, mais uniquement à la I<sup>re</sup> armée, parce que celle-ci, déjà menacée à sa droite, allait l'être aussi à son centre, parce qu'elle manquait de réserves et ne pouvait compter sur l'appui de personne. Kluck avait demandé le 6 à Bülow de lui envoyer le VII<sup>e</sup> C. A. et le X<sup>e</sup> C. A. R. qu'il voulait employer à la place des deux corps d'armée (II<sup>e</sup> et IV<sup>e</sup> C. A.) auxquels il avait fait repasser la Marne. Bülow refusa ; le X<sup>e</sup> C. A. R. était déjà engagé sur le Petit Morin ; une partie du VII<sup>e</sup> avait dû se porter vers Esternay pour y soutenir la gauche de Kluck ; ce qui restait de ce VII<sup>e</sup> C. A. constituait l'unique réserve de Bülow et il ne désirait pas la céder à son collègue.

Ne pouvant compter que sur ses propres ressources, Kluck n'avait pas la partie belle. Il lui fallait se débarrasser de l'armée Maunoury avant que les Anglais eussent percé le rideau de cavalerie qui masquait la brèche ouverte dans son front de Meaux à la Ferté-Gaucher. Pour y parvenir, il ne disposerait le lendemain que du IV<sup>e</sup> C. A. comme troupe fraîche. Cela suffirait-il ?

## LA I<sup>re</sup> ARMÉE ALLEMANDE PENDANT LA JOURNÉE DU 7 SEPTEMBRE

Dans la nuit du 6 au 7 septembre, on avait reçu au quartier général de la I<sup>re</sup> armée d'assez mauvaises nouvelles de la plupart des unités engagées au nord de la Marne, dont on avait confié le commandement d'ensemble au général von Linsingen [1]. Sans doute le combat s'était ter-

---

1. Le général von Linsingen commandait organiquement le II<sup>e</sup> C. A.

miné dans la soirée sans que l'ennemi eût pu entamer ou déborder le front allemand, mais les divisions de la gauche et du centre se prétendaient à bout de souffle et demandaient à être relevées ou, au moins, renforcées. Kluck consentit, après de longues hésitations, à leur envoyer en soutien une des divisions du IV⁰ C. A., qui accourait du sud-est [1]. Il fallait que les objurgations du général von Linsingen fussent pressantes pour arracher cette décision à son chef, car la manœuvre dont il attendait le salut, l'enveloppement de la gauche française, paraissait maintenant compromise. Au lieu d'un corps d'armée entier, il n'aurait plus qu'une division à y consacrer. Linsingen promettait bien, avec les renforts qu'on amènerait à son centre, non seulement d'y tenir, mais encore d'y prendre l'offensive. Cette perspective ne consolait guère le commandant de la I⁰ armée, car il estimait avec raison à peu de chose le bénéfice qu'on peut tirer d'une attaque de front contre une ligne ennemie en position depuis toute une journée et ne comptait comme réellement efficace, au cours de la bataille, que les actions de flanc dépassant largement une des ailes de l'adversaire avec des effectifs importants.

Le 7 septembre, Kluck arrive à 7 heures à son nouveau quartier général de Vendrest et y attend fébrilement les comptes rendus de ses unités. Sur tout le front au nord de la Marne la bataille s'est rallumée. Les Français reprennent leurs attaques. Entre la Marne et la Thérouane, la 45⁰ D. I., qui n'a pas encore vu le feu, vient de relever la 55⁰ D. R. et se porte en avant avec toute l'ardeur d'une troupe brave et novice. La ligne allemande résiste, mais difficilement.

1. Le IV⁰ C. A. (général Sixt von Arnim) se composait des VII⁰ et VIII⁰ D. I. Ce fut la VIII⁰ D. I. qu'on dirigea sur Trocy pour renforcer le centre de bataille.

Du nord arrivent des nouvelles beaucoup plus alarmantes. Les aviateurs ont aperçu un grand nombre de trains débarquant des troupes à Nanteuil-le-Haudoin. Toute la région au delà de Betz fourmille de cavalerie. Dans ces conditions, que va devenir l'offensive de la division du IV⁰ C. A. (VII⁰ D. I.) qui a mission de déborder l'ennemi. Il semble bien qu'elle va trouver de nouvelles forces françaises pour lui barrer la route, comme cela est arrivé la veille à la IV⁰ D. I. à Etavigny. Peut-être sera-t-elle prise elle-même en flanc.

Mais Kluck n'est pas homme à abandonner le plan qu'il a conçu parce que l'ennemi s'efforce de le contrecarrer. Après la IV⁰ D. I., la VII⁰ D. I. ne suffit pas à l'aile droite; on en trouvera d'autres. Quelles autres? La I⁰ armée n'a plus un bataillon disponible. Organiquement elle compte encore deux corps d'armée, les III⁰ et IX⁰, mais elle les a, de sa propre initiative, cédés à la II⁰ armée. Il faudrait les reprendre à Bülow, alors qu'il compte sur eux pour caler son flanc droit que la I⁰ armée a déjà découvert en faisant repasser la Marne au II⁰ et au IV⁰ C. A. Il est possible qu'il les ait engagés, ce qui l'empêcherait de les restituer, même s'il le désirait. Il faut s'en assurer sur le champ. On télégraphie à la II⁰ armée à 10 h. 10 : « Où sont III⁰ et IX⁰ C. A.? Quelle situation de ce côté? Prière répondre urgence. » Bülow n'a pas engagé les deux corps d'armée. Il les a laissés se conformer aux instructions que Kluck leur a données et ils sont en marche vers le Petit Morin, mais le IX⁰ C. A. vient à peine de quitter Esternay, où son arrière-garde a encore livré combat le matin même.

Ainsi les unités dont Kluck a besoin sont disponibles. Que va-t-il faire? Les laissera-t-il à Bülow? Les rappellera-t-il pour exécuter la manœuvre que la IV⁰ D. I. n'a pu accomplir le 6 et que la VII⁰ D. I. sera probablement incapable de mener à bonne fin le 7? L'heure est grave, la décision d'importance capitale.

Si les deux corps d'armée quittent la droite de la II<sup>e</sup> armée, ils la mettent en situation difficile. Qu'opposera-t-elle en effet, à l'ouest de Montmirail, à la masse de la 5<sup>e</sup> armée française, que les III<sup>e</sup> et IX<sup>e</sup> C. A. viennent d'avoir tant de peine à contenir? Il ne lui reste plus que le VII<sup>e</sup> C. A. et il n'est pas au complet. Une de ses divisions, la XIII<sup>e</sup> D. I., a laissé la moitié de son effectif devant Maubeuge au corps de siège. L'autre division, la XIV<sup>e</sup> D. I., est intacte, mais Bülow l'a placée derrière le centre de son armée en réserve générale et il va être contraint à bref délai de l'intercaler dans la première ligne, aux marais de Saint-Gond, pour combler un vide qui s'est produit entre le X<sup>e</sup> C. A. et la Garde. Ce serait donc la XIII<sup>e</sup> D. I., réduite à une brigade, qui devrait se charger de l'impossible besogne d'arrêter une dizaine de divisions françaises avec le seul concours d'une division de cavalerie, la V<sup>e</sup>, qui précisément est celle qu'on n'a pas dotée d'un soutien d'infanterie légère.

Voilà ce qui attend la II<sup>e</sup> armée si on lui enlève les deux corps d'armée qu'on lui a donnés quelques heures auparavant. Kluck, il est vrai, ne s'embarrasse pas outre mesure des difficultés de son collègue, auquel il n'a pas pardonné d'avoir fait échouer sa première manœuvre sur la Sambre, au mois d'août. Mais ne sera-t-il pas lui-même victime de la situation où il placera la II<sup>e</sup> armée en lui retirant les III<sup>e</sup> et IX<sup>e</sup> C. A.?

En effet, si la gauche et le centre de la 5<sup>e</sup> armée française trouvent devant elles la voie libre et avancent rapidement, ce mouvement peut avoir sa répercussion sur celui de l'armée britannique et accélérer son allure. Jusqu'à présent les Anglais ont marché avec une extrême lenteur. Marwitz vient de confirmer à 6 heures et à

9 heures par deux messages que leurs avant-gardes n'ont même pas atteint le Grand Morin. Pourtant si French est rassuré sur sa droite, il se montrera peut-être moins timoré. On n'a pas grand chose à lui opposer et le temps passe. On a perdu sur l'Ourcq la journée du 6 et celle du 7 va l'être également. Il est cependant nécessaire d'y liquider la situation avant que les Anglais aient pu franchir la Marne et prendre à revers, même à dos, la ligne de la I$^{re}$ armée.

Le même problème se pose que le 6, mais avec beaucoup plus d'acuité, car les Anglais sont déjà un peu plus près et l'élément de manœuvre allemand encore beaucoup plus loin qu'il y a vingt-quatre heures. Celui-ci peut-il arriver à temps? D'Esternay, que vient d'évacuer le IX$^e$ C. A., au plateau de Betz, où il doit intervenir avec le III$^e$ C. A., il y a 60 kilomètres à vol d'oiseau et au moins 80 par les itinéraires sinueux qui y conduisent, soit deux fortes étapes. Il est donc impossible, quelque diligence qu'on fasse, que ces renforts entrent en action avant le 8 au soir et plus probablement le 9. Puis on doit compter qu'il faudra toute la journée du 9, au minimum, pour rejeter définitivement l'armée Maunoury sur Paris. Pourra-t-on arrêter les Anglais jusque-là, c'est-à-dire pendant trois jours pleins?

Kluck ne met pas longtemps à faire ses calculs et à en tirer la conclusion. A 10 h. 10 il a demandé des renseignements à Bülow; à 11 h. 15 il lui envoie déjà le message par lequel il lui fait connaître la résolution prise : « Intervention III$^e$ et IX$^e$ C. A. sur l'Ourcq s'impose d'urgence. Ennemi se renforce sensiblement. Prière mettre en marche corps en direction la Ferté-Milon et Crouy. »

Ce télégramme de quelques mots devait déterminer l'issue de la bataille en rendant le surlendemain la position de Bülow intenable au sud de la Marne et en l'obligeant à la retraite, qui entraînerait une à une les autres armées allemandes.

Cependant la bataille continue à faire rage sur les plateaux à l'ouest de l'Ourcq.

A la droite française, la 45ᵉ D. I., après quelques progrès au delà de Barcy est arrêtée. Plus au nord la 56ᵉ D. I. se lance à l'assaut d'Etrépilly ; un de ses régiments y pénètre et réussit d'abord à s'y maintenir. Un peu après midi le général von Linsingen a porté en ligne l'artillerie et une des brigades d'infanterie de la VIIIᵉ D. I. ; grâce à ce renfort il prend l'offensive. La 56ᵉ D. I. perd Etrépilly ; à sa gauche la 63ᵉ D. R. commence à plier, mais sous les rafales de nos batteries la contre-attaque allemande perd son élan et bientôt les lignes des deux partis se retrouvent à la même hauteur que dans la matinée. Aucun changement appréciable non plus dans la région de la Gergogne, où se font face la 14ᵉ D. I. française et la IVᵉ D. I. prussienne.

Au nord[1], sur le plateau qui s'étend entre la coupure de la Gergogne et celle de la Guivelle, doit se développer le mouvement tournant de la VIIᵉ D. I. Là, Kluck a vu juste. La manœuvre débordante échoue par suite de l'entrée en ligne de nouvelles forces françaises. A peine la VIIᵉ D. I. s'est-elle déployée à hauteur d'Etavigny qu'elle voit se dresser devant elle une ligne ennemie. C'est la 61ᵉ D. R. (du groupe Ebener) qu'on a transportée en partie par chemin de fer jusqu'à Nanteuil-le-Haudoin et qui cherche, elle aussi, le flanc de l'adversaire. Les deux opérations enveloppantes se neutralisent. Le combat s'engage de front et ne tarde pas à tourner à l'avantage des Allemands. La 61ᵉ D. I. a d'abord enlevé le bois de Montrolles avec un de ses régiments, mais au débouché, cette unité, qui n'a pas pris le temps de se

_______________

1. Voir le croquis page 288.

remettre en ordre, est surprise par le feu de l'ennemi ; elle ne peut se reformer, reflue à travers le bois, vivement poursuivie par l'infanterie allemande ; ce mouvement entraîne le reste de la division, qui recule jusqu'au delà de Villers-Saint-Genest. A ce moment apparaissent au nord du ruisseau de Betz, sur le flanc droit de la VIIe D. I. victorieuse des masses de cavalerie française.

Le corps de cavalerie Sordet [1], ramené d'abord au sud de la Seine aux environs de Versailles, en est reparti le 6 par le chemin de fer (5e D. C.) et par la route (1re et 3e D. C.), se dirigeant sur la gauche de l'armée Maunoury. Dans la nuit du 6 au 7, la division provisoire Cornulier-Lucinière, quittant la vallée de la Marne, a passé derrière le front tenu par cette armée et a rallié le corps de cavalerie ; elle a été alors dissoute et ses éléments ont repris leur place normale. Dans la journée du 7, les trois divisions reconstituées battent le pays entre le ravin de Betz et la forêt de Villers-Cotterets, où elles rencontrent la IVe D. C. qui leur tient tête et enlève même à l'une d'elles un canon et quelques caissons dans un chemin creux près d'Autheuil-en-Valois. Le bruit du combat qui se livre ainsi derrière sa droite impressionne la VIIe D. I. qui, non seulement ne poursuit pas son avantage, mais évacue le bois de Montrolles. La cavalerie française, de son côté, revient à Nanteuil-le-Haudoin et la IVe D. C. allemande à la Villeneuve, où elle avait passé la nuit précédente.

Tandis que, dans la partie nord du champ de bataille, le combat cesse par le repli simultané des deux adversaires, au sud, la bataille se ranime dans la soirée. Les 56e et 45e divisions combinent une seconde offensive sur Etrépilly, tandis que la brigade marocaine attaque à l'extrême droite par la

---

1. Le général Sordet sera remplacé le 8 par le général Bridoux à la tête du corps de cavalerie.

route de Meaux à Varreddes. Cette dernière attaque échoue complètement. Au contraire, le mouvement sur Etrépilly est d'abord couronné de succès. Un régiment de la 45ᵉ D. I. dépasse même la localité dans la direction de Trocy. Une contre-attaque oblige les zouaves à abandonner leur conquête, mais des deux côtés on est si épuisé qu'Etrépilly reste vide pendant la nuit.

La bataille de l'Ourcq, le 7 septembre, voit l'échec des tentatives d'enveloppement, comme la veille, et a été limitée pendant toute cette seconde journée à une lutte de front qui n'a donné d'autre résultat que d'user les armées en présence. Cette usure se complique, chez les Allemands, d'un mélange complet des unités. Le IVᵉ C. A. R., les IVᵉ et IIᵉ C. A. combattent enchevêtrés, ce qui rend l'exercice du commandement des plus difficiles, malgré la précaution qu'on a prise de former des groupements provisoires sur le terrain.

Alors qu'au nord de la Marne une bataille furieuse s'est livrée de l'aube à la nuit, au sud de la rivière, sur l'ancien front de la Iʳᵉ armée, à peine tire-t-on quelques coups de canon. Les événements qui se déroulent dans ce secteur le 7 septembre semblent justifier l'optimisme de Kluck.

L'armée britannique n'aborde que dans la soirée le cours du Grand Morin, dont l'ennemi s'est retiré sans essayer de le défendre; elle passe la nuit protégée par des avant-postes passant par la Haute-Maison, Aulnoy, Jouy-sur-Morin. L'artillerie du corps Marwitz s'est bornée à tirer quelques salves à grande distance sur les colonnes anglaises, puis ses deux divisions se sont repliées derrière la Marne, la IXᵉ D. C. à Tancrou, la IIᵉ D. C. à la Ferté-sous-Jouarre, ne laissant sur la rive gauche qu'une arrière-garde, à Jouarre, pour se relier au corps Richthofen. Celui-ci, après quelques escarmouches avec la cavalerie anglaise, s'est reporté derrière le Petit Morin, où il prolonge la droite de la IIe armée. Ses deux divisions se sont croisées pendant la retraite; c'est maintenant la Ve D. C. qui tient la droite à Orly et la D. C. de la Garde la gauche à Sablonnières.

A la droite du corps expéditionnaire britannique, les orces françaises n'ont guère montré plus de mordant que lui. La cavalerie du général Conneau, qui n'a pas eu à tirer un coup de carabine après avoir dépassé Courtacon, s'arrête le soir sur le Grand Morin, une seule de ses trois divisions poussant à quelques kilomètres au delà, à Saint-Barthélemy.

La gauche et le centre de la 5e armée devant lequel l'ennemi se replie sans combattre mettent fort longtemps à s'en apercevoir. On perd un temps précieux. Le 18e C. A. emploie toute la journée à parcourir les dix kilomètres qui séparent Sancy et Montceaux, où il s'est battu la veille, du Grand Morin; la majeure partie du corps d'armée ne prend même pas pied sur la rive nord. Le 3e C. A. n'en fait pas davantage et bivouaque entre Villeneuve-la-Lionne et Joiselle. Le 1er C. A. a eu encore à combattre le matin à Esternay l'arrière-garde du général von Quast; pourtant c'est le seul qui songe à exploiter la situation. Il poursuit sa marche jusqu'au plateau qui couronne, au sud, Montmirail et la vallée du Petit Morin. Son mouvement dégage le 10e C. A. qui progresse aussi et parvient à 3 ou 4 kilomètres en deçà de la rivière.

## LES AUTRES ARMÉES ALLEMANDES
### PENDANT LA JOURNÉE DU 7 SEPTEMBRE

Pendant que Bülow, abandonné par Kluck, se voit obligé d'organiser tant bien que mal la défense du cours inférieur du Petit Morin avec sa cavalerie, il continue l'offensive au centre et à gauche en vue d'atteindre la Seine conformément aux instructions données le 4 septembre par le commandement suprême. La lutte très vive que cette partie de son armée a poursuivie en amont et en aval des marais de Saint-Gond a attiré le X⁰ C. A. d'un côté, la Garde de l'autre et produit une solution de continuité derrière les marais. Bülow la comble en y envoyant la seule troupe fraîche qui lui reste, la XIV⁰ D. I. Grâce à cet appoint, on peut prendre vigoureusement l'offensive. Au centre, le X⁰ C. A. gagne du terrain au sud du Petit Morin ; à gauche, la II⁰ D. I. de la Garde, chasse l'infanterie adverse de Morains-le-Petit et d'Ecury-le-Repos. Dans l'après-midi une attaque française reprend Bannes à la I⁰ D. I. de la Garde, la rejette au nord du marais et y prend pied en occupant pendant quelque temps Aulnizeux, neutralisant par ce succès l'avantage acquis plus à l'est par l'autre division de la Garde prussienne

La III⁰ armée se renforce, au cours de la journée du 7, de la XXIII⁰ D. R. que Hausen pousse aussitôt en ligne à l'ouest de Sommesous, entre la XXXII⁰ et la XXIII⁰ D. I. L'armée saxonne n'en reste pas moins partagée en deux fractions orientées dans les directions divergentes.

D'une part les XXXII⁰ D. I. et XXIII⁰ D. R., prolongeant le front de la II⁰ armée sur la Somme, opèrent vers le sud-ouest; de l'autre le XIX⁰ C. A., avec la XXIII⁰ D. I., qui s'en est peu à peu rapprochée, lie son action à celle du corps de droite de la IV⁰ armée (VIII⁰ C. A.) en inclinant nettement au sud-est. Hausen sanctionne le fait accompli en plaçant le groupement de droite sous les ordres du général von Kirchbach et le groupement de gauche sous ceux du général d'Elsa[1]. Le groupement de droite fait d'abord quelques progrès et enlève notamment Sommesous, mais il ne parvient pas à tourner la droite de l'armée Foch au delà de ce village, qui retombe entre nos mains dans la soirée.

Le groupement de gauche de la III⁰ armée et la IV⁰ armée formant une longue ligne de Sompuis à Sermaize s'épuisent en vain contre la 4⁰ armée française. La droite (XIX⁰ et VIII⁰ C. A.) esquisse même un léger recul. A l'autre extrémité du front, une attaque bien menée enlève Sermaize au 2⁰ C. A. français, mais ne réussit pas à se glisser dans la brèche qui s'élargit entre les armées Langle de Cary et Sarrail.

Enfin, entre Revigny et Verdun, la V⁰ armée continue la lutte sans accentuer sensiblement ses succès.


## SITUATION GÉNÉRALE DANS LA SOIRÉE DU 7 SEPTEMBRE


Dans l'ensemble, la physionomie de la deuxième journée de bataille ne se distingue pas de celle de la première.

---

[1]. Organiquement ces deux généraux commandaient respectivement le XII⁰ C. A. R. et le XII⁰ C. A.

C'en est la répétition presque exacte. Pourtant le danger croît pour chacun des partis aux points faibles de sa ligne. Sur l'Ourcq, le 7 septembre s'achève, comme le 6, par un coup fourré au nord du champ de bataille parce que des renforts y entrent en ligne des deux côtés en même temps ; mais, au sud de la Marne, Anglais et Français commencent à se montrer dans la trouée ouverte par Kluck et, si lentement qu'ils avancent, obligent déjà Bülow à replier sa droite, derrière le Petit Morin. Plus loin, Hausen, en amenant sur le front la tête de son corps de réserve, augmente la pression que subissait l'aile droite du général Foch. Dans la trouée de Revigny, la situation des Français empire aussi. Heureusement les réserves approchent.

Dans l'après-midi du 7 septembre, le général Joffre qui a reçu les comptes rendus de la nuit et de la matinée peut se faire une idée de la situation, des avantages et des dangers qu'elle comporte, tels que le combat les a fait connaître. Il donne, en conséquence, à 15 h. 45, l'ordre suivant aux armées de gauche :

« La Iʳᵉ armée allemande semble se replier vers le nord-est devant les efforts combinés des armées alliées de gauche.

Celles-ci doivent suivre l'ennemi avec l'ensemble de leurs forces, de manière à conserver toujours la possibilité d'enveloppement de l'aile droite allemande.

La marche s'exécutera donc, d'une manière générale, dans la direction du nord-est, dans un dispositif qui permette d'engager une bataille si l'ennemi marque un temps d'arrêt et sans lui laisser le temps de s'organiser solidement.

A cet effet, la 6ᵉ armée gagnera successivement du terrain vers le nord, sur la rive droite de l'Ourcq.

Les forces britanniques chercheront à prendre pied successivement au delà du Grand Morin, du Petit Morin et de la Marne.

La 5ᵉ armée accentuera le mouvement de son aile gauche et emploiera ses forces de droite à soutenir la 9ᵉ armée.

Cette dernière s'efforcera de tenir sur le front qu'elle occupe, jusqu'au moment où l'arrivée des forces réservées de la 4ᵉ armée, sur sa droite, lui permettra de participer au mouvement en avant. »

Bien que fondé sur une conception erronée des intentions de l'ennemi, car celui-ci ne se repliait pas, mais manœuvrait pour renforcer sa droite, cet ordre donne aux armées d'aile gauche toutes les indications dont elles ont besoin pour agir dans la direction voulue en combinant leurs efforts. On peut lui reprocher de ne pas insister sur la nécessité d'une progression rapide aux points où l'adversaire se dérobe, de ne pas stimuler suffisamment l'ardeur des exécutants. Il n'en reste pas moins un cadre bien tracé, dans lequel chacun trouve exposé nettement ce qu'il doit faire.

Le colonel-général von Moltke ne donne, lui, aucun ordre, aucune instruction à ses armées pendant la première période de cette bataille à laquelle pourtant personne ne s'attendait. Il ne manifeste son existence qu'en annonçant à ses lieutenants, dans la matinée du 7, qu'aux termes d'un ordre du général Joffre tombé dans les mains des troupes allemandes, l'ennemi s'engage dans une offensive d'ensemble dont il attend la décision de la campagne. Cette communication dut paraître assez ironique à des gens qui se voyaient attaqués à plein depuis plus de vingt-quatre heures.

Partout on sentait que la crise approchait : le lendemain, le surlendemain certainement, elle éclaterait ; la pénurie de réserves, l'usure des troupes en hâteraient sans aucun doute le dénouement.

# CHAPITRE XIII

# LA BATAILLE DE LA MARNE
## LA CRISE ET LE DÉNOUEMENT
### (8 ET 9 SEPTEMBRE)

DISPOSITIONS PRISES PAR KLUCK LE MATIN DU 8 SEPTEMBRE

Dans la nuit du 7 au 8 septembre, le général von Kluck reçut de partout des rapports peu satisfaisants.

Le général Sixt von Arnim, commandant le groupement de droite (VII⁰ et IV⁰ D. I.) se montrait très pessimiste, malgré son succès du bois de Montrolles.

La III⁰ D. I., accrochée à l'extrême-gauche sur la croupe étroite qui, à l'est de Chambry, surplombe l'arc de cercle formé par le canal de l'Ourcq dans la vallée de la Marne, s'y était vue prise d'enfilade par les batteries de la 8⁰ D. I. française en position sur la rive gauche. Battue pendant toute la journée par le canon, la gauche de la III⁰ armée D. I. avait dû encore repousser l'attaque des

Marocains dans la soirée, épreuve dont elle s'était bien tirée, mais à laquelle il aurait été imprudent de la soumettre une seconde fois; Kluck lui donna l'autorisation de se replier de la crête à l'ouest de Varreddes sur le mouvement de terrain qui se dresse dans le triangle dont Etrépilly, Varreddes et Congis figurent les sommets.

Au centre l'enlèvement d'Etrépilly par les Français, d'abord à midi, puis dans la soirée, montrait combien la défense devenait précaire en ce point d'importance primordiale. Etrépilly perdu définitivement, c'était la masse d'artillerie allemande du plateau de Trocy prise d'écharpe sous des feux d'infanterie et forcée de se reporter en arrière, ce qui disloquerait toute la ligne de combat et obligerait peut-être de la ramener de l'autre côté de l'Ourcq. La manœuvre d'enveloppement ne pourrait plus alors s'exécuter.

Kluck, qui tenait par dessus tout à cette manœuvre, estima qu'il fallait coûte que coûte maintenir le centre de sa ligne sur la position qu'elle occupait jusqu'à l'intervention des III<sup>e</sup> et IX<sup>e</sup> C. A. à l'aile droite. Aussi lorsque Linsingen lui rendit compte de préparatifs d'attaque qu'il discernait chez l'ennemi dans la matinée du 8 septembre, il se résigna à un nouveau sacrifice. Pour parer au fléchissement possible de son front à Trocy, il y envoya, en réserve de secteur, la division de tête du III<sup>e</sup> C. A. (V<sup>e</sup> D. I.); la IX<sup>e</sup> D. C. fut également appelée des bords de la Marne.

Ces mouvements étaient en train de s'accomplir quand un renseignement d'aviation vint signaler que l'armée britannique, marchant beaucoup plus rapidement que les jours précédents, s'approchait du cours inférieur du Petit Morin. Cette nouvelle n'avait rien de surprenant, puisque la cavalerie allemande s'était reportée dès la veille au nord de ce cours d'eau.

La défense du front sud de la I<sup>re</sup> armée, quoique se servant de l'obstacle très sérieux que constitue la Marne, se présentait dans d'assez fâcheuses conditions. On ne disposait, à ce moment, pour l'assurer de Varreddes à la Ferté-sous-Jouarre que de la IIᵉ D. C., soutenue, il est vrai, par cinq bataillons de chasseurs. A gauche, cette ligne ténue se prolongeait, derrière le Petit Morin, depuis son embouchure jusqu'aux abords de Montmirail, par celle du Iᵉʳ C. C. C'était un front démesuré pour une si faible unité, dont l'infanterie se réduisait à deux bataillons (chasseurs et tirailleurs de la Garde). La coupure du Petit Morin, qui la couvrait, est profonde, mais étroite ; la petite rivière n'est en été qu'un filet d'eau, guéable partout. La ligne du Petit Morin forcée, rien ne s'opposait plus aux colonnes britanniques sur la Marne en amont de la Ferté-sous-Jouarre.

Or le IXᵉ C. A., se dirigeant vers le nord-est, n'avait franchi la Marne que le matin même, de très bonne heure. Il devait décrire un vaste arc de cercle, sa division d'aile (XVIIᵉ D. I.) passant par la Ferté-Milon, Vaumoise et Lévignen[1] pour déboucher par le Bois du Roi derrière le flanc gauche de l'armée Maunoury. Cette intervention ne pourrait se produire évidemment avant le lendemain, puisque de Chézy, où le corps d'armée traversait la Marne un peu après 3 heures, jusqu'à l'objectif fixé, il lui restait une soixantaine de kilomètres à parcourir avec des troupes harassées. Si les Anglais, bousculant les faibles postes du Petit Morin, incapables d'une longue résistance, passaient à leur tour la Marne dans la journée, ils tomberaient le lendemain sur les derrières de la Iʳᵉ armée allemande qui se trouverait prise entre les troupes de French et celles de Maunoury avant que celles-ci eussent été mises hors de cause. La nécessité s'imposait donc de parer

1. Voir le croquis page 288.

au danger qui pouvait venir de la Marne entre la Ferté-sous-Jouarre et Château-Thierry, mais il n'y avait d'autre troupe à portée que le IX<sup>e</sup> C. A. On ne pouvait plus négliger les Anglais, continuer à les ignorer de propos délibéré comme on l'avait fait pendant deux jours. « Le cœur serré », nous dit son chef d'état-major, Kluck prescrivit au IX<sup>e</sup> C. A. de laisser deux brigades mixtes, prélevées sur son effectif, à la garde de la Marne, de la Ferté-sous-Jouarre à Nogent-l'Artaud.

Le commandant de la I<sup>re</sup> armée se voyait poursuivi sans rémission par les conséquences de ses fautes. Il s'était jeté aveuglément à la poursuite de l'ennemi les 4 et 5 septembre, sans tenir compte du camp retranché de Paris qu'il côtoyait, fermant volontairement les yeux pour ne pas voir la réalité. Maintenant celle-ci se rappelait à lui, chaque jour plus obstinément, bouleversant ses calculs, venant à la traverse de ses projets. Les tentatives successives d'amener une irrésistible masse de manœuvre dans le flanc adverse n'arrivaient jamais à maturité. Les nécessités de la situation sur les parties du front dont Kluck ne voulait pas s'occuper, s'imposaient à lui avec la force de la fatalité, l'obligeant chaque fois qu'il croyait voir son espoir se réaliser, à morceler les unités de renfort, à les disperser au lieu de les faire agir d'un seul bloc, à ébrécher lui-même son épée au moment où il voulait en frapper. Le 6, il avait dû démembrer le II<sup>e</sup> C. A., puis le 7 le IV<sup>e</sup>, dans la matinée du 8 le III<sup>e</sup>, enfin, à midi, le IX<sup>e</sup>. Son armée présentait l'aspect d'un enchevêtrement complet, dont toute homogénéité tendait à disparaître.

A 13 heures, l'ordre de laisser une partie de son effectif sur la Marne parvint à l'état-major du IX<sup>e</sup> C. A. On se rappelle que le commandant de ce corps d'armée, le général von Quast, avait donné à plusieurs reprises des preuves de son indépendance de caractère, agissant d'après ses idées personnelles sans instructions ou même au rebours des instructions qu'il avait reçues. Le 2 septembre, il avait franchi la Marne à Château-Thierry de sa propre initiative, jetant son corps d'armée devant le front de Bülow; le 6, à Esternay, il s'était longtemps refusé à exécuter l'ordre de retraite et, par son obstination, avait failli se faire envelopper. On ne saurait s'étonner de ces infractions de la part d'un général auquel son chef direct donnait quotidiennement l'exemple de l'indiscipline.

Quast fit fort mauvais accueil à l'ordre qui lui prescrivait de s'affaiblir de deux brigades. Instruit du rôle qu'on réservait au IXᵉ C. A. dans la manœuvre décisive contre l'armée Maunoury, il jugea nécessaire de conserver le maximum de forces pour s'en acquitter et, au lieu de prélever sur ses effectifs deux brigades mixtes, ainsi qu'on le lui enjoignait, il n'en laissa qu'une seule, sous les ordres du général von Kraewel. Celui-ci à son tour jugea sa troupe trop peu nombreuse pour la disperser le long de la rivière sur une ligne longue de 30 kilomètres et préféra la conserver réunie à quelque distance en arrière, à Montreuil-aux-Lions, d'où il comptait fondre sur l'ennemi au moment où, après avoir débouché des ponts, il gravirait les pentes du plateau. Il en résultait que les passages de la Marne n'étaient pas tenus en amont de la Ferté-sous-Jouarre.

LA BATAILLE DU 8 SEPTEMBRE SUR L'OURCQ

Pendant que, par une chaleur torride, les colonnes du IIIᵉ et du IXᵉ C. A. se traînaient sur les routes qui conduisent de la Marne à l'Ourcq, la bataille continuait sur le front de Varreddes à Betz. Pour le salut de la II⁰ armée il fallait que cette ligne tint pendant toute la journée et elle le fit.

La rupture du front devant Trocy, qu'on redoutait à tel point, ne se produisit pas. Les Français, éprouvés par les pertes de trois jours de lutte sans merci, conduisirent le combat surtout avec leur artillerie et n'attaquèrent pas à fond. Dans ces conditions la ligne allemande put résister sans faire appel au gros de la V⁰ D. I., qui resta disponible derrière elle.

Un peu plus au nord, à Vincy-Manœuvre, la situation parut durant quelque temps extrêmement critique. Un bataillon de chasseurs du 7⁰ C. A. français ayant poussé une pointe vigoureuse, la défense fléchit et évacua le village. On s'empressa d'envoyer de Trocy, où le danger paraissait alors moins immédiat, la IX⁰ D. C. à la rescousse. Malheureusement, l'attaque des chasseurs ne fut pas soutenue et s'arrêta.

Le général Maunoury comptait surtout sur l'action de son aile gauche pour triompher de la résistance de l'ennemi. La 7⁰ D. I. et l'artillerie du 4⁰ C. A. étaient arrivés à Nanteuil-le-Haudoin et, avec ces forces fraîches s'ajoutant à celles qui combattaient déjà dans cette partie du champ de bataille, on espérait atteindre l'Ourcq au cours de la journée.

Cet espoir ne devait pas se réaliser. D'abord on perdit un certain temps à remettre de l'ordre dans la 7⁰ D. I.; son infanterie avait été en partie transportée en taxis réquisitionnés; le mouvement ne s'en était pas trouvé très accéléré et il en résultait une grande confusion à la suite de pannes multiples. Ensuite, par une grave erreur, au lieu d'engager ces renforts à l'extrémité de la ligne de combat pour les mettre en mesure de déborder celle de l'ennemi, on les intercala entre le 7⁰ C. A. et la 61⁰ D. R. sur un espace étroit de Bouillancy à Villers-Saint-Genest, où ils furent absorbés dans la lutte de front.

L'affaire débuta assez bien, mais prit ensuite le même caractère que celle de la veille. La 7ᵉ D. I. progressa dans la matinée vers Etavigny, puis la 61ᵉ D. R. reprit pied dans le bois de Montrolles; comme dans la soirée du 7, elle en fut chassée à la tombée de la nuit, découvrant la gauche de la 7ᵉ D. I., qui dessina aussi un mouvement de recul.

Au delà de Betz, le corps de cavalerie Bridoux découpla sa 5ᵉ D. C. à travers la forêt de Villers-Cotterets avec mission de gagner l'Ourcq et de faire entendre son canon sur les derrières du front allemand. Le général de Cornulier-Lucinière, qui venait de recevoir le commandement de cette division, la conduisit sans encombre de l'autre côté des bois, passa l'Ourcq à trois kilomètres en amont de la Ferté-Milon et attaqua le terrain d'aviation de la Iʳᵉ armée allemande à l'est de cette localité. Par une regrettable coïncidence, les têtes de colonnes du IXᵉ C. A. arrivèrent juste à ce moment dans ces parages et, après un court combat, obligèrent les escadrons français à chercher un abri dans la forêt. Le quartier général de Kluck, qui se rendait de Vendrest à la Ferté-Milon, faillit être pris dans la bagarre.

Tandis que la 5ᵉ D. C. accomplissait cette randonnée hardie, le reste du corps de cavalerie ne s'employait qu'assez mollement au nord de Betz contre la IVᵉ D. C. allemande et revint passer la nuit à l'ouest du Bois du Roi.

En somme l'armée Kluck avait surmonté la crise pendant cette journée qui s'était annoncée si dangereuse. Son front avait tenu bon à l'ouest de l'Ourcq comme sur la Marne, où le général von der Marwitz, après avoir ramené son détachement avancé de Jouarre au nord de la rivière, fit sauter les ponts. A 20 heures, la IXᵉ D. C.

revint prendre sa place à droite de la II<sup>e</sup>, de Lizy-sur-Ourcq à Ussy. Pendant la journée, des avant-gardes anglaises se montrèrent au sud de la Marne dans ce secteur, mais se bornèrent à canonner la rive droite sans essayer de conquérir le passage.

FORCEMENT DE LA LIGNE DU PETIT MORIN

Les choses se passèrent tout autrement sur le Petit Morin. Depuis le point où cette rivière sort de Montmirail jusqu'à son embouchure dans la Marne à la Ferté-sous-Jouarre, son cours ne mesure pas moins de 42 kilomètres de long. Le I<sup>er</sup> C. C. avec ses deux divisions et ses deux bataillons d'infanterie ne put occuper en entier ce front trop développé pour son maigre effectif. Il ne s'étendit que de Saint-Cyr à Villeneuve. La V<sup>e</sup> D. C., à droite, occupait le secteur de Saint-Cyr à Orly inclus avec deux brigades et les tirailleurs de la Garde en première ligne, la troisième brigade en réserve; la D. C. de la Garde avait placé son bataillon de chasseurs à Boitron et des escadrons à pied plus à l'est jusqu'à Villeneuve. Le principal inconvénient de cette position était d'avoir ses flancs en l'air. A droite il n'y avait que quelques patrouilles entre Saint-Cyr et la Ferté, à gauche personne pour garder les passages de Villeneuve jusqu'à proximité de Montmirail. Bülow négligea de boucher ce trou alors qu'il en avait parfaitement le moyen. On ne s'explique pas pareille aberration. Derrière son X<sup>e</sup> C. A. R., établi à Montmirail, il disposait de la XIII<sup>e</sup> D. I. Or au lieu d'employer cette unité à relier sur le Petit Morin le X<sup>e</sup> C. A. R. au I<sup>er</sup> C. C., il lui fit passer toute la nuit du 7 au 8 à organiser une position en crochet défensif, entre Montmirail et Fontenelle, en avant de laquelle il poussa un détachement à l'Epine-aux-Bois, mais sans garnir la vallée du Petit Morin ni ses abords.

Dans ces conditions, la capacité de résistance du corps Richthofen ne représentait plus grand chose, d'autant plus qu'il avait affaire à forte partie. Les 2ᵉ et 1ᵉʳ C. A. britanniques, la division de cavalerie Allenby et une partie de la cavalerie du général Conneau allaient donner contre son front tandis que le reste du corps Conneau, le 18ᵉ C. A. et deux divisions de réserve du groupe Valabrègue aborderaient le Petit-Morin par la brèche ouverte entre Villeneuve et Montmirail.

Avec une pareille supériorité de moyens les Alliés auraient dû rapidement submerger le cordon de postes échelonné devant eux, s'ils avaient agi avec décision, mais ils firent encore preuve d'une circonspection exagérée et perdirent ainsi l'occasion qui s'offrait à eux de s'enfoncer ce jour-là entre les armées de Bülow et de Kluck. Vers 8 heures, les têtes de colonnes britanniques apparurent en face de la ligne allemande, mais elles mirent très longtemps à prendre leur formation de combat et vers 11 heures seulement la lutte devint générale. L'infanterie anglaise ne tarda pas alors à gagner sur plusieurs points la rive droite, à refouler les cavaliers allemands et à déborder les bataillons d'infanterie qui résistaient à Orly et à Boitron avec une belle opiniâtreté; l'un d'eux fut presque anéanti, l'autre fort maltraité : l'artillerie et la cavalerie, aussi très abîmées, surtout à la Vᵉ D. C., se replièrent en hâte. Richthofen leur avait prescrit de se rallier derrière le Dolloir. Seule la D. C. de la Garde put se conformer à cet ordre. La Vᵉ D. C., complètement désorganisée, s'enfuit au delà de la Marne et gagna d'une traite Marigny-en-Orxois, à dix kilomètres au nord de la rivière dont elle

laissa les ponts intacts, sans y laisser le moindre détachement, de sorte que le passage restait ouvert aux
Alliés.

Ceux-ci ne surent pas en profiter. La résistance de la
cavalerie allemande dont certaines fractions se défendirent
jusqu'au milieu de l'après-midi sur le Petit Morin, les
impressionna au point que, malgré le désarroi dans lequel
ils mirent finalement l'adversaire, ils renoncèrent à le poursuivre. Les forces britanniques se contentèrent de prendre
pied sur le plateau au nord du Petit Morin et ne songèrent
pas à envoyer quelques pelotons reconnaître les ponts de
la Marne. Le corps de cavalerie Conneau, après avoir fait
avancer une partie de son monde jusqu'à la grand'route
de Montmirail à la Ferté-sous-Jouarre, estima qu'il en
avait assez fait; il revint cantonner sur le Petit Morin et
même au sud. La 10ᵉ D. C., qui avait passé la nuit précédente à Saint-Barthélemy, se retrouva à Doucy, ayant
progressé de 3 kilomètres en vingt-quatre heures !

A l'ouest et au contact de cette timide cavalerie opérait
le 18ᵉ C. A. Il marcha en deux colonnes. La colonne de
gauche trouva le cours du Petit Morin libre, gravit les
pentes au nord de la rivière, délogea de l'Epine-aux-Bois
le détachement allemand qui l'occupait et facilita ainsi le
passage de la division de droite. Le corps d'armée, continuant à avancer, se trouva, le soir, devant la position en
crochet défensif organisée par la XIIIᵉ D. I. pour couvrir la
droite de la IIᵉ armée entre Montmirail et Fontenelle.
Marchais-en-Brie en figurait le centre. On enleva le
village d'assaut; l'ennemi s'enfuit, pris de panique. Le
général commandant la XIIIᵉ D. I., voyant sa ligne percée
en plein milieu et ses troupes en désordre, les ramena
derrière la voie ferrée de Montmirail à Artonges.

Montmirail avait été attaqué de front par le 3ᵉ C. A.,
que l'artillerie lourde allemande, établie sur le plateau

derrière la ville, arrêta toute la journée. Le 1ᵉʳ C. A. au contraire, obliquant vers le nord-est, refoula les éléments du Xᵉ C. A. R. alignés le long du Petit Morin à l'est de Montmirail et commença à gagner du terrain sur la rive nord dans la direction de Vauchamps. A sa droite le 10ᵉ C. A. parvenait à se saisir des villages de la vallée, Boissy-le-Repos et le Thoult.

L'aile droite de Bülow se trouvait donc dans la soirée en très mauvaise posture. Son crochet défensif, enfoncé par l'ennemi, essayait de se reformer sur une position à angle droit avec le reste du front, qui commençait aussi à fléchir aux environs de Montmirail. Seul ce point d'appui tenait encore, mais la défense y était aux abois. La perte des hauteurs de Mont-Coupot, qui dominent tout le terrain à l'ouest de la ville, allait permettre aux Français de prendre d'enfilade par la droite les tranchées orientées face au sud, que l'infanterie du 1ᵉʳ C. A. menaçait déjà à gauche. Seule une prompte retraite permettait d'éviter la catastrophe imminente. Bülow le comprit; il donna l'ordre à la XIIIᵉ D. I. et au Xᵉ C. A. R. de se replier sur la ligne Margny-le Thoult, mouvement qui s'exécuta à la faveur de la nuit.

## LA JOURNÉE DU 8 SEPTEMBRE DE MONTMIRAIL A VERDUN

Au centre du front de la IIᵉ armée, la journée du 8 septembre commença assez mal pour les Allemands. La gauche de l'armée Foch (42ᵉ D. I. et D. I. du Maroc), par une vigoureuse attaque, reprit dans la matinée le terrain perdu au sud du Petit Morin et de la partie occidentale des marais de Saint-Gond. Un régiment franchit même la rivière devant Talus-Saint-Prix, mais là le mouvement fut enrayé par la grosse artillerie allemande et la lutte se stabilisa pendant le reste de la matinée et les premières heures de l'après-midi. Puis Bülow passa à son tour à l'offensive; après un violent bombardement, l'infanterie prussienne retraversa le marais, reprit Soizy, Oyes, Reuves et approcha de Mondement, malgré les pertes que lui infligeaient nos batteries au débouché des villages et au passage des crêtes. La défense fut reportée sur le front Mont-Août, Mondement.

A la gauche de Bülow, les choses allèrent mieux encore. Dans la soirée du 7, Hausen, dont les troupes souffraient beaucoup des effets du tir de notre 75, avait projeté de lancer son infanterie sur les lignes françaises le lendemain à l'aube, de les percer par des charges à la baïonnette et de pénétrer jusqu'aux batteries pour les enlever. Cette attaque devait être exécutée sur tout le front de la Somme et à l'ouest par le groupement Kirchbach (XXIIIᵉ D. R. et XXXIIᵉ D. I.) auquel on obtint de Bülow de rattacher la IIᵉ D. I. de la Garde, qui prolongeait la droite des Saxons jusqu'à l'origine des marais.

L'opération réussit au delà de toute espérance. Le 11ᵉ C. A. français, en position derrière la Somme, fut complètement surpris et se débanda. Il venait de recevoir en renfort la 18ᵉ D. I. (appartenant organiquement au 9ᵉ C. A.), qui arrivait de Nancy. Cette division s'était établie en réserve derrière le 11ᵉ C. A. le long de la route de Fère-Champenoise à Normée. L'attaque ennemie, après avoir eu raison du 11ᵉ C. A., envahit les bivouacs d'une des brigades de la 18ᵉ D. I. avant qu'elle ait eu le temps de se défendre, anéantit presque le premier de ces régiments (32ᵉ R. I.) et infligea de très grosses pertes au second (66ᵉ R. I.). L'autre brigade n'eut qu'un bataillon détruit dans cette lamentable affaire.

La ligne de la Somme, déjà entamée, tomba rapidement au pouvoir de l'ennemi. Fère-Champenoise fut perdue. Plus à l'est la 60ᵉ D. R. et la 9ᵉ D. C., entraînées par le recul du 11ᵉ C. A. rétrogradèrent de la région de Sommesous vers le sud, tandis que la droite du 9ᵉ C. A., complètement découverte, pivotait autour du Mont-Août et faisait face à l'est.

Ce n'est que dans l'après-midi qu'on parvint à rallier le 11ᵉ C. A. sous la protection de la brigade la moins éprouvée de la 18ᵉ D. I. qui tint l'ennemi en respect au nord d'Euvy. Une contre-attaque de la droite du 9ᵉ C. A., partant du front Mont-Août, Connantre dans la direction de Fère-Champenoise, réussit à reprendre un peu de terrain. La situation n'en demeurait pas moins critique pour la droite de la 9ᵉ armée, menacée d'être coupée de la 4ᵉ. L'attaque du groupement Kirchbach, le 8 au matin, qui mit en complet désordre le 11ᵉ C. A., lui enlevant une partie de son artillerie, et faisant perdre à la 18ᵉ D. I. près de la moitié de son effectif, se terminait sans conteste par le succès tactique le plus marqué auquel donna lieu la bataille de la Marne.

Sur le reste du front jusqu'à Verdun, la physionomie de la bataille resta la même que les jours précédents. La pression des Allemands continua d'un bout à l'autre de la ligne mais pour n'aboutir qu'à des progrès assez faibles. La lutte sembla d'abord tourner à leur avantage entre Sompuis et Vitry-le-François. On avait résolu de faire prendre l'offensive par le groupement Elsa (de la IIIᵉ armée) et le VIIIᵉ C. A. (de la IVᵉ armée) au point du jour dans les mêmes conditions que par le groupement Kirchbach, mais, en raison du manque d'enthousiasme de plusieurs unités, on abandonna l'attaque à l'arme blanche pour la progression méthodique avec coopération d'artillerie. Sur le front de Sompuis à Vitry-le-François, cette offensive avança quelque peu, mais bientôt, au centre, le XIX⁰ C. A., décimé par les obus, reflua sur sa ligne de départ. Dans la soirée les avant-gardes de notre 21⁰ C. A. arrivèrent sur le champ de bataille et étayèrent la gauche de la 4⁰ armée, qui avait reculé en se défendant pas à pas sous la pression de la XXIII⁰ D. I. L'entrée en scène de cette unité fraîche dans le vide qui grandissait entre les 4⁰ et 9⁰ armées, compensait dans une certaine mesure les déplorables effets de la catastrophe dont le 11⁰ C. A. venait d'être victime.

Dans la trouée de Revigny, les choses se passèrent à peu près comme dans celle de Sommesous-Sompuis. L'aile droite de l'armée Langle de Cary (2⁰ C. A.) fut obligée de reculer sensiblement au sud de Sermaize; à la faveur de ce mouvement rétrograde, les Allemands commencèrent à s'infiltrer entre les 4⁰ et 3⁰ armées françaises par la vallée de la Saulx, affluent de gauche de l'Ornain, tandis qu'ils continuaient à attaquer aussi par celle de l'Ornain et par les collines de Vassincourt, qui séparent les deux cours d'eau. Bar-le-Duc était ainsi menacé de front et à revers. Heureusement le 15⁰ C. A. commençait à entrer en ligne; il avait jeté un détachement dans la trouée pour rétablir la liaison entre la gauche de l'armée Sarrail et le 2⁰ C. A.; la progression de l'ennemi se trouva dès lors arrêtée.

Au nord de la trouée de Revigny la situation ne changeait guère. La 3⁰ armée repoussa toutes les attaques des troupes du prince royal de Prusse, mais elle courait un nouveau danger sur ses derrières. Le V⁰ C. A. allemand, après avoir traversé la Woëvre, atteignait la ligne des forts qui, le long des Hauts de Meuse, relient les camps retranchés de Verdun et de Toul. Il concentra ses efforts contre le fort de Troyon, qui tint ferme pendant toute la journée sous le bombardement. Le général Sarrail dépêcha vers la Meuse sa division de cavalerie, la 7⁰, seule unité disponible de son armée. Du front tenu par l'armée Cas-

telnau, une partie de la 73ᵉ D. R. et la 2ᵉ D. C. partaient
à marches forcées au secours du fort. Là aussi, les Allemands étaient contenus.

## SITUATION GÉNÉRALE DANS LA SOIRÉE DU 8 SEPTEMBRE

Pendant cette journée du 8 septembre, la physionomie
de la bataille, restée encore dans le vague la veille, s'était
précisée. Il devenait manifeste que la poussée des IVᵉ et
Vᵉ armées allemandes sur Neufchâteau ne réussirait pas à
atteindre son but en temps utile. Au point où en étaient
arrivées les choses dans la partie occidentale du champ
de bataille, des plaines du camp de Mailly à la forêt
de Villers-Cotterets, il paraissait certain que c'était là
que serait obtenue la décision à bref délai, bien avant
qu'elle ne pourrait l'être plus à l'est, entre la Marne et la
Meuse.

En effet, la situation de l'aile droite allemande (Iʳᵉ,
IIᵉ armées et groupement Kirchbach) subissait une ten-
sion extrèmement forte, qui faisait prévoir un dénouement prochain. Aux deux extrémités de son front, l'avantage était de son côté. A gauche, dans la région de Fère-
Champenoise, elle avait fait plier l'armée Foch et comptait
accentuer ce succès le lendemain. A droite, au delà de
l'Ourcq, la journée du 9 s'annonçait encore meilleure. Les
trois quarts du IXᵉ C. A. et la moitié du IIIᵉ se trouvaient
déjà sur le flanc de la 6ᵉ armée française; la brigade du
IVᵉ C. A. R. rappelée de Bruxelles à la fin d'août était
déjà à Verberie et allait déboucher par Baron sur Nanteuil-
le-Haudoin; on pensait ainsi enfoncer l'aile gauche de

l'ennemi, en repousser les débris sur le centre et la droite pour jeter dans la Marne les forces du général Maunoury et leur faire subir le sort auquel avait échappé naguère le corps expéditionnaire britannique sur la Sambre.

Ces espérances dont on se flattait à la droite et à la gauche de l'aile droite allemande ne pouvaient faire illusion sur la détresse du centre. La dispersion de la cavalerie de Richthofen y laissait un vide total, sans un homme pour arrêter ou même retarder la marche de l'adversaire, sans un bataillon de renfort en vue. Là, la percée était faite; l'ennemi pouvait pénétrer sans obstacle par la brèche et manœuvrer à son gré contre le flanc de Bülow et contre les communications de Kluck.

Au grand quartier général, à Luxembourg, on fut long à se rendre à l'évidence. Depuis que la lutte avait repris sur la Marne, Moltke s'était abstenu de toute intervention. Pourtant l'offensive générale des Alliés, le 6 septembre, constituait un fait nouveau, imprévu, qui avait surpris l'aile droite allemande au moment où elle entamait le redressement face à Paris que lui prescrivait la directive du 4 septembre.

Dans ces circonstances, il semble que le commandement suprême eût rempli son rôle en modifiant ses instructions primitives de manière à les faire cadrer avec l'état de choses actuel, très différent de celui qui les avait inspirées. S'il estimait ce soin superflu, en tout cas il lui aurait fallu coordonner les opérations de ses armées là où l'attaque ennemie apportait un trouble visible chez les exécutants. Il n'en fit rien et ne sembla même pas se soucier de se tenir au courant des événements ni de suivre de près les péripéties de la bataille qui s'annonçait décisive.

Les renseignements arrivaient tardifs et laconiques. Kluck surtout montrait peu d'empressement à rendre compte avec quelque détail de sa position et de ses intentions. Moltke se contenta d'abord de cette maigre pitance et resta complètement inerte quoique l'offensive de son centre et de son aile gauche, sur laquelle il avait échafaudé sa manœuvre, ne donnât aucun résultat appréciable. Il ne s'inquiéta pas non plus de l'attaque de l'armée Maunoury dans le flanc de la ligne allemande ni des prélèvements successifs que Kluck opérait au sud de la Marne pour renforcer sa ligne à l'ouest de l'Ourcq. Pendant les 6 et 7 septembre, le commandement suprême ne manifesta pas son existence par le moindre ordre, par une simple demande d'informations complémentaires.

Tout à coup, le 8 au matin, Moltke prit peur. Il reçut coup sur coup deux mauvaises nouvelles qui secouèrent enfin un peu sa torpeur. C'était d'abord un message de Bülow envoyé à 4 h. 15 et ainsi conçu :

« Positions maintenues jusqu'à présent contre forces supérieures. Le 8, aile gauche renouvellera attaque, soutenue par deux divisions saxonnes. Par suite pertes très élevées capacité de combat de II° armée ne représente plus que celle de trois corps ».

Ce message était moins inquiétant par ce qu'il disait que par ce qu'il laissait entendre. Au commencement de la bataille, la II° armée comptait quatre corps d'armée, dont l'un, le VII°, incomplet; sa réduction à trois corps d'armée après deux jours de combats continus et acharnés n'avait rien en soi d'exagéré. Mais pour qui a quelque expérience des comptes rendus d'opérations, il est clair que lorsqu'un chef annonce avoir maintenu ses positions *jusqu'à présent*, c'est qu'il envisage déjà l'éventualité d'un repli, et que lorsqu'il parle de la supériorité des forces adverses et de la diminution des siennes, c'est qu'il prépare des excuses à sa retraite. Le texte de ce télégramme prenait un caractère encore plus alarmant si on le rapprochait des indications déjà fournies par Bülow et d'ailleurs confirmées par

Kluck, d'après lesquelles le terrain entre Montmirail et Meaux s'était vidé de troupes allemandes.

Moltke et son état-major en étaient là de leurs réflexions quand leur poste de T. S. F. intercepta un radio émis par la D. C. de la Garde faisant connaître que l'ennemi avait forcé la ligne du Petit Morin et que le corps Richthofen se retirait derrière celle du Dolloir. Cette retraite signifiait que le front était rompu entre les I<sup>re</sup> et II<sup>e</sup> armées.

En une aussi grave conjoncture Moltke sentit qu'il lui fallait tout de même s'occuper un peu de ce qui se passait et orienter ses subordonnés dont la divergence d'action s'accusait de plus en plus. Seulement, pour orienter les autres, il convient d'abord d'être orienté soi-même et à Luxembourg on ne l'était guère. On savait, par les lamentations de Bülow, que la II<sup>e</sup> armée ne pourrait rien opposer aux forces alliées si celles-ci, après avoir pénétré dans la trouée, se rabattaient à l'est; mais on ignorait si Kluck se trouverait en mesure de leur résister, au cas où elles se rabattraient à l'ouest. Le commandant de la I<sup>re</sup> armée avait-il arrêté les III<sup>e</sup> et IX<sup>e</sup> C. A. sur la Marne? S'était-il constitué des réserves avec des unités tirées du front de l'Ourcq? Il n'en avait rien dit, on n'avait pas insisté pour être mis au courant. De cette abstention réciproque il résultait que le commandement suprême était dans l'incapacité de prendre une décision faute de connaître la situation réelle. Un général en chef doué de tant soit peu d'activité eût sauté dans une automobile et couru à toute vitesse aux quartiers généraux des armées de l'aile droite pour se renseigner et prendre un parti sans délai. Moltke préféra y déléguer un officier de son état-major, le lieutenant-colonel Hentsch.

## LA MISSION DU LIEUTENANT-COLONEL HENTSCH

La mission qu'accomplit le lieutenant-colonel Hentsch du 8 au 10 septembre a fait couler beaucoup d'encre en Allemagne depuis la guerre. Après la débâcle finale, on a cherché outre-Rhin, comme c'est l'habitude chez les nations vaincues, à se consoler de l'amertume de la défaite en rejetant la responsabilité sur quelques boucs émissaires. On a fait jouer ce rôle à Hentsch pour la première bataille de la Marne. Comme il était mort[1], il ne pouvait se défendre; comme, pendant sa mission, tout s'était passé en conversations, on n'avait pas à craindre la publication inopinée de documents justificatifs. Aussi tous les écrivains et historiens militaires germaniques, ou peu s'en faut, ont proclamé que si l'aile droite a battu en retraite le 9 septembre et entraîné le recul de toute la ligne, ce n'est pas parce que l'ennemi l'y a obligée, mais parce que Hentsch, s'arrogeant une autorité qu'on ne lui avait pas conférée, a donné l'ordre de repli. L'examen des faits démontre le contraire, comme nous l'allons voir.

Le lieutenant-colonel Hentsch, chef de la section des renseignements au grand quartier général, n'était aucunement désigné par ses fonctions pour la mission qui lui fut confiée; elle revenait normalement à un officier de la section des opérations. Ce choix s'explique par la confiance dont il jouissait auprès de Moltke[2]. On se rappelle

1. En 1917, en Roumanie.
2. Les témoignages concordent à représenter Hentsch comme l'inspirateur ou du moins le confident le plus écouté de Moltke. Voir, notamment, Stürgkh, *loc. cit.*, page 24.

que le 5 septembre déjà il avait été envoyé sur le front pour prêcher les vertus de l'instruction générale du 4 et persuader aux commandants d'armée d'en exécuter les dispositions.

Quand on reçut au grand quartier général, le 8 au matin, les nouvelles qui ne laissaient aucun doute sur la fâcheuse tournure que prenaient les affaires au centre de l'aile droite, Moltke résolut d'envoyer une seconde fois Hentsch aux armées et lui donna des instructions à ce sujet en présence du chef de la section des opérations, le lieutenant-colonel Tappen, et d'un autre officier de l'état-major, le lieutenant-colonel von Dommes. Chose incroyable, ces instructions ne furent pas consignées par écrit et Hentsch se mit en route sans avoir même un papier l'accréditant et indiquant l'objet de sa mission. On en est donc réduit pour connaître la vérité aux affirmations des personnes qui assistaient à la conversation du 8 septembre à Luxembourg et ces affirmations sont contradictoires. Hentsch a déclaré avoir reçu pleins pouvoirs pour prescrire « en cas de nécessité aux armées de se retirer sur la ligne Sainte-Ménehould, Reims, Fismes, Soissons ». Tappen prétend que les instructions données à Hentsch le chargeaient seulement « au cas où des mouvements rétrogrades auraient déjà été entamés, d'essayer de les diriger de manière à combler le vide existant entre les I$^{re}$ et II$^e$ armées ».

Ces deux textes sont bien différents l'un de l'autre. Quoiqu'il en soit, Hentsch se mit en route aussitôt après cet entretien, vers 11 heures. Il se rendit d'abord aux quartiers généraux des V$^e$, IV$^e$ et III$^e$ armées; il y trouva tout le monde plein de confiance, surtout à la III$^e$ armée, où on était encore sous l'impression des succès remportés dans la matinée par le groupement Kirchbach; il rendit compte télégraphiquement à Luxembourg en ces termes :

« Situation et état d'esprit tout à fait satisfaisants à la III⁰ armée ».

De Châlons-sur-Marne, où il avait expédié ce message, Hentsch alla à Montmort, quartier général de la II⁰ armée. Le premier spectacle qui frappa son regard à l'arrivée fut celui des fourgons de l'état-major que l'on déchargeait. Le détachement du train du quartier général avait en effet reçu l'ordre de déménager, puis contre-ordre et exécutait ce contre-ordre. Il était 20 heures. Bülow et le premier échelon de l'état-major se trouvaient encore au poste de commandement, à Fromentières, mais ils en revinrent peu après et aussitôt une conférence réunit Hentsch, Bülow, son chef d'état-major Lauenstein et le lieutenant-colonel Matthes, officier le plus ancien de l'état-major.

« On m'orienta sur la situation, dit Hentsch dans le rapport qu'il établit après à son retour à Luxembourg[1], et on me dit que l'aile gauche de l'armée avait progressé, mais que son aile droite, qui s'étendait par Montmirail vers Chézy, avait dû rester sur la défensive, ne contenant l'adversaire qu'avec peine. L'intention de l'armée était de maintenir ses positions le lendemain et elle pourrait le faire si elle ne se voyait pas enveloppée. Ce qui gâtait tout c'était que la I⁰ armée se trouvât si loin, ce qui ouvrait entre les deux armées une vaste brèche, bouchée difficilement avec de la cavalerie et des chasseurs. On avait à plusieurs reprises invité la I⁰ armée à se rapprocher et à combler la brèche.

Pendant qu'on me mettait au courant arriva un compte-rendu annonçant que l'aile droite avait été tournée ou refoulée et qu'il fallait la replier derrière la Verdonnelle[2]. Il s'ensuivait que le trou entre les I⁰ et II⁰ armées aug-

---

1. Ce rapport est daté du 15 septembre, soit cinq jours après le retour de Hentsch à Luxembourg.
2. Ruisseau qui passe à Margny.

mentait encore de 15 kilomètres. La II° armée n'avait plus de troupes disponibles.

Je rendis compte au grand quartier général : « Situation à la II° armée sérieuse, mais non désespérée ».

Dans la soirée du 8 septembre, on ne prit donc pas encore la résolution de battre en retraite au quartier général de la II° armée, mais Bülow avait déjà été plusieurs fois sur le point de la prendre[1], et, s'il ne le fit pas alors, c'est qu'il espérait encore que Kluck profiterait de la nuit pour se reporter à l'est de l'Ourcq. En attendant, pendant que l'aile droite de la III° armée s'établissait défensivement sur la ligne Margny-le Thoult, le centre et la gauche recevaient l'ordre d'attaquer le lendemain, en liaison avec le groupement Kirchbach, dans la direction générale de Sézanne.

Le 9 septembre, dès 6 heures, Hentsch se retrouvait, dans le parc du château de Montmort, avec Lauenstein et Matthes. Bülow n'assistait pas à se second entretien ; Lauenstein est mort sans en avoir laissé aucune relation et Matthes n'a rompu le silence que pour déclarer qu'il ne s'en souvenait pas bien. On ne peut donc savoir ce qui s'est passé que par le rapport de Hentsch du 5 septembre, document unilatéral, il est vrai, mais écrit à un moment où son auteur n'était accusé de rien par personne et n'avait aucun motif de farder la vérité. Voici comment il raconte sa conversation avec le chef d'état-major de Bülow :

« Le lieutenant-général von Lauenstein me dit, en présence du lieutenant-colonel Matthes, que la II° armée resterait en position, mais à la condition expresse que la I° armée rompît le combat aussitôt et se rapprochât de la II°. Comme j'objectais que la I° armée ne serait peut-être pas en état de le faire, S. Exc. von Lauenstein estima qu'en

---

1. On a plusieurs témoignages qui en font foi, notamment celui du général von Einem, commandant le VII° C. A.

ce cas la retraite derrière la Marne, puis derrière la Vesle, s'imposerait et j'exprimai le même avis. Il fut convenu que, après avoir pris connaissance de la situation de la I$^{re}$ armée, je lui indiquerais, comme direction générale, celle de Fismes. »

De ce texte, dont la dernière phrase n'est pas absolument claire, il ressort cependant que Hentsch se rendait à la I$^{re}$ armée pour la sommer, en quelque sorte, de reprendre contact sur le champ avec la droite de la II$^e$ armée ; si elle ne le voulait ou ne le pouvait pas, les deux armées devaient se replier sur la Vesle.

L'ouvrage de Bülow donne la même impression. Après avoir résumé la situation le 8 au soir, il ajoute :

« Dans ces conditions, il fallait compter avec la probabilité de la percée d'importantes forces ennemies, si la I$^{re}$ armée ne se décidait pas, au dernier moment, à se reporter dans la direction de l'est et à reprendre le contact avec la II$^e$ armée... Aussi, lorsque, dans la matinée du 9 septembre, de nombreuses colonnes ennemies franchirent la Marne entre la Ferté-sous-Jouarre et Château-Thierry, il ne subsista plus aucun doute sur le fait que la situation stratégique et tactique rendait inévitable la retraite de la I$^{re}$ armée et que la II$^e$ armée devait aussi se replier pour ne pas être complètement enveloppée par sa droite. »

Ce passage indique aussi que la décision de battre en retraite n'a été prise qu'après la constatation du passage de la Marne par les Alliés, par conséquent après la conversation qui eut lieu à Montmort, puisque Hentsch quitta le quartier général à 7 heures et que le renseignement d'aviation qui informa Bülow du passage de la Marne par les Alliés y parvint à 10 heures seulement.

Hentsch partit donc à 7 heures. De Montmort à Mareuil-sur-Ourcq, où le quartier général de la I$^{re}$ armée s'installait ce matin même, la distance est d'un peu moins de 80 kilomètres par l'itinéraire le plus direct. On pouvait donc espérer avoir une réponse à la II^e armée dans trois heures environ. Mais, à la guerre, souvent les états-majors proposent et les incidents de la bataille disposent. Hentsch trouva les routes encombrées par les convois ou menacées par les pointes de la cavalerie anglaise. Après de nombreux détours, il n'atteignit Mareuil que cinq heures et demie après être parti de Montmort.

Entre temps les événements avaient marché. La D. C. de la Garde s'était repliée dans la nuit de la ligne du Dolloir sur celle du Surmelin, livrant aux Alliés les routes conduisant à Chézy et à Château-Thierry. Le 18^e C. A. français et le C. C. Conneau s'y étaient engagés. A leur gauche les 1^er et 2^e C. A. britanniques, précédés de la cavalerie du général Allenby, se disposaient à franchir la Marne entre Nogent-l'Artaud et Saacy. Ils avaient été aperçus par le lieutenant aviateur Berthold qui en avisa aussitôt l'état-major de la II^e armée, signalant que quatre longues colonnes ennemies atteignaient par leurs têtes, à 9 heures, Nanteuil-sur-Marne, Citry, Pavant et Nogent-l'Artaud. Ce renseignement, reçu à 10 heures, détermina Bülow à ne pas attendre davantage et à donner l'ordre de retraite à son armée ainsi qu'au groupement Kirchbach, qui pourtant relevait de la III^e.

Quand Hentsch arriva vers midi et demi à Mareuil, il n'y trouva que le chef d'état-major, Kuhl. Kluck était sur le terrain. A ce moment, la situation de la I^re armée, telle qu'on la connaissait au quartier général, se présentait de la manière suivante :

Le front sud, le long de la Marne, s'étendait de Congis à Chamigny (3 kilomètres en amont de la Ferté-sous-Jouarre). Les crêtes à l'ouest de Varreddes avaient été évacuées pendant la nuit du 8 au 9 par la III^e D. I., qui, conformément à l'ordre donné par Kluck, s'était repliée sur la ligne Étrépilly-Congis. Le II⁰ C. C. (IX⁰ D. C., II⁰ D. C. et cinq bataillons de chasseurs) tenait le cours de la Marne depuis Ussy jusqu'à Chamigny contre le III⁰ C. A. britannique, qui ne s'employait que très mollement à forcer le passage, mais au delà de Chamigny la vallée de la Marne n'était pas défendue. La brigade Kraewel restait groupée à Montreuil-aux-Lions, la V⁰ D. C. à Marigny-en-Orxois. Il n'y avait même pas une patrouille aux ponts pour signaler l'approche de l'ennemi.

Le commandant de la I⁰ armée n'apprit la présence des Anglais sur la Marne qu'à 10 h. 1/2, non par ses propres éléments d'observation, mais en captant un radio de la D. C. de la Garde adressé à la II⁰ armée et annonçant qu'une forte colonne d'infanterie et d'artillerie adverse passait la Marne à Charly. Or de Charly à l'Ourcq il y a moins de 20 kilomètres et on ne disposait que de la brigade Kraewel (6 bataillons et 2 groupes d'artillerie) pour barrer la route à l'ennemi. Si la gauche de la ligne allemande à l'ouest de l'Ourcq restait en place de Congis à Acy-en-Multien, elle courait le risque d'être canonnée dans le dos avant la fin de la journée par l'artillerie britannique. Il fallait aviser, en présence de ce danger qui menaçait depuis si longtemps et que la I⁰ armée avait toujours volontairement méconnu.

A 11 h. 30, Kluck donnait l'ordre au général von Linsingen de porter la V⁰ D. I., restée en réserve au nord-ouest de Trocy, sur Dhuisy, pour joindre ses efforts à ceux de la brigade Kraewel contre les colonnes britanniques débouchant de la Marne. Il lui prescrivit aussi de replier la gauche de sa ligne de combat en la faisant pivoter autour d'Acy-en-Multien de manière à la reformer face au sud, à cheval sur l'Ourcq, entre Acy-en-Multien et Coulombs. On abandonnait donc le plateau de Trocy, si âprement disputé pendant plus de trois jours.

A l'aile droite de la I^re armée, la VI^e D. I. s'était déployée à hauteur de Cuvergnon, mais attendait pour s'engager que le IX^e C. A. parût à sa droite. Celui-ci, à midi, n'avait pas encore débouché de la forêt de Villers-Cotterets qu'il

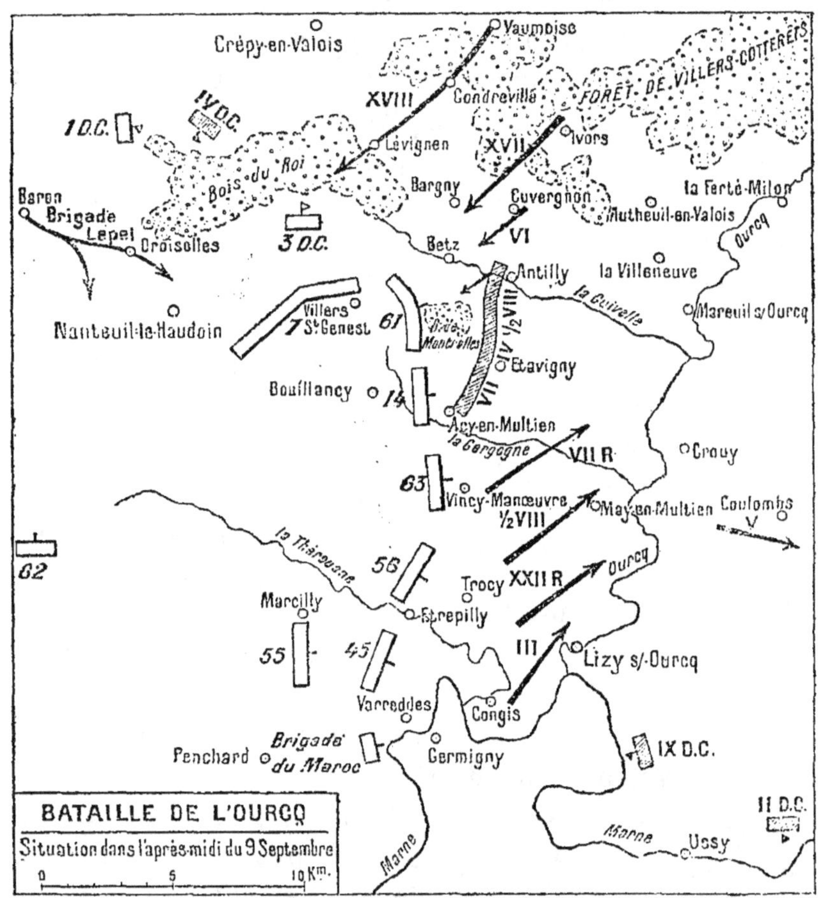


traversait en deux colonnes par Ivors (XVIII^e D. I.) et Gondreville (XVII^e D. I.). Enfin à l'extrême droite la brigade Lepel, du IV^e C. A. R., approchait de Baron.

Ainsi se présentait la position d'ensemble de la I^re armée quand Hentsch arrivait à Mareuil, vers midi et demie. On y savait alors, grâce à un radio reçu à 7 h. 35, que la II^e armée avait replié sa droite sur la ligne Margny-le

Thoult, mais on ignorait encore que Bülow avait donné l'ordre de retraite générale à son armée et Hentsch l'ignorait naturellement aussi.

Hentsch et Kuhl se mirent à examiner la situation de concert avec le colonel von Bergmann, sous-chef d'état-major de la I$^{re}$ armée. Hentsch fit part de la triste impression qu'il avait recueillie à Montmort et qu'accentuaient les observations qu'il venait de faire pendant son long trajet en automobile. La II$^e$ armée, disait-il, n'était plus que déchet et avait besoin d'un appui immédiat. Kuhl refusait de secourir l'armée voisine avant que la manœuvre sur Nanteuil-le-Haudoin eût porté ses fruits. Grâce à cette opération, on tenait maintenant l'armée Maunoury, on allait certainement la mettre en déroute. Après tous les sacrifices consentis pour faire réussir ce mouvement tournant pouvait-on y renoncer à l'instant même où il allait donner son plein rendement, d'autant plus qu'il ne s'agissait que de quelques heures; avant la nuit la bataille serait gagnée, Maunoury en déconfiture. Mais qu'adviendrait-il le lendemain, demanda Hentsch? La I$^{re}$ armée serait-elle en mesure de soutenir avec toutes ses forces la II$^e$? Kuhl fut bien obligé de répondre négativement. Hentsch, comme il en avait convenu avec le général von Lauenstein, déclara que dans ces conditions la retraite s'imposait. Il indiqua la direction que devait prendre la I$^{re}$ armée et ajouta qu'il avait pleins pouvoirs pour prescrire au général von Kluck de se replier.

La conversation entre Kuhl et Hentsch durait depuis une demi-heure environ lorsque, à 13 h. 04, on apporta un message de la II$^e$ armée par lequel Bülow faisait connaître qu'il battait en retraite [1]. Ce message était ainsi conçu :

---

1. Ce message, parti de Montmort à 11 heures, avait donc mis deux heures à toucher son destinataire.

« Aviateur signale quatre longues colonnes en marche vers la Marne, leurs têtes à 9 heures à Nanteuil-sur-Marne, Citry Pavant, Nogent-l'Artaud. II<sup>e</sup> armée commence à se replier, aile droite sur Damery. »

Dès lors toute discussion devenait superflue. Le recul de la II<sup>e</sup> armée vers le nord-est laissait la I<sup>re</sup> armée dans un isolement complet et libérait la 5<sup>e</sup> armée française dont le' corps de gauche (18<sup>e</sup> C. A.) appuyé par tout le C. C. Conneau était déjà en marche sur Château-Thierry. Ce n'étaient donc plus deux armées (Maunoury et French), mais trois, auxquelles les troupes exténuées de Kluck auraient affaire désormais. Que pouvaient-elles contre toutes ces forces ? Sans doute le combat à la droite de la ligne allait s'engager dans les meilleures conditions pour les Allemands grâce à leur action dans le flanc de l'ennemi et même sur ses derrières, mais, pendant que cette moitié de l'armée allait avancer, l'autre moitié, l'aile gauche, rétrograderait. Il ne restait, somme toute, pour prendre part à l'attaque de laquelle tout dépendait, que les trois-quarts du IV<sup>e</sup> C. A., la VI<sup>e</sup> D. I., les trois-quarts du IX<sup>e</sup> C. A. et la brigade Lepel, plus la IV<sup>e</sup> D. C., soit un peu moins de cinq divisions d'infanterie et une de cavalerie, alors que l'armée Maunoury comptait plus de sept divisions d'infanterie et deux de cavalerie, sans préjudice des renforts sérieux qu'on lui envoyait de toutes parts : la 8<sup>e</sup> D. I., rappelée de Changis, où elle avait jusqu'alors prolongé la gauche du III<sup>e</sup> C. A. britannique, la 62<sup>e</sup> D. R. amenée de Pontoise dans les environs de Dammartin, enfin les dernières ressources du camp retranché de Paris, la brigade de fusiliers-marins, une dizaine de compagnies de zouaves, un régiment de spahis.

Pour mettre l'armée Maunoury hors de cause, comme s'en vantait l'état-major de la I<sup>re</sup> armée, il n'aurait certainement pas suffi d'esquisser un mouvement offensif; il aurait fallu le pousser à fond en bousculant les troupes françaises dans la Marne ou tout au moins au delà de la chaîne de hauteurs qui s'étend de Dammartin à Penchard. Il n'est guère probable qu'on ait pu y parvenir dans la journée du 9, déjà très avancée au moment où l'attaque commençait (entre 12 et 13 heures). Admettons-le cependant. En ce cas, dans la soirée, la I<sup>re</sup> armée allemande, ayant complètement changé de front, se serait trouvée étirée face au sud sur une longue ligne allant du nordouest de Meaux à Coulombs. Comment eût-elle fait pour se redresser le lendemain de manière à résister à l'ennemi, qui, ayant débouché par Charly et Château-Thierry, déborderait complètement la gauche du dispositif. On ne pouvait tout de même pas demander au IX<sup>e</sup> C. A. de refaire en sens inverse le chemin qu'il venait de parcourir, l'immense circuit passant par la forêt de Villers-Cotterets et la Ferté-Milon, pour venir appuyer la gauche de l'armée après avoir secouru sa droite.

Il faut croire que Kuhl se rendit promptement à l'évidence, car moins d'une heure après avoir reçu la nouvelle de la retraite de Bülow, il avait rallié le poste de commandement de Kluck, mis celui-ci au courant des événements, obtenu son adhésion au mouvement de repli, regagné Mareuil, rédigé et expédié un ordre préparatoire prescrivant aux unités de l'aile droite de suspendre leur marche en avant et de prendre leurs dispositions pour se diriger vers l'Aisne. Cet ordre est daté de 14 heures.

On comprend à quel point cette décision dut paraître cruelle au commandant de la I<sup>re</sup> armée. Le rêve qui le hantait depuis le commencement de la campagne était sur le point de se réaliser. Du jour où il avait passé la Meuse en aval de Liége, il ne visait qu'un but, déterminer l'extrême gauche du front de bataille adverse, réunir une masse de manœuvre au delà de ce point et avec elle attaquer l'ennemi en flanc et à revers. Dès le 24 août il avait espéré réussir sur l'Escaut, à Condé; on l'en avait empêché. Depuis lors il était allé de déception en déception, d'abord pendant la marche de la Sambre à la Marne, ensuite pendant les premiers jours de la bataille de l'Ourcq. Et maintenant, la victoire tant désirée, on l'avait sous la main. Un peu après midi le IX⁰ C. A. avait débouché de la forêt de Villers-Cotterets et, ne trouvant presque rien devant lui, traversait à vive allure le Bois du Roi, tandis que l'entrée en ligne de la brigade Lepel sur Droiselles faisait naître un commencement de panique sur les derrières de la gauche française à Nanteuil-le-Haudoin.

C'est alors, au moment précis où le succès se dessinait, qu'on dut tout abandonner. Mais il le fallait bien, puisque la II⁰ armée renonçait à la lutte. Kluck et Kuhl eux-mêmes l'ont formellement reconnu.

« On pouvait certainement s'attendre, dit Kluck[1], à exploiter les jours suivants le succès sur Maunoury qui commençait à s'affirmer. Mais ensuite, pour se dégager, remettre de l'ordre dans les unités, se ravitailler en munitions et en vivres, refouler les convois et assurer les communications, il eût fallu du temps. Les colonnes anglaises qu'on avait tout juste contenues à Montbertoin[2] et celles qui prolongeaient leur action à l'est, ainsi que l'aile gauche de l'armée, plus mobile, du général d'Esperey, se seraient alors trouvées dans le flanc et sur les derrières de la I⁰ armée, parvenue à la limite de ses forces. Alors cette armée, à moins de fautes inouïes de la part de l'adversaire, aurait été contrainte de se replier vers le nord-ouest sur Dieppe, ou, dans le cas le plus favorable, sur Amiens. »

Kuhl n'est pas moins affirmatif :

---

1. *Der Marsch auf Paris und die Marneschlacht, 1914*, p. 123.
2. Montbertoin est un hameau contigu à Montreuil-aux-Lions; c'était le centre de la ligne occupée le 9 septembre par la brigade Kraewel.

« Après qu'on eut l'assurance que la IIe armée avait pris dans la matinée la résolution de se replier et que les troupes étaient déjà, l'après-midi, en pleine retraite, ce qui rendait impossible de contremander l'opération, le commandement (de la Ire armée) dut s'incliner. Même une victoire sur Maunoury ne pouvait plus nous préserver de l'enveloppement de notre aile gauche par des forces supérieures, nous refoulant loin des autres armées[1]. »

On ne s'explique pas comment, en présence de déclarations aussi précises, il puisse encore se trouver des gens pour soutenir que la retraite de la Ire armée est exclusivement l'œuvre de Hentsch, que Kluck lui a obéi par contrainte, en réprouvant l'opération qu'on l'obligeait à exécuter. Dans la réalité Hentsch a bien fait usage des pleins pouvoirs qu'il tenait de Moltke et a donné l'ordre de retraite, mais à un interlocuteur consentant, partageant son avis, fort heureux, au demeurant, d'être ainsi mis à couvert par l'autorité supérieure; car on commençait à se dire, à l'état-major de la Ire armée, depuis que les choses tournaient mal, qu'on pourrait bien un jour se voir demander compte des nombreux actes d'indiscipline commis pendant la période précédant la bataille en cours.

Les deux premières phrases de l'ordre de repli de Kluck sont caractéristiques. Il y prend toutes sortes de précautions pour tirer son épingle du jeu. « La situation de la IIe armée, y est-il dit, exige qu'elle se retire derrière la Marne des deux côtés d'Epernay. Sur l'ordre du commandement suprême, la Ire armée se replie dans la direction générale de Soissons pour protéger le flanc ».

Il est assez piquant de constater que Bülow motivait sa résolution de battre en retraite par la nécessité de porter secours à la Ire armée, « considérant, dit-il, dans son rap-

---

1. H. von Kuhl; *Der Marnefeldzug, 1914*, p. 219.

port, que dorénavant la tâche la plus importante de la
IIe armée était de soutenir la Ire armée au nord de la Marne
et de lui donner de nouveau la possibilité de reprendre le
contact avec l'aile droite de la IIe armée. » Chacun cherchait à expliquer son propre recul par la fâcheuse position
de son voisin.

Bülow n'a jamais contesté que le premier ordre de retraite
vint de lui ; il en a assumé la responsabilité, se contentant
de faire remarquer qu'il a agi en plein accord avec le lieutenant-colonel Hentsch. Ce n'est d'ailleurs pas absolument
exact, car quand Hentsch quitta Montmort on n'avait encore
rien décidé que sous condition et, au moment où Bülow
donna son ordre, cette condition n'était pas remplie, mais
elle l'eût été s'il avait attendu deux heures de plus.

On ne saurait pas non plus prétendre, comme certains
l'ont fait, que Hentsch a poussé Bülow à battre en retraite,
qu'il a pesé sur sa décision. Tout au plus pourrait-on lui
reprocher de ne pas avoir combattu assez énergiquement
les velléités de reculer qui se manifestèrent au quartier
général de la IIe armée pendant tout le temps qu'il y
séjourna.

Ceux des écrivains allemands qui consentent à ne pas
incriminer Hentsch reportent toute leur rancune sur Bülow,
l'accusant d'avoir, par sa pusillanimité, fait perdre une
bataille qui était gagnée, car on ne peut naturellement pas
admettre outre-Rhin que les armées impériales aient été
battues n'importe où par n'importe qui. A les entendre, il
n'y avait, le 9 septembre, qu'à laisser se continuer les
offensives engagées pour venir à bout de la résistance des
Alliés. Dans la journée même Kluck aurait détruit l'armée
Maunoury, fait aussitôt face aux Anglais et réglé leur
compte, tandis qu'à l'autre bout du front de l'aile droite,
la Garde et les Saxons de Kirchbach écrasaient la 9e armée
française, puis coupaient les communications de la 5e.

Nous avons déjà fait justice de la première de ces allégations. La seconde n'est pas plus soutenable. Au cours de la matinée du 9 septembre, le centre de la IIe armée avait bien pris le château de Mondement, mais dès 11 heures l'arrivée du 77e R. I. arrêta net les progrès de l'ennemi. Plus tard le C. A. de la Garde s'empara du Mont-Août, mais la ligne française (9e C. A.) se rétablit sur le mont Chalmont; à ce moment la 42e D. I., que le général Foch avait ramené de sa gauche à son centre, approchait et allait se trouver à portée d'étayer le front de combat au point le plus faible. Quand au 11e C. A., formant la droite de la 9e armée française, il avait d'abord cédé du terrain, perdu Euvy, puis s'était reporté sur les crêtes au sud de la Maurienne, devant lesquelles se brisèrent tous les efforts des Saxons.

Il est certain que la situation n'était rien moins que brillante à la 9e armée au commencement de l'après-midi, mais grâce à l'appui de la 42e D. I. son chef estimait qu'il pouvait non seulement se maintenir, mais même passer à l'offensive avant la fin de la journée. La 42e D. I. arriva trop tard sur le terrain pour engager son infanterie; son artillerie collabora au mouvement de la droite du 9e C. A. qui attaqua à 18 heures.

Cette attaque réussit sans difficulté, car les Allemands, exécutant l'ordre de Bülow, étaient déjà en retraite quand elle fut lancée, mais rien ne permet d'affirmer que si l'offensive ennemie n'avait pas été arrêtée, elle eût balayé la 9e armée. La IIe D. I. de la Garde, la XXXIIe D. I., les XXIIIe et XXIVe D. R., soit 4 divisions, y prenaient part[1] contre les 17e, 52e, 42e, 21e, 22e, 18e D. I., soit 6 divisions françaises, qui, malgré des pertes sévères, con-

---

1. La XXIVe D. R., venant à marches forcées de Givet, avait rejoint l'armée le 8 septembre et ne fut engagée que le 9, entre la XXIIIe D. R. et la XXIIIe D. I., sur Euvy.

servaient des effectifs suffisants pour tenir tête aux unités moins nombreuses et également très éprouvées du groupement Kirchbach.

La situation de la droite de Bülow était bien autrement compromise que celle de la 9e armée française. A peine avait-elle reçu l'ordre, le 8 au soir, de s'organiser sur la ligne Margny-le Thoult, que cette dernière localité tombait aux mains des Français. Le nouveau front constitué par Bülow derrière le ruisseau de la Verdonnelle s'étendait sur plus de 10 kilomètres et il n'y avait, pour l'occuper, que le Xe C. A. R. et la moitié de la XIIIe D. I., en tout deux divisions et demie. Déjà refoulées le 8 septembre et mises partiellement en déroute, elles s'étaient reformées pendant la nuit, mais il leur aurait fallu affronter le lendemain une partie du 10e C. A., les 1er et 3e C. A. français ainsi que le groupe Valabrègue, qui n'avait pas encore combattu, soit huit divisions[1], dont plusieurs fraîches contre deux et demie très abîmées. La 5e D. I. française avait l'ordre de se porter sur Verdon, les 53e et 69e D. R. marchant à sa gauche. Or Verdon est à plusieurs kilomètres au nord de Margny, point d'appui de la droite de la IIe armée allemande. Si elle n'avait pas battu en retraite, elle aurait donc été infailliblement débordée le 9 au soir, ou le 10, au moins par trois divisions. Bülow n'avait plus un bataillon disponible pour prolonger sa ligne ou former un échelon en arrière. Il comprit qu'en restant dans ses positions il serait coupé de ses ravitaillements dont le courant utilisait les passages de la Marne, de Jaulgonne à Damery. C'est sous le poids de cette menace, et pour nulle autre raison, qu'il a donné l'ordre de repasser la Marne. Au point où en était la bataille, il n'avait pas d'autre moyen d'échapper au désastre.

---

1. Le 3e C. A. ne comptait plus que deux divisions, la 37e D. I. ayant été retirée du front pour être remise à la disposition du général en chef.

LA RETRAITE ET LES DERNIÈRES OPÉRATIONS OFFENSIVES.

Le repli de l'aile droite allemande (I<sup>re</sup>, II<sup>e</sup> armées et groupement Kirchbach) dans l'après-midi du 9 septembre n'affectait pas immédiatement les armées qui combattaient plus à l'est (groupement Elsa, IV<sup>e</sup> et V<sup>e</sup> armées). Hentsch avait quitté Mareuil dès que Kuhl y était revenu ; il envoya un de ses adjoints à Bülow pour le prévenir de ce qui s'était passé, puis refit lui-même, en sens inverse de la veille, la tournée des trois autres quartiers généraux. Il rentra à Luxembourg le 10 et présenta à Moltke son rapport sur la situation. A son avis, les IV<sup>e</sup> et V<sup>e</sup> armées pouvaient tenir à condition que le XIX<sup>e</sup> C. A. (de l'armée Hausen) continuât à appuyer la IV<sup>e</sup> armée et qu'on s'emparât des forts des Hauts de Meuse. Vu la gravité de l'heure, Hentsch ajouta qu'il ne pouvait prendre la responsabilité de cette opinion et que le général en chef devrait bien se rendre sur les lieux pour se renseigner personnellement et se décider en pleine connaissance de cause. Moltke, toujours prompt à céder aux conseils de ses subordonnés, se mit en route le lendemain. C'était la première fois qu'il allait aux armées depuis le commencement de la campagne. Il visita successivement les quartiers généraux des V<sup>e</sup>, III<sup>e</sup> et IV<sup>e</sup> armées, donnant partout le spectacle lamentable d'un vieillard malade et abattu, plus que jamais incapable de dicter sa volonté et même d'en avoir une. Au quartier général de la III<sup>e</sup> armée, il apprit que la XXIV<sup>e</sup> D. R. venait d'être presque entourée et fortement malmenée. Il n'en fallut pas davantage pour le déterminer à adopter le parti le plus timide. Il prescrivit aux IVe et V[e] armées de se replier à hauteur de l'aile droite afin de reformer un front continu.

Les chefs allemands essayaient de se consoler de la défaite en se disant qu'une fois la masse principale ressoudée, on la prolongerait vers l'ouest à l'aide de la nouvelle VIIe armée qui se constituait dans la région de Saint-Quentin avec les unités venues des Vosges (XVe C. A. et VIIe D. C.) et le corps de siège de Maubeuge (VIIe C. A. R. et une brigade de la XIIIe D. I.)[1]. Ces forces devaient être employées à exécuter de nouveau la manœuvre d'enveloppement de la gauche ennemie, qui avait échoué sur la Sambre et sur la Marne. Croyait-on sincèrement qu'on pourrait reprendre l'offensive ou cherchait-on à se donner le change? En tous cas l'illusion fut de courte durée.

On se rappelle que Hentsch, quand il se rendit de Montmort à Marœuil dans la matinée du 9 septembre, devait, s'il constatait que la retraite devenait nécessaire, prescrire à la Ire armée de prendre la direction générale de Fismes, de manière à retrouver le contact avec la IIe armée et à reconstituer un front continu. Or Kuhl, chef d'état-major de la Ire armée, n'eut pas de peine à lui démontrer que c'était absolument impossible par suite des progrès déjà réalisés par les troupes britanniques sur la rive droite de la Marne; en orientant sa marche vers Fismes, c'est-à-dire vers le nord-est, la Ire armée eût été obligée de défiler devant les lignes anglaises sur un terrain déjà encombré par les convois et où Hentsch lui-même venait d'avoir tant de mal à se frayer un passage. Pour éviter ce danger, la Ire armée ne pouvait plus que se replier droit au nord et se rétablir derrière le cours inférieur de l'Aisne, en aval de Soissons. Hentsch s'était rendu à ces

---

1. Maubeuge avait capitulé l'avant-veille.

objections. La retraite de la I<sup>re</sup> armée avait alors été exécutée sans être troublée par l'ennemi, mais elle eut pour conséquence de laisser toujours ouverte la brèche qui la séparait de l'armée voisine.

La droite de la II<sup>e</sup> armée, restée ainsi encore une fois sans point d'appui, ne put se maintenir sur la Vesle et dut se rabattre, le 12 septembre, derrière le canal de l'Aisne à la Marne entre les abords de Reims et Berry-au-Bac. De ce point jusqu'aux environs de Soissons, il subsistait une lacune d'une trentaine de kilomètres. Kluck, malgré tous ses efforts, ne put étendre sa ligne plus loin que Vailly. A ce moment la VII<sup>e</sup> armée, réunie près de Saint-Quentin, fut placée sous les ordres de Bülow. Celui-ci, au lieu de lui assigner la mission prévue pour elle, d'agir par la vallée de l'Oise dans le flanc de l'armée Maunoury, la mit en marche dès la nuit du 12 au 13 sur Laon pour l'amener dans la trouée de Berry-au-Bac. Elle arriva juste à temps pour empêcher une catastrophe de se produire, car le 18<sup>e</sup> C. A. français, poussant au delà de l'Aisne, avait déjà atteint Amifontaine et la cavalerie du général Conneau s'était avancée jusqu'à Sissonne. L'entrée en ligne de la VII<sup>e</sup> armée sauva la situation sur ce point, mais aux dépens du mouvement enveloppant sur lequel on comptait pour ramener la victoire sous les drapeaux germaniques. A la VII<sup>e</sup> armée on substitua, à l'extrême aile droite, le IX<sup>e</sup> C. A. R. qui y arriva de Belgique le 15 septembre, mais de son côté le général Joffre avait porté à la gauche de l'armée Maunoury le 13<sup>e</sup> C. A., prélevé sur nos forces de Lorraine.

Ainsi commença la course à la mer, qui ne tourna pas à l'avantage des Allemands. Quoiqu'ils firent, non seulement ils ne purent envelopper l'aile gauche des Alliés, mais ils ne parvinrent même pas à prolonger leur front vers l'ouest; ils durent l'infléchir au nord, leur nouvelle ligne formant un angle droit avec l'ancienne.

Comme cette lutte pour gagner le flanc de l'adversaire touchait à sa fin, comme on approchait de la mer du Nord, l'armée allemande trouva des ressources supplémentaires, le corps de siège d'Anvers, libéré par la chute de la place, et quatre corps d'armée d'ersatzreserve, dont l'instruction venait d'être terminée et l'organisation mise au point. Un effort surhumain fut alors tenté afin d'enfoncer les Alliés en Flandre, sur l'Yser et à Ypres, pour les couper de la mer et mettre à profit la dernière occasion qui se présentait d'exécuter la manœuvre enveloppante sur laquelle avait reposé le plan de campagne. Il était trop tard. Les attaques les plus furieuses échouèrent avec des pertes telles qu'après un mois de bataille continue on dut arrêter l'offensive et s'avouer vaincu.

L'ère de la guerre de mouvements, qui seule pouvait amener la fin rapide du conflit, était close. Avec elle s'évanouit le rêve de l'Allemagne.

# CONCLUSION

Le 2 août 1914, l'Allemagne est partie en guerre avec
une doctrine stratégique, une doctrine tactique et un plan
de campagne. La doctrine stratégique consistait à abattre
rapidement l'adversaire le plus fort en employant contre
lui le maximum de moyens, la doctrine tactique à encercler l'ennemi par une offensive massée contre son flanc ;
le plan de campagne mettait ces deux principes en pratique.

Le 25 août, le plan de campagne avait échoué sur la
Sambre ; le 9 septembre, sur la Marne, il fallut renoncer
à réaliser la doctrine stratégique ; après la bataille de
novembre en Flandre, la doctrine tactique elle-même ne
pouvait plus être appliquée.

Pourtant les doctrines de guerre allemandes étaient
saines et le plan de campagne de 1914, quoique moins
efficace que le précédent, restait encore fort acceptable,
supérieur certainement à celui de l'adversaire. L'instrument chargé d'exécuter ce plan approchait de la perfection.
L'armée allemande a offert, au commencement de la campagne, un spectacle merveilleux de puissance et de cohésion, d'ardeur et d'endurance. Elle était inférieure en nombre
à celles des Alliés, dira-t-on. Sans doute, mais cette infé-

riorité, d'ailleurs faible, se trouvait largement compensée par sa composition plus homogène, son encadrement plus fourni et son instruction meilleure. Le canon de campagne allemand ne valait pas le nôtre, objectera-t-on encore. Cela est vrai, mais il y avait chez nos adversaires toute une artillerie lourde à tir rapide et à longue portée qui n'existait pas chez nous.

Malgré tant d'avantages, les armées germaniques n'ont pas atteint leur but. Comment l'expliquer? La succession des faits, dont nous avons présenté le récit résumé, suffit à le faire comprendre, sans qu'il soit nécessaire d'y ajouter ici de longues considérations.

Si l'armée allemande, avec tous les atouts dans son jeu, a perdu la partie, c'est par la faute de son chef. Le colonel-général von Moltke était physiquement, intellectuellement et moralement inférieur à sa tâche. Le délabrement de sa santé lui rendait tout déplacement pénible; son esprit borné lui faisait mal comprendre ou mal interpréter les excellents préceptes de ses devanciers; son manque de caractère l'empêchait d'exercer réellement son commandement et de diriger ses armées.

Cette abstention volontaire, cet effacement complet, nous n'en connaissons qu'un autre exemple, celui du maréchal Bazaine en 1870. Bazaine, dit-on, jouait au billard pendant que se décidait le sort de son armée le 18 août. Le colonel-général von Moltke regardait couler le Rhin à Coblence lorsque se livrait la bataille de Belgique; aux jours critiques de la Marne, il n'avait pas encore mis le pied en France et ignorait ce qui se passait au point capital de la ligne de bataille, à 250 kilomètres de son quartier général de Luxembourg.

Une des raisons de cette étrange conduite, c'est que Moltke croyait de bonne foi, en restant à l'écart des événements, mettre en pratique les leçons de son oncle. Le

vieux feld-maréchal — nous avons eu l'occasion de le faire
remarquer — fut le premier des grands capitaines à laisser
une grande part d'initiative à ses lieutenants, à leur donner
des *directives* plutôt que des *ordres*, mais de là à se désin-
téresser de la marche des opérations, comme le fit son
neveu, il y a loin. A chaque action générale, à Sadowa, à
Saint-Privat, à Sedan, on l'a vu sur le champ de bataille,
prêt à agir directement. S'il traça un cadre fort vaste à
ses commandants d'armée, il veillait à les y maintenir et
n'épargna pas l'un d'eux, Steinmetz, quand sa fougue
l'entraîna à en sortir.

Le Moltke de 1914 se méprit complètement sur la
méthode de commandement du Moltke de 1870. Il crut
avoir terminé sa besogne quand il eut remis à ses commandants d'armée le plan de campagne qu'il avait tiré de
ses cartons.

A cette extraordinaire conception du rôle du général en
chef s'ajoutait la crainte réelle que lui inspiraient ses
subordonnés, auxquels il n'osa jamais tenir tête et qui
s'accoutumèrent vite à se passer de son approbation.
Moltke semblait redouter à tel point de s'immiscer dans la
conduite des armées, qu'il donnait impression de vouloir
s'en enlever jusqu'à la possibilité. La distance qu'il prit
soin de mettre entre les quartiers généraux de ses lieutenants et le sien, l'insuffisance de ses moyens de communication avec eux, l'absence de tout officier de liaison per-
manent auprès des exécutants parurent indiquer qu'il se
privait à dessein de la faculté de conserver des relations
avec les généraux placés sous ses ordres.

Quand, exceptionnellement, Moltke se mêlait d'intervenir, il le faisait avec timidité, mal à propos et à faux.
Son incapacité se révéla déjà avant la guerre quand,
ayant reçu de Schlieffen un plan de campagne audacieux,
mais logiquement conçu, il l'affaiblit et en diminua la

valeur. Son ardent prédécesseur n'hésitait pas à courir un risque sur une partie du front, à y céder du terrain pour rendre la victoire plus certaine et plus complète au point où il convenait de la remporter. Pour consentir un pareil sacrifice, il faut une âme fortement trempée et des nerfs solides, comme Frédéric qui abandonnait sa capitale aux mains de l'ennemi, comme Napoléon qui levait le siège de Mantoue pour amener la division Serrurier sur le champ de bataille de Castiglione, qui laissait presque accabler sous le nombre Davout à Austerlitz, Masséna à Wagram, Marmont à Lützen. C'était trop demander à Moltke; il rétrécit le plan de Schlieffen à sa mesure.

Quand le moment vint d'exécuter ce plan, il montra qu'il n'en avait pas saisi l'idée fondamentale. Prenant parti dans le conflit qui s'éleva, en Belgique, entre Kluck et Bülow au sujet de la manœuvre enveloppante, il désavoua Kluck, qui voulait l'accomplir, et donna raison à Bülow, dont l'action tendait à l'empêcher.

Cette lourde faute annihilait toute l'œuvre de Schlieffen et compromettait le succès final; mais elle n'était pas irréparable. Moltke l'aggrava en enlevant deux corps d'armée à l'aile droite pour les envoyer en Prusse Orientale.

A partir de ce moment l'éloignement du grand quartier général se fit de plus en plus sentir à mesure que les armées avançaient; il ne tarda pas à rendre tout commandement impossible. Ce qu'il y a de plus curieux à constater, c'est que, peu après, à la veille de la bataille de la Marne, Moltke se rendit compte tout à coup de la situation réelle avec une parfaite lucidité. Ses confidences du 4 septembre à Helfferich montrent qu'il ne croyait plus alors, comme la semaine précédente, avoir remporté une victoire décisive, qu'il s'attendait au contraire à devoir combattre encore pour mettre les Français définitivement hors de cause. L'instruction générale qu'il fit établir le même jour porte la trace de ces préoccupations.

Dans ces conditions, on ne peut comprendre pourquoi, quand il apprit que les Alliés passaient à l'offensive sur tout le front — et il le sut dès le 6 septembre par l'ordre du général Joffre qu'on avait capturé —, il ne se mit pas aussitôt en mesure de diriger les opérations de son aile droite, prise par l'attaque en flagrant délit de changement de front. Dès le 7 au matin il aurait dû avoir un poste de commandement rapproché, à Reims par exemple, où il se serait trouvé à 40 kilomètres des quartiers généraux de Hausen et de Bülow, à 65 de celui de Kluck. De là il aurait pu entretenir avec eux des rapports constants, puisqu'il ne fallait qu'une heure ou une heure et demie d'automobile pour aller leur parler. Mais non. Moltke resta à Luxembourg dans sa léthargie obstinée et envoya Hentsch chercher des renseignements. Comme cela était facile à prévoir, quand son mandataire revint le mettre au courant, la bataille était perdue et la campagne manquée.

Moltke, par son extravagante incurie, s'est rendu responsable de la défaite allemande. Il a peut-être cru, en abdiquant virtuellement le commandement, se décharger d'une part de cette responsabilité sur ses sous-ordres; en ce cas, il n'a fait qu'augmenter sa culpabilité.

Cependant la nullité du chef ne diminue pas les fautes de certains de ses lieutenants. Si la première bataille a abouti à la faillite de la manœuvre de Schlieffen, c'est parce que Bülow a attaqué prématurément sur la Sambre sans attendre que l'armée Kluck fût arrivée à hauteur de la sienne et a ensuite détourné cette armée de la direction de marche qui devait la conduire dans le flanc du corps expéditionnaire britannique. Pas plus que Moltke, Bülow n'avait compris l'importance de la manœuvre de Schlieffen.

De même, si, à la bataille de la Marne, Bülow a dû se replier, c'est parce que les opérations hasardées de Kluck l'y ont obligé. Kluck, lui, était un partisan fanatique, intransigeant du mouvement enveloppant, à tel point qu'il voulait toujours l'employer, les yeux fermés, même dans les cas où ce mouvement perdait toute sa valeur. Excellent sur la haute Sambre, où il pouvait se développer à l'aise sans être gêné par aucun obstacle, il devenait bien moins efficace à l'ouest de l'Ourcq, où, s'il réussissait, il venait buter contre le camp retranché de Paris. Kluck ne sut ou ne voulut pas voir que les circonstances avaient changé et s'entêta à faire abstraction de tout ce qui contrariait son offensive débordante contre la gauche de l'armée Maunoury. Rien ne lui coûta pour la faire réussir, pas même la rupture du front allemand, qui fut son œuvre beaucoup plus que celle de l'ennemi.

Certes d'autres généraux ont pu commettre de semblables imprudences et n'en ont pas moins remporté d'éclatantes victoires.

Dix ans auparavant, Kuroki, à Liaoyang, comptant sur l'inaction des deux corps d'armée russes qui lui faisaient face, quitta ses positions, traversa le Taïtseho et vint attaquer de flanc le même adversaire qu'il avait eu devant son front et qui était resté l'arme au pied pendant que le général japonais accomplissait sa marche aventureuse.

Quelques jours avant la bataille de la Marne, Hindenburg à Tannenberg manœuvra d'une manière analogue. Placé entre les armées de Samsonof et de Rennenkampf, il ne laissa devant celui-ci qu'une division de cavalerie et porta tout son monde contre Samsonof, dont il détruisit l'armée, tandis que Rennenkampf demeurait immobile.

Kluck crut pouvoir renouveler l'exploit d'Hindenburg, mais il se trompa dans ses estimations. D'abord les généraux alliés n'étaient pas affligés du tempérament passif des chefs russes. En second lieu Kluck calcula mal ses distances. La ligne du Petit Morin, sur laquelle la cavalerie allemande devait arrêter ou au moins retarder l'ennemi venant du sud, était beaucoup trop rapprochée du champ de bataille de l'Ourcq; elle n'en était séparée que par une journée de marche. Il en résulta qu'une partie des troupes engagées contre l'armée Maunoury dut faire volte face et quitter son poste de combat avant que l'attaque **débordante** eût seulement commencé.

En somme, Bülow a fait échouer la manœuvre enveloppante préconisée par Schlieffen là où elle promettait de grands résultats, Kluck s'est entêté à vouloir la réaliser là où son rendement ne pouvait être que médiocre. Ainsi tous deux ont contribué à l'insuccès de la campagne, mais leurs torts sont légers comparés à ceux de leur chef, qui a approuvé l'un et laissé faire l'autre.

Moltke représentera dans l'histoire le modèle achevé du général incapable dont l'impéritie voue les meilleures armées à la défaite.

# TABLE DES MATIÈRES

# TABLE DES CARTES ET CROQUIS




Saint-Denis. — Imprimerie J. Dardaillon.

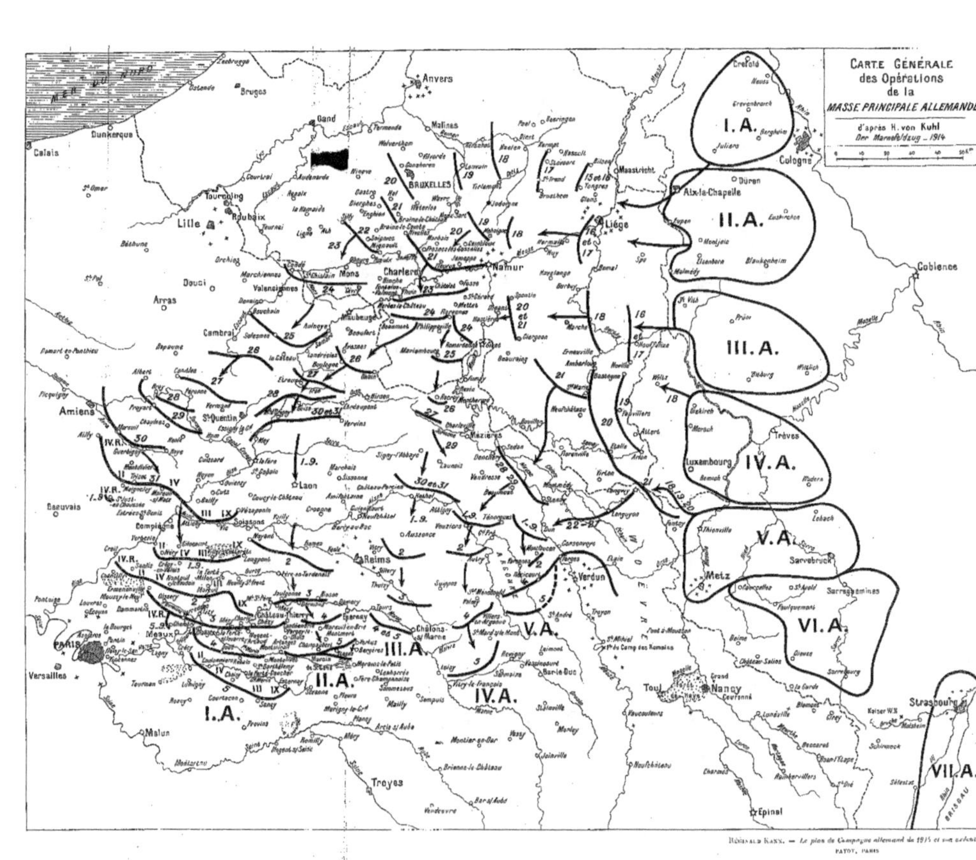

CARTE GÉNÉRALE
des Opérations
de la
MASSE PRINCIPALE ALLEMANDE
d'après H. von Kuhl
Der Marnefeldzug _ 1914
0   10   20   40   40   50 Km

www.ingramcontent.com/pod-product-compliance
Lightning Source LLC
LaVergne TN
LVHW010808060726
842527LV00002B/565